Chère Maman
Ces lignes vous appartiennent
un grand choix de prière
et de conversation avec
Jésus-Marie
pour les longues journées
d'hiver Je vous aime xxy
Denise

Viens prier le Rosaire

Chers amis lecteurs,

Ce livre est un appel à la Prière, dans un Cœur à cœur avec le Seigneur Jésus.

S'imprégner de l'Amour du Ressuscité dans la Prière du Rosaire, c'est s'unir à sa Vie rapportée par ses Apôtres dans les Évangiles ; et saisir combien cet Amour est Puissant pour chacun d'entre nous.

Fidèle à l'enseignement de l'Église catholique, apostolique et romaine je suis mariée au sein de cette même Église, et j'ai trois grands enfants et quatre petits enfants.

Je me suis engagée dans le Tiers-Ordre d'une grande famille religieuse il y a une dizaine d'années, désirant être plus profondément unie à l'Église.

A ce moment-là, j'ai ressenti en mon cœur un appel très pressant à écrire.

Je fus bien embarrassée, n'ayant jamais écrit quoi que ce soit auparavant ! mais je m'y suis mise…

Au fil des années, écrits d'un seul jet, ces Rosaires se sont articulés autour des événements du monde et de nos vies.

A travers les Paroles d'Amour que vous allez lire, l'Amour du Christ vous comblera en votre prière, vous qui allez cheminer en sa compagnie.

Le Seigneur s'adresse à chacun d'entre nous !

Il suffit voyez-vous d'ouvrir nos cœurs, et la prière intime avec Jésus deviendra une brûlure d'Amour qui se répandra sur la terre !

Ces Rosaires ne sont qu'un dialogue en sa compagnie…

Mettons-nous tous ensemble à son école !

J'ai dans le cœur une immense compassion pour la souffrance du monde partout où elle se trouve, et ce livre ;

est un cri pour le monde !

un appel à la Paix !

un appel à l'Amour et à sa grande Miséricorde !

Il n'a d'autre but que celui de nous retrouver ! tous unis sous le regard du Père.

« Personne ne peut dire qu'il aime Dieu… s'il n'aime pas son frère ! »

« Dieu est Amour » et Il attend le nôtre !

en l'année du Jubilé 2000
Danièle.

Ma Prière

Seigneur , apprends-moi la Transparence
Seigneur , apprends-moi la façon de Te servir là où je suis ...
ne cherchant que l'oubli de moi-même dans la Sainte Pauvreté ..

Seigneur...Guide mon dépouillement ,
Fais que ma vie se dégage de l'être trop lourd que je suis !
Et enfin qu'animée de Ta Force Amoureuse !
Je sois Servante TRINITAIRE . Amen .

Fin Novembre 1991.

Dans le Secret du Divin Cœur

Mon Rabbi Bien-Aimé aujourd'hui désire que je respire en Sa Compagnie, les bouquets des senteurs de Ses Grâces...
« O l'incomparable parfum de l'Amour »
Je me laisse envahir de ses suavités gracieuses et si enivrantes.
Je sens en mon cœur qu'Il m'amène à la découverte de Lui-même, qui n'existe qu'en une délicieuse fusion de l'Amour Divin.

Pour celà, il me faut me mettre en disponibilité pure. Aussi, mon Maître d'Amour m'ouvre l'abîme insondable de son Cœur pour que je m'imprègne pour vous donner.
A Sa porte, il y a la lumière si belle qui me laisse apercevoir le bouquet lumineux de ses grâces.
Vous ferais-je comprendre le pur Amour ! et son si grand désir de vous voir vous y conformer !
Je vois le bouquet fleuri des vertus incomparables de l'âme.
Tendons nos cœurs et nos esprits, et respirons avec Lui.

L'Annonciation : l'Humilité

La plus fraîche et la plus douce est : la fleur de l'humilité.

Comme sa douce Mère Marie, en l'Annonciation et l'Incarnation du Très Haut ; la corolle blanche du bouquet de l'Amour nous montre que notre âme, doit se purifier dans la rivière de la pure humilité.

« Je suis la Servante du Seigneur »

Le Cœur Divin nous donne cette clarté, cette transparence que nul humain ne possède.

Si nous sommes attirés à respirer la blanche humilité de cette première fleur, nous prédisposons notre âme à respirer les Senteurs Divines. Mêlons nos élans de chaleur mes frères de cette terre, et détachons délicatement cette fleur première du bouquet des Grâces de Jésus.

Son sourire et son Amour nous tend celle-ci pour que nous nous attachions à la respirer et à la vivre.

Maman Marie la recueille, et la dépose dans le berceau blanc de notre âme.

Elle est embaumante et belle…

et le Cœur du Bien-Aimé nous l'offre.

Prenons-la, et serrons-la avec amour !

« O ! Délicate Fleur de l'Humilité »

La Visitation : la charité

Plus avant, je distingue aux abords de Sa Fournaise ; bien d'autres fleurs ! des demoiselles vertus qui m'invitent à les respirer toutes.

Une petite merveille rouge et délicate, aux bords finement ourlés, se soulève et se hisse en haut du bouquet.

J'entends le Divin Cœur de Jésus respirer si profondément d'Amour, que je devine en mon âme le Parfum de Son Amour ; le Parfum de la Charité.

« Ma fille, écris l'Amour Divin. Montre Ma Folie d'Amour aux hommes. Dis comme Mon Cœur brûle au parfum de la Charité.

Dis à Mes enfants, Mon désir de les voir s'aimer, d'effeuiller la Fleur de la Charité entre eux.

Secourez-vous, aimez-vous, partagez, diffusez, faites vivre l'Amour ! la Fleur Charitable ! »

O ! mes frères en Lui ;
Tendez vos mains, que je partage ce que le Cœur du Seigneur me donne.

L'Amour est cœur battant ! si vous ne sentez vivre le Cœur d'Amour, laissez-moi vous donner Ses Battements en forme de pétales de Feu !

Si vous vous laissez réchauffer au Feu de Sa Charité, vous serez devenus enfants de Vie Divine !

Notre Seigneur vous aime, et en chacun de vous Son Divin Amour pénètre.

Aimez-Le comme Il vous aime ; et cueillez la Fleur de l'Amour :

« La Fleur de la Charité »

Répandez l'Amour entre vous, car le Maître vous regarde et vous le demande.

Délicatement, la rouge corolle se détache, et vient dans le monde, vous offrir cette merveilleuse Grâce de l'Amour :
« LA CHARITE »

Bethléem : la Pauvreté

J'entends s'exhaler le souffle du Cœur en un si doux battement, que je sens le mien se mettre en accord avec Lui...
Les Vertus de son Amour réunies en ce bouquet si dense, sentent si bon le parfum du ciel ! que je veux vous aider à respirer avec moi celui-ci.

Son Cœur réchauffe celle de la Sainte Pauvreté.

Crèche merveilleuse ! d'où Le Petit nous donne Son sourire.

L'Enfant de la Mère adorable nous donne cette délicate senteur bleue de la Vertu de Pauvreté.
Réchauffée par le Souffle Divin, Elle se donne à moi, enveloppée de l'Amour de mon Jésus.

« Voulez-vous Mes enfants, dit Jésus, en prendre un pétale, de cet Amour si particulier que je tiens à vous faire comprendre ?
La Pauvreté, par où Je Me suis manifesté aux hommes ; est la Vertu par laquelle tout être humain doit commencer la route de l'Amour.
L'abandon de Mon humanité si petite, vous montre que cette Grâce de la Pauvreté me plaît, car elle ouvre la porte à bien d'autres.
Venez respirer sa fleur si belle, et Ma Mère Marie vous aidera à bien la tenir contre vous et à en vivre !
Laissez-vous Mes petits ; laissez-vous aller à chanter près de Moi à Bethléem, le chant d'allégresse de la Pauvreté !!!

Oui... J'ai eu froid ! du froid de cette terre inhumaine, froid de l'indifférence de Mes enfants, froid de larmes de Ma Mère, et froid du chagrin de Joseph ; qui ne pouvait M'offrir que la chaleur de l'animal et du berçeau de paille.

« Mes enfants, donnez-Moi en cet instant la chaleur de vos cœurs, pour que Ma chair si délicate s'y réchauffe. Voulez-vous ?

L'Enfant que J'étais à la Nativité vous aime, et Ses bras si doux vous offrent maintenant la pure odeur de cette fleur délicate :

« Celle de la Pauvreté »

Laissez-vous faire mes frères et sœurs humains ; car c'est le Désir du Divin COEUR.

La Présentation au Temple : l'Obéissance et la Pureté

J'avance… respirant toujours le bouquet de l'Amour.
Eclatantes de blancheur, et fières de servir le Seigneur, les corolles des Vertus d'obéissance et
de Pureté, se laissent réchauffer à la chaleur de Son Amour.
Une à une, ces deux merveilleuses Grâces s'inclinent et s'offrent à moi.
Je devine ce qu'elles me disent :
Veux-tu de nous ?
Acceptes-tu ce désir de l'offrande ?

Je tourne alors tout mon être vers le Cœur du Maître, et c'est alors que je l'entends :
« Mon petit, ma douce fille d'Amour si tu désires l'obéissance, il te faut t'immerger dans les Lois Divines et dans celles de Mon Cœur.

Tu dois te laisser modeler par Moi, et tu dois apprendre à obéir ; mais comprends que obéir, dans l'Amour, signifie AIMER ! se laisser conduire par Moi !

Si tu écoutes Ma VOIX, tu pourras vivre de l'obéissance, et tu pourras le dire aux autres cœurs que J'aime.
Si tu es à Mon école, ta pureté d'intention te conduira à la pureté de ton cœur ; de ton âme. Oui, Mon enfant, Obéissance et Pureté de cœur, sont LOIS d'AMOUR ! et Celles-ci sont si faciles à vivre quand vous vous abandonnez à Mon AMOUR ! Demandez à la tendre Mère que Je vous ai donnée, de vous aider à comprendre.
Laissez-vous guider par la Mère de l'AMOUR !!! »

Et c'est alors que ces deux fleurs si belles sautent du bouquet ! et je les reçois en mon âme.

Mes amis, je veux partager mes joies avec vous, et je vous laisse en prendre votre part car les Vertus de :

« l'OBEISSANCE et de la PURETE »
sont la Clé du Cœur du Maître !

Le Recouvrement : la recherche de Jésus

La douce chaleur de ma recherche m'attire toujours plus avant…
Je Le recherche… et je n'aurai de cesse que quand Il viendra vers moi ! mais en attendant ce grand bonheur, je suis en quête du Maître… je recherche mon Divin Amour…
La Grâce de la recherche du Seigneur est donnée par Sa Mère, aussi, écoutez MARIE ! et vous l'entendrez vous dire :

« Mes tout petits bien-aimés, »
enfants de Mon Cœur ;
si vous Me donnez les vôtres, Je vous conduirai à Mon Fils
si vous êtes à Sa recherche.
Je vous mènerai à Son DIVIN COEUR, là où réside la Vie de
l'AMOUR.
Je vous aiderai, Je vous conduirai, car Je connais votre attente
Moi qui l'ai connue !

OUI, mes enfants de la terre
la recherche de Mon Fils est la quête de Son Amour ; Il veut
vous le donner en plénitude.

« Cherchez Mon Fils… recherchez Jésus avec Moi »

Dans mon cœur, je vois notre Mère prendre la fleur gra-
cieuse de nos recherches ; et je sens celle-ci lui exhaler un
doux parfum, le parfum de la :

RECHERCHE DE JESUS.

Gethsémani : le Pardon des fautes

Autour du bouquet de la Vie, il fait chaud. Je me tiens tout
près, et le Divin Cœur m'enseigne.
Les fleurs du pardon de nos péchés sont si nombreuses, que
pour que je comprenne ces Grâces immenses, le Cœur du
Maître brûle très fort ! et réchauffe ma contemplation de Lui-
même.

Le Maître me montre son humanité sous les oliviers.

La nuit est dense, de nos noirceurs et de nos indifférences…
Je ne peux m'empêcher de laisser couler mes larmes de repentir ; car je vois le doux Sauveur pleurer et supplier Son Père pour nous.

« La Coupe de Mes Pardons déborde, et fait souffrir Mon Divin Cœur, dit Le Maître.
Mes petits enfants… je vous vois si loin de Mon Cœur ! et Je vois les petits cœurs de tous les temps.
La blessure que vous infligez au Mien est douloureuse, mais Je vous aime ; et Je vous offre à Mon Père dans le pardon de la Coupe d'amertume. Je la bois avec grand délice, car elle vous sauve !..

Mon Cœur voyez-vous, n'est qu'Amour ! et Il pardonne vos péchés.

Recueillez la fleur du Pardon, serrez-la ! aimez-la ! car elle vous sauve.
Mon Cœur a saigné d'Amour au jardin des oliviers, et aujourd'hui Je veux vous redire tout Mon Amour et tout Mon Pardon.
Aussi n'hésitez-plus, quand vos pas chancellent, c'est que vous avez besoin de Ma Grâce du Pardon. Venez à Moi par Mon Église, et Je vous pardonnerai.
Mon Cœur soupire sans cesse après vous car Je vous aime, malgré toutes vos difficultés ; et les battements de ce Cœur sont Fleurs de Pardon et de Réconciliation avec Mon Père.

N'ayez pas peur ! vous êtes faits pour aimer ! et Je vous donne Mes Grâces pour pardonner. »

O ! oui Jésus... enseigne à TES enfants comment distribuer eux aussi les fleurs de Pardon.
Je sais que s'ils commencent à le faire ; ils entament le Chemin de l'Amour !

vers TON CŒUR.

La Flagellation : le Pardon des sensualités

La pourpre petite fleur de ce Pardon des sensualités, incline la tête vers mon âme ; et j'essaie de la bien comprendre.
Si je veux aimer au rythme du Cœur de Jésus, je dois abandonner tout ce qui me rattache à la chair.
Mon âme ne peut transpirer du Saint Amour, que si ma chair se fait humble.
Sans me laisser aller à dédaigner le corps de l'âme, je dois anéantir en moi tout désir de le satisfaire. Il faut s'attacher à vivre en amour de l'Esprit ; ainsi notre humanité se fera plus petite et moins lourde.
Vous voyez alors ! mes frères en Dieu, comme la vie de l'Esprit est belle ! et, en vous mettant à l'écoute du Divin Cœur, vos humaines sensibilités se fondront, dans la fournaise de son Cœur.
Alors, vous comprendrez la fleur du Pardon des sensualités.
Le Divin Jésus a laissé les déchirures de son corps panser les nôtres ; aussi soyez dans la confiance ; et donnez au Cœur du Maître, votre filial abandon.
Ecoutez Celui-ci battre d'amour pour vous, et respirez la fleur du Pardon de vos sensualités.
Jésus vous dit :

« Regardez mes enfants, chaque fois que la corde de cuir a fouetté durement ma chair humaine ;

Chaque fois mon Cœur s'ouvrait et donnait ses Grâces d'Amour.

Le Sang coulait de Mes Blessures, et la souffrance occasionnée lavait vos péchés de sensualités.

Je vous aime, et Je vous entraîne tous dans le Feu de mon Cœur ; pour peu que vous le désiriez.

Je vous pardonne, car Je Suis le Pardon Divin.

Je Suis votre Dieu d'Amour et de Miséricorde.

Cette fleur rougissante et brûlante des coups du Romain, se donne à vous depuis mon Cœur ;

et, elle vous transmet la façon de vous pardonner à travers vos souffrances endurées.

Saisissez-vous Mes enfants, le bonheur de la pourpre fleur qui pardonne vos chairs blessées ? »

Mes frères et sœurs, aimons-nous en Lui ; pansons Ses Blessures.

Faisons vibrer le Divin Cœur, faisons-Lui un acte d'offrandre, en Le laissant brûler toutes nos imperfections ;

et faisons vibrer avec Lui l'Amour blessé, mais qui

SANCTIFIE

Le Couronnement d'épines
Les désirs et les penchants mauvais

Je sens que ce bouquet de la Lumière Divine les purifie.

Pourquoi ne pas oser se laisser purifier ? en mettant un obstacle à l'Amour par nos mauvaises volontés ?

Les doux coquelicots et les gentils bleuets se répandent en mon Cœur. Leurs parfums pénétrant mon esprit pansent mon chagrin d'avoir fait pleurer le Maître :

> « O ! Rabouni, ta Divine Face ensanglantée me regarde, et je reçois dans ma chair et dans mon âme,
> tes Divines Blessures ! »

Ils ont osé blesser l'Amour ! et cracher au visage de mon Seigneur !

La couronne de Gloire enfoncée pour brûler nos détresses fait couler Tes larmes…

> « Ô oui ! l'Amour n'est pas aimé !.. »
> Pourquoi sommes-nous si mauvais ?

Le Visage de l'Amour lave nos visages désespérants de méchancetés !

Ouvrant Ses Yeux sur notre humanité, Jésus Couronné nous parle :

> « Petits de Mon Père…
> voyez comme vos péchés Me font souffrir !
> Je vous aime tellement, que J'ouvre Mon trésor de
> Grâces pour vous !
> Comprenez ce que Mon Amour demande :
> Aimez-vous les uns les autres
> Ecartez de vos petits cœurs les penchants mauvais qui
> vous détruisent.
> Soyez aimables, soyez bons, transparents comme l'eau
> de la source.
> N'ayez comme désir que celui du Royaume !
> Ma Souffrance toute aimante panse vos âmes.
> Demandez-Moi ces pardons pour vos âmes.

Je ne suis qu'Amour, et le Père pardonne à travers Mon Sang offert.

« Petits enfants
Mon Divin Cœur brûle sans cesse, du fervent désir des vôtres !..
Donnez-les Moi ! que Je les réchauffe, et ainsi le Pardon descendra sur vous ; quand en vos mains vous accueillerez les fleurs de Mes Grâces. »

Osons regarder notre Maître, nous Ses disciples d'Amour !
Osons transmettre et aimer la Souffrance de Sa Divine Face.
Croyons en la Bonté de Jésus, offrons-nous tout entier à la Brûlure toute aimante du Feu de Son Cœur.

C'est alors que nous pourrons en changeant nos cœurs, changer le cœur du monde ; car qui peut mieux que le Cœur du Maître nous enseigner ?

Oui je reçois en mon âme ce parfait Amour et ce sublime détachement ; qui fera que j'aimerai comme Lui, et que je laisserai avec confiance se purifier mes actes mauvais dans le Feu du Cœur du Maître.

Le Portement de Croix : Acceptation des souffrances
La sombre tige brune me suggère la Croix…

Suspendue à Elle, la fleur épanouie et lumineuse me fait voir le Seigneur.

Le portement de la Croix me permet avec le Bien-Aimé, si je prends sur mon cœur cette fleur, de distinguer la voie Douloureuse et de La suivre.

Je m'élance et je la serre contre moi! partageant avec le Fils de l'Homme; le poids de l'acceptation des croix de chaque jour.

Je me réchauffe au Bois Sacré, car celui-ci est brûlant des battements de Son Cœur!

Chaque pas, lourd, difficile... traîne avec lui nos erreurs et nos refus. Je porte un peu de Sa charge, car Son Corps souffre... peine...

Quand Il tombe, je tiens à Le soutenir....et s'Il me le demande encore deux fois, je suis là... petite et bien misérable, mais je suis là car je L'aime.

Voulez-vous vous glisser avec moi tout contre Notre-Seigneur qui marche si péniblement?
Les Pieds gonflés, et saignants de nos meurtrissures, vous aident à marcher avec Lui.
La vie de l'Amour est ainsi faite!..

Portons avec grande Foi la Croix d'Amour proposée, car notre Bien-Aimé nous montre la façon de le faire. Ecoutons Son Amour nous le dire:

« Merci Mes disciples. Oui, Je vous remercie d'être près de Moi en ces instants.

Apprenez l'Amour de votre Dieu.
Sa misère et sa faiblesse... ne sont que Dons d'Amour!

Ses pas chancelants et son sourire devant les railleries... ne sont que Dons d'Amour!
Je vous aide par ce chemin difficile, à transcender vos croix de chaque jour.

Comme Véronique qui essuie Mon Visage, Moi j'embrasse tous les vôtres.

Je vous aime tous et Je vous porte.

Oui, Je porte en ces instants, vos humanités blessées sur le chemin de la vie. »

REGARDEZ-MOI ! MARCHONS ENSEMBLE !

« Vous verrez comme c'est facile avec Moi ! Alors, nous marcherons tous ensemble, car les Croix donnent le Saint Amour aux hommes.

Mes petits ; rien n'est difficile sur terre, si vous unissez vos pas aux Miens, nous marcherons alors ensemble ! et la musique des battements du Cœur de Mon Amour, vous aidera à faire chanter les vôtres.

Voulez-vous porter avec Moi les difficultés humaines ?

VENEZ ! JE VOUS AIME ! »

Oui Seigneur, nous t'aimons en Ton Cœur ; et nous sommes avc Toi ! tout contre Toi !

La Fleur Divine de la Croix d'Amour serrée entre nos mains, et nos cœurs respirant avec Le Tien !

nous voulons vivre d'Amour ! car le monde est sauvé par :

« L'AMOUR »

Mort de Jésus :

« L'AMOUR de DIEU et le SALUT des AMES »

voilà la Grâce finale de Notre Père et SEIGNEUR CREA-
TEUR !

Toutes les fleurs de mon bouquet de Lumière, je les prends
avec moi ! Les mêlant aux chants d'Amour de mon cœur, je
les dépose au pied de la Croix Bénie.
Tout est remis en cet instant au Père, pour Sa Gloire et pour
notre pardon.
L'Humanité de Jésus souffre, mais Son Cœur déborde
d'Amour !

O ! Laissons-nous aller à reposer sur Son Cœur !

Donnons la main à La Mère qui pleure, et avec Elle chantons
notre délivrance !!!

Le Pardon sur Ses lèvres fait à nouveau de nous les enfants du Père !
Les Portes du Royaume ouvertes, sentent bon les champs fleu-
ris de Son Amour !
Ce ne sont que Fleurs Divines ! Fleurs de Grâce ! Fleurs de Pardon !

Le doux Visage ferme les yeux nous donnant Sa Mère… et
fatigué s'endort sur l'Aile de l'Esprit.

Sainte et Blanche Colombe, emporte le Souffle de mon Bien-
Aimé à la place qui Lui est réservée en les Parvis du Père !
Emporte doux Seigneur nos âmes brûlantes, car nous sommes
à Toi ! en cet instant, prends nos abandons confiants.

Fais-nous monter avec Toi! nous prenons la route du ciel à Ta suite.

Les Anges blancs de l'Amour nous aideront en nos vies pour que nous sachions entendre le Cri de Jésus sur la Croix!

« AIMEZ-VOUS MES PETITS, CAR JE MEURS D'AMOUR POUR VOUS!

Venez reposer sur Mon Cœur, et entrez en Sa Blessure, vous y serez purifiés!

Laissez-vous conduire par Mon Amour... voulez-vous M'aimer?.. alors, aimez-vous les uns les autres comme Je vous ai aimés!

Entendez les Battements de Mon Cœur d'Amour!!!

Soyez pleins d'Espérance, car si vous aimez d'Amour; entre vous, vous propagez l'AMOUR.

Il ne faut pas mettre de barrage à l'Amour, car c'est une Force puissante! créatrice! qui vous aidera à vous purifier; et qui vous mène à la compréhension entre vous.

Sachez que Mon Père et Moi nous vous attendons.

Avec votre liberté vous pouvez choisir la route droite, ayez confiance.

Si vous êtes attentifs, vous sentirez la Présence de Ma Mère, essayez de lui répondre gentiment; car tout ce qu'Elle fait et dit, est pour la plus grande Gloire de DIEU!

A travers les vicissitudes la vie, il y a un moyen pour vous d'arriver à la Connaissance de la VERITE!

C'est d'ouvrir la Porte de Mon Cœur!
Respirer avec LUI!
Aimer avc LUI!

Chanter avec LUI !
Donner avec LUI !
Partager avec LUI !
Souffrir avec LUI !
Consacrer vos vies en LUI !

Et MOI JESUS !
Je vous promets des Grâces, pour parvenir en Amour au
ROYAUME ! »

La Résurrection : la Foi et la conversion
« La Gloire avec Le Cœur de JESUS

Pour moi Son Cœur éclate ! brûle ! et m'attire près de LUI !
Je crois qu'IL désire me transmettre pour que je dise… aussi
je me dispose à écouter Ses Paroles tendres.
La Flamme d'AMOUR de Son Divin Cœur s'est dressée ! éle-
vée ! car en cet instant, Elle me parle du Fruit de la
Résurrection.
Les lys des vallées sont prosternés, et je m'aperçois que des
myriades de boutons de roses chantent Sa Vie !
La nature exulte et chante ! car elle est à l'unisson du Bien-
Aimé !!!

« La FOI et la CONVERTION ne peuvent se trouver, dit
Le Seigneur ; que dans Le FEU SACRE de Mon Cœur.
« Ces Grâces Divines sont le Fruit de Mon immense
Amour pour vous !
« Vous êtes Mes enfants, créés de la Fusion d'Amour ;
et Moi, Le Fils de l'Homme ! en cet instant, Je suis La

Vie éternelle !!!
Mon tombeau s'est ouvert sous la Puissance du Très-Haut ! et Je suis sorti VIVANT !

« RESSUSCITE »

Votre renaissance, Je l'ai voulue ; car Je Me suis donné en rémission pour le monde ! aussi le PERE ETERNEL, Me sort de la nuit.
Je viens à vous les bras ouverts ! Mes Plaies offertes à vos regards !

Mes petits enfants, Je suis l'AMOUR !.. et Je viens vous donner l'AMOUR !...

Les bouquets de Ma Grâce répandent en vos âmes la FOI ! Elle qui descend des nuages sans fin !
La Grâce de votre Conversion toute sensible de chaque jour, Je la place à la Porte de Mon Cœur.
C'est en regardant le centre de L'AMOUR, que Je vous redonne le Vie ! la Conversion !
Tous les pétales embaumés, qui ne sont que vos remords et vos sacrifices ; font que Mon Cœur éclate d'Amour pour vous tous ! en son infinie Mansuétude.
Quoi qu'il se passe en ce monde difficile et perturbé ; Ma Sainte Mère le protège… et le portant contre Son Cœur, le présente au Mien pour qu'il s'y réchauffe.
Alors, Mes très doux enfants de Mon Cœur ;
croyez ! pour avoir la Vie !!! et, changez vos cœurs à La Source du Mien !!! »

O ! Jésus, Sauveur du monde !
je m'abandonne contre le Feu de Ton Sacré Cœur,
je m'y réchauffe, car je veux Le porter à la terre !
Prends la plus petite souffrance en Ton Amour ! et, transfor-
me-la en fruit d'Amour !
Sois Seigneur notre demeure et notre assurance, fais que nous
soyons Tes petites fleurs...
« AU JARDIN DE TES DELICES »

L'Ascension : l'Espérance et le Désir du ciel
La très Sainte VERTU de l'ESPERANCE !
voilà le but et la réalité pour nous des Grâces de Ton Cœur.

Je suis toute entière plongée dans les flammes de l'Amour !
Je suis attirée, car Tu me transformes à Ta Sainte Volonté !

Que craindrais-je dans ma vie, quand mon Seigneur me tient
ainsi près de LUI ?
L'Espérance du ciel me cheville l'âme, et je me prends à
m'élever en Sa compagnie...

Blanches corolles du jardin de l'Amour, gonflez-vous ! car le
Seigneur monte aux nues !
Guirlandes soyeuses ; faites pour moi la charmante nacelle qui
me soulèvera en même temps que LUI !

Saurai-je laisser mon Seigneur s'élever vers la Patrie des
Lumières sans moi ?
Ma chair est bien lourde ! et je m'attriste... mais le Cœur de
Jésus me répond :
« Ma fille, tu es dans Mon Cœur...

Pourquoi la tristesse ? Sèche tes larmes, écoute :
Ne peux-tu croire sans te poser de questions ?
Je suis élevé, mais Je reste en toi ! dis-le à Mes enfants.
Des nuées de l'Amour, Je vous regarde tous ! et si chacun et chacune ferme les yeux ; ils Me verront redescendre, et venir habiter la douceur aimante de leur cœur.
Tu vois Ma petite, ces petits cœurs, Je les ai façonnés, ils sont à Moi !
Je prends plaisir à les habiter, et ils ne sont plus isolés.
Oui ! J'habite le cœur de chacun.
Le grand Cœur de votre Jésus ne peut-Il vous prendre tous ? »
Mon Cœur d'Amour est immense ! et, Il attire tous Ses enfants !
Venez à Moi… Je viens à vous…
Aimez-Moi, Je suis tout près de vous !
Sentez les parfums de Mon Amour…
Les fleurs de cette terre, vos humanités, Je les repire tendrement, et Je les garde dans le Secret de Mes Lumières Eternelles !
Prenez la Main de Maman Marie, et chantez avec ELLE, la joie de Mon ELEVATION vers le ROYAUME ! »

Mon Bien-Aimé ;
Au nom de mes frères, Tes enfants, et en mon nom ;
Je souffle sur les nuages nos pures intentions et nos bonnes volontés.
Donne à chacun l'AMOUR ! pour chacun ! et de là-haut Fils tant aimé du Père ;
Pose Ton regard sur Tes enfants… et, Mets en nos cœurs,
La Sainte Grâce de Te rejoindre un jour !
La Sainte Grâce de L'ESPERANCE et du DESIR du CIEL !

Le Paraclet : la charité et le zèle

Bruyantes en mon cœur,
les Portes du Royaume se sont ouvertes.

Soufflé par le Feu de Ton Cœur Sacré, « O ! mon Jésus ! »
Le Saint Paraclet descend sur moi.

Force puissante de La Divinité UNE ! Elle me transperce et me rend tout à fait disponible.

Elle fait de moi, poussée par le Feu de Ton Cœur ; une vie nouvelle !

Mon cœur est transperçé, transformé, l'Esprit consume mes facultés ! et Me donne Les Siennes !

Jai un nouveau Baptême ! un Feu zélé tout neuf !

Aux Flammes du Cœur Sacré, je suis réchauffée de Charité ! et l'Esprit en colombe blanche plane sur ma tête...

S'il me donne Ses Dons Sacrés, je crois que j'oserai aller de l'avant !

Bien au chaud, mon âme abritée au creux du rocher de Son Cœur, j'écoute le Souffle Divin passer...

Je ne peux regarder ! mais Il vient l'Esprit quand on L'appelle !.. aussi, je L'entends souffler une douce brise contre mon cœur.

Oui ! A la porte de mon cœur Le Saint Esprit souffle et je vais répondre.

Si vous le désirez vous aussi, venez avec moi vous blottir au creux du rocher... et vous entendrez Le Saint-Esprit souffler sur vous.

Les Grâces Divines se répandent sur le monde quand nos âmes les appellent !

Aimerez-vous avec moi sous la Conduite du Saint Esprit ?
Vous laisserez-vous transpercer du Feu de la Charité et du Zèle ?

J'entends le Cri du Seigneur Jésus qui attend des bonnes volontés pour clamer Son Evangile !
Il n'est pas loin, Il regarde chacun et chacune en particulier.
Osez votre oui au Seigneur ! soyez Ses fervents et zélés disciples ! regardez votre Sauveur vous sourire et vous tendre la Main...
Allez à Lui, Il a besoin de vous pour le monde qui pleure... et puis, si vous le lui demandez ;
Il vous montrera Son Cœur... car vous ne pouvez travailler pour l'Amour, qu'en étant Amour vous-même !
Avez-vous compris les Désirs du Cœur du Maître ?
Alors, allez à Lui, dans les chants d'allégresse ! et si vous regardez bien !.. devant vous, pas très loin...
Vous distinguerez un Enfant ! habillé de blancheur, qui donnant la Main à Sa Mère ;
marche sur les chemins de la vie...
Vous n'avez qu'à Le suivre l'Enfant-Jésus ! car, quand vous glisserez vos mains dans Celles de Marie... Le Petit vous dira :
« JE SUIS LE CHEMIN !
LA VERITE ! JE SUIS LA VIE ! »
« ET JE VOUS AIME ! »

L'Assomption de Marie : sainte mort

Les âmes enivrées, un jour quitteront la terre.
Aussi je crois comprendre que dès maintenant, il faut apprendre à la quitter.

Si nous restons à l'abri du Cœur de Jésus, nous préparons avec amour la Rencontre.

Il nous faut également apprendre, à diffuser le Cœur du Seigneur, diffuser la LOI d'AMOUR.

L'Enseignement du Maître conduit les hommes à s'aimer et à se pardonner.

IL conduit aussi à nous donner la main, et à espérer le départ dans la joie, ensemble !

Pour y parvenir, nous ne pouvons le réaliser qu'avec Jésus, blottis contre Son Cœur.

Sachez bien que le Seigneur ne nous demande pas l'impossible, et qu'Il donne à Ses enfants les Grâces nécessaires à leur état.

La Grâce d'une Sainte mort demandée à Marie, voilà le Chemin.

Avec Elle pour soutien, nous pourrons espérer nous détacher de la terre en état de Sainteté.

Il nous faut nous attacher à demander par Marie, ce grand désir pour notre âme ;

la Sainte mort vers le Royaume, en la compagnie de Sainte Marie.

Moi, je n'ai de secours et de Divine Espérance, que dans le Cœur du Bien-Aimé !

O ! je connais ma petitesse, mais j'ose m'y blottir ! et à ce moment de mon abandon ; c'est là que Jésus parle à mon âme :

« Je suis Jésus, Je suis ta vie
Si tu viens à Moi, accablée de tes péchés,
Moi, Je les brûlerai au Feu de Mon Cœur Sacré
Tu ne seras plus dans les ténèbres
puisque Je suis La Lumière du monde !
Tu veux monter au ciel,
et tu Me demandes ta Purification !
Et bien, Ma fidèle… Mon aimée…
Ma disciple d'Amour
Si tu Me demandes avec Foi !
Je te donnerai les Grâces
pour y parvenir
Mais, Je désire ta volonté, ton OUI, et alors, dans la
Confiance, tu verras de grandes choses !!! »

Venez tous avec moi mes fidèles frères et sœurs, je vous donnerai le Chemin du Cœur de Jésus.

C'est facile ! il suffit de L'aimer ! de L'appeler ! de crier que vous Le désirez ! et alors, Il sera tout à côté de vous.

Plus jamais de solitude, sauf celle où vous conduira le Maître, celle qui habite votre cœur !

Là où Il se cache ! pour que vous alliez à Lui en être libre !

Plus jamais de tristesse en vous ! Jésus a sauvé nos âmes de l'errance.

A tout jamais Il est présent! et c'est Son Amour, si vous Le laisser faire!

« QUI VOUS EMMENERA LA-HAUT! »

Le couronnement de Marie : Persévérance finale

Les cascades et les mers, gonflées de tendresse et d'amour, se répandent sur la terre pour la purifier.

Les oiseaux du ciel planent au-dessus des eaux de la Grâce : assoiffés!

Les animaux, en confiance, se regroupent... et leurs yeux en disent bien long.

Survolant la terre, voiles blancs et bleus flottant autour d'Elle;
La Mère du Seigneur monte au ciel.
Les Anges blancs L'accompagnent, le Sourire Maternel accorde à la nature l'apaisement.

Oui, Marie quitte notre monde, en Sa Chair et en Son âme.
Glorieusement, Elle va être de nouveau près de Son Fils.

Si nous n'aimons pas Marie, nous ne pouvons aimer Jésus! Il nous faut être attentifs à Ses demandes; et répondre à Son Cœur Immaculé qui nous invite à rejoindre le Cœur Sacré de Son Fils!

Aussi j'écoute Jésus, à l'abri de Son Cœur... Il me dit tendrement:

> « Ma fille, écoute les Demandes de Ma Mère,
> et essaie de bien te conduire quand Elle parle à ton cœur.

Comprends, que dans Mon Cœur il y a le Sien.

Son Cœur Immaculé et le Mien, nous ne faisons qu'UN !

et nous brûlons ensemble du même Amour pour le monde.

Sois à Son Ecoute.

Sois douce et humble, généreuse et patiente.

Ecoute la Mère de Mon Église, et conforme-toi à Ses Désirs ! Ils sont les MIENS et surtout Mon enfant, reste bien unie au Feu de Nos Cœurs Sacrés.

La Flamme d'Amour se diffusera pour tous, pour redonner FOI et Vaillance au monde !

Il vous faut aimer, et transformer votre vie, en vous donnant aux autres ; en Esprit d'Amour fraternel !

Va Mon enfant ! va donner aux autres la joie d'AIMER ! et dis-leur, que leur Seigneur les attend ! Il a besoin de chacun !

Répands en actes d'Amour, le Feu que tu prendras dans Mon Cœur, et dis à tes frères, qu'eux aussi peuvent venir y puiser. »

J'entends la douce Voix de Marie qui me dit :

« Mes enfants chéris,
Soyez à l'école de Mon Fils,
car IL EST LA VIE ETERNELLE !
et ce n'est qu'en passant par LUI
que vous y entrerez.
Je vous aime de tout Mon Cœur.

J'ai écouté, et je vous ai transmis.
Allons tous ensemble nous abreuver à la Source d'Eau Vive !
et brûler ! au Feu du Cœur de l'AMOUR »

VENEZ

« IL N'EST PAS DE PLUS GRAND AMOUR »

« Il n'est pas de plus grand Amour, a dit Le Seigneur ; que de donner Sa Vie pour ceux que l'on Aime ».

Son Appel s'est fait pressant, mon Ame tressaille vers LUI.

« Il n'est pas de plus grand Amour »…

Je ressens en moi-même ce que mon Bien-Aimé veut me dire, pour vous dire…

« Il n'est pas de plus grand Amour au monde »… que celui qui s'abandonne à cet attrait si brûlant… pour s'offrir à Lui et Le répandre ensuite !

Qu'est-ce-que L'Amour ? sinon que le battement du grand Cœur ! qui fait que les nôtres en sont saisis !
J'écoute… Le Bien-Aimé veut communiquer au monde…
Il veut instruire celui-ci, de tous les Bienfaits contenus dans l'offrande à L'Amour !

Mes petits frères en Dieu…
Je veux vous transmettre ce que je reçois en mon cœur.
Je suis investie et comblée de chaleur !
Je suis la Bien-Aimée du Cantique, qui dit oui à son Dieu…
J'ai le désir fou d'entraîner à ma suite, tous mes frères de cette terre ; pour qu'ils soient réchauffés d'Amour !… pour qu'ils ne vivent plus ensuite que pour L'Amour Lui-même !

« Il n'est pas de plus grand Amour »… que d'abandonner nos vies au Seigneur parce que nous L'Aimons…
Je sais, et je crois profondément ; que Le Seigneur Jésus va nous instruire en cette Prière, qu'Il est heureux de venir vers nous… en Cœur à cœur…. en Flamme de désir !

Le Seigneur va nous dire comment vivre, comment supporter les souffrances, et finalement nous montrer ; que sur terre tout est un chemin de Gloire !
quand on fait le parcours, en Aimant tout ! chaque chose ! chaque événement ! chaque être !
Chaque instant de vie est une telle merveille !

Tout Aimer ! Tout Accepter ! Tout Offrir ! Tout distribuer !

« TOUT EST AMOUR »

L'Annonciation : l'Humilité
Le Seigneur Jésus parle au monde :

« Quand J'ai vu les Ames en péril… Mon Cœur a souffert… et Je suis descendu vers Elles…

MOI, LE VERBE… l'Incréé Je M'incarnais !
Je pris ce chemin pour vous rencontrer au plus près.

Je décidais de prendre votre chair et votre condition d'homme, pour être auprès de vous et vous montrer Mon grand
Amour !

Oui, J'ai dit Mes enfants :

« QU'IL N'Y A PAS DE PLUS GRAND AMOUR… QUE
DE DONNER SA VIE POUR SES AMIS…

Alors Je suis venu pour Me donner à vous ! pour vous faire
revivre !

O ! comme vous êtes faibles Mes petits enfants… comme
vous êtes fragiles…
Il Me fallait venir !
Je ne pouvais plus regarder le genre humain se dégrader à ce
point sans rien faire…

« MOI QUI SUIS VOTRE DIEU, LE VERBE ETERNEL »
J'ai décidé de descendre vers l'homme, et de lui offrir la merveille de l'Amour, le Sacrifice de son Dieu ! pour que la créature retrouve son Essence première.

Mon enfant, par sa souffrance supportée, peut écrire Mes
Paroles.
Il ne peut y avoir de Paroles avec Moi, qu'en étant passé par
le creuset de la souffrance.

Ecoutez cette enfant qui écrit,
Tout ce que vous entendrez est pour vous tous en ce monde.

Mes petits.. offrez-vous à l'Amour pour L'entendre !
Ne soyez pas agités… sachez porter les Croix proposées…
Elles vous dépouillent… vous rendent tellement purs ! tellement beaux à Mes yeux !
Après avoir supporté une souffrance, Je vous recueille en Mes Bras… et Je vous presse sur Mon Cœur.
Faites appel à votre Dieu, quand la vie devient un torrent de larmes pour vous.
Entendez-Moi vous demander comme à la Samaritaine, un peu d'eau du puits !

Abreuvez-Moi de l'Amour de vos cœurs Mes enfants…

MOI, LE VERBE… JE ME SUIS FAIT CHAIR !...

Tressaillez de joie comme la petite Marie ! qui Me chantait alors Son MAGNIFICAT !

En votre temps si lourd… Je crois toujours au cœur de l'homme, et Je l'attends sans Me lasser.
MOI, LE VERBE… JE ME SUIS FAIT CHAIR ! ET J'AI HABITE PARMI VOUS !

Prenez conscience enfants de l'Amour que Je porte aux créatures.
Je suis venu Sauver !
Je suis venu réparer, transcender, panser toutes les blessures par les Miennes !

Laissez-vous Aimer par votre Dieu !

Mes Anges, en légions, M'ont escorté… et Je pris chair en une enfant magnifiquement Pure !
toute Abandonnée… et Offerte en toute Humilité…
Cette enfant Marie, s'est abandonnée à l'Amour…
Cette enfant a accepté ce partage fou avec Moi !
MOI, SON CREATEUR… Je devenais sa petite créature… Je Me formais en ELLE !!!
Je suis descendu pour prendre la condition d'homme !

IL N'Y A PAS DE PLUS GRAND AMOUR, QUE DE DONNER SA VIE POUR CEUX QUE L'ON AIME…

Entendez mes amis !
Donner Sa Vie… c'est tout simplement offrir Son dernier souffle ! pour la vie renaissante de l'homme !
C'est AIMER ! Oui, Je suis descendu pour vous montrer Mon AMOUR !
Comprenez avec la Vierge la façon de M'accueillir en vos vies ; car Je suis près de vous à chaque instant, sollicitant de votre part un « OUI « sincère.
Répondrez-vous comme Marie par le « OUI » que J'espère ?
J'ai tellement d'Amour a vous donner !!!
Demandez-Moi en ce Mystère où Je descends, où Je M'incarne ;
Un peu d'Humilité…
Un peu de Patience…
Un peu d'Abandon aussi… et commencez avec Moi une nouvelle vie !

Approchez-vous de MOI… ne Suis-Je pas Doux et Humble de Cœur ?

Ne craignez-pas Mes enfants !

JE SUIS PERE… FILS… ET ESPRIT…

Mais n'en soyez pas effrayés… car Je suis certes votre Dieu !

Mais un Dieu qui vous Aime !!!

Priez avec la Vierge Sainte, et demandez-Lui de vous apprendre à descendre en Humilité !
Vous verrez comme votre vie changera ! car l'Humilité est une Porte très douce…
et Je M'engage en l'Ame qui en est revêtue.

Essayez Mes enfants la Sainte Humilité, vous Me ravirez !

Et puis l'Amour vous demande :
De sourire ! d'être joyeux !

Vos Ames sont un délice pour Moi quand Je vois leur joie !!!

SOYEZ BENIS MES ENFANTS…

Merci Seigneur.

« Sortez de vous-même! de votre isolement!.. » dit le Seigneur.

Mes très chères Ames... moi votre sœur en Dieu je vous appelle! oui, je vous appelle à la Vie en Lui!
Sortez de vos renoncements, de vos mutismes, sortez de vos bulles pour aller vers les autres!
Ne sentez-vous pas comme la souffrance d'autrui est grande en ce monde?
Allez-vous taire votre Amour?
Allez-vous enfermer votre frère derrière les barbelés de l'in-différence?
Oserez-vous laisser celui-ci être la proie du malheur, de la solitude ou du mépris?

En ce temps, il faut changer nos comportements, nos atti-tudes, nos gestes; il faut qu'en tous les peuples la Lumière se fasse!
Les hommes sont aujourd'hui, en face d'une délicate interro-gation envers eux-mêmes, envers leurs consciences...
L'homme a fermé son cœur à l'Amour, et se tourne vers Mammon!
Il faut changer!!!
Il faut combattre le mal qui s'est installé dans le cœur de l'homme... car cette génération n'est que troubles, révoltes, compromissions, démissions, sans tolérance et sans cœur...
sans Amour...

Nous avons en nous-mêmes nous rappelle le Maître, un Germe de FEU qui est entretenu par Dieu Lui-même!

Nous devons répondre alors à l'invitation du PÈRE ETER-
NEL, qui nous demande de faire l'effort nécessaire; pour
entretenir cette Flamme d'Amour Divin!
Si nous activons ce Feu en notre monde, la Force contenue en
cet Amour se déversera sur les hommes affligés, éperdus de
tristesse et de désespérance...

« IL N'Y A PAS DE PLUS GRAND AMOUR »...
Que de donner nos vies à l'Amour pour Le répandre.
Je vous invite à chanter pour Dieu la joie d'Aimer! l'allé-
gresse pour Son Service d'Amour!

Vous ne pouvez O! mes frères de ce monde!
Non, vous ne pouvez demeurer insensibles à la misère... aux
larmes d'autrui...
Le Seigneur vous supplie d'Aimer avec Lui le genre humain.
Qu'est l'homme s'il n'aime pas son frère... qu'un bois sec
voué à l'anathème, au feu qui le retire de la Présence Divine!

En ce Mystère, où la Charité nous enseigne, nous nourrit
l'Ame... il faut se mettre à genoux devant celui qui demande
un peu d'Amour.
Sachez vous rendre compte mes amis, que c'est Le Seigneur
Lui-même qui vous demande, qui vous tend la Main...
Alors il va vous falloir la prendre cette main, et la serrer fortement! pour donner à votre frère un peu de l'Amour contenu
en votre cœur.
Vous verrez comme ce petit du Seigneur reprendra vie auprès
de vous!
Son sourire illuminera son visage! et sa vie se trouvera chan-
gée, remplie de chaleur grâce à vous!

La Charité est un FEU qui doit se communiquer! et tous ensemble, les hommes feront brûler la terre!!!
Le Seigneur nous désire tous ainsi! Lui qui est venu pour nous donner Sa Vie! Son grand Amour!!!

« O! IL N'Y A PAS DE PLUS GRAND AMOUR »

Quand l'homme offre son cœur à son frère pour le porter dans sa faiblesse...
Un homme debout est un homme qui vit!
Soutenons les épaules qui s'affaissent et les genoux qui se dérobent... par notre Charité AMOUR! et nous ferons chanter les Anges!!!
Soyons les serviteurs des pauvres... et pensez mes amis qu'il y a toutes sortes de pauvretés...
Sachons les découvrir, et panser toutes les peines de nos frères..
Aimons avec le Cœur de Jésus! écoutons-Le... Le Seigneur veut nous dire:

« Petits enfants du monde ».

J'ai le Cœur Doux et Humble...

Regardez-Moi...

Confiez-Moi toutes les détresses humaines...

Regardez-Moi...

Je vous attire vers Mon Cœur… le Centre de l'Amour !

Je veux vous réchauffer l'Ame,
Je veux que vous deveniez les brûlures nouvelles de ce temps !

J'exige plus d'Amour entre vous !
Je vous aiderai Mes enfants à devenir meilleurs… pour cela, vous devez M'offrir votre bonne volonté, votre désir de service d'Amour.

Je vous envoie vers vos frères dans la peine… Faites vivre Ma Divine Charité !
Abaissez-vous pour servir l'autre… n'ai-Je pas lavé les pieds de Mes Apôtres ?
Si le Maître l'a fait, le Disciple ne peut-il le faire ?
Car voyez-vous Mes enfants…
Un cœur dépouillé, sans trouble, abaissé… laisse couler sur l'autre cœur, des rivières d'eau calme… qui soulage la peine…

Ce n'est pas difficile d'Aimer !
Donnez Moi la main… Je vous conduirai vers l'autre… et Je vous montrerai comment l'Aimer avec Moi !

Sans Moi, vous ne pouvez pas faire grand chose ! vous êtes si petits…
Mais avec Moi, tout s'illumine ! tout revit !

Offrez-Moi votre désir d'Aimer !… le monde a besoin de vous !

Je comblerai vos cœurs pour que vous déversiez Mon Amour sur le monde…

Voulez-vous donner à celui-ci Ma Divine Charité ?
Si vous répondez à Mon Appel, nous aimerons ensemble !
mais il faut agir vite Mes enfants !
Il y a vraiment trop de misères en votre temps !

Mes Disciples doivent aller de par le monde, aimer avec le Cœur de leur Maître !
Un seul homme en larmes fait descendre sur lui Ma Compassion !

Si vous dites M'aimer Mes enfants ;
Allez alors sécher les visages, avec le voile de votre Amour…

Je vous aime… hommes de ce temps….
Je suis le Sauveur de tous !
J'ai donné aux hommes tout Mon Amour ! ».

Seigneur Jésus… nous irons avec Toi, porter toute la détresse du monde.

Bethléem : la Pauvreté
Une nuit… une voûte constellée d'étoiles…
Le monde… une terre habitée d'âmes…
Un Naissance annoncée… accomplie… offerte pour nos vies…

Germe Divin… engendré… dont l'éclat se veut Nourriture !

Une Naissance annoncée qui se réalise, et qui déjà soulève le monde ! pauvre d'Amour…
si pauvre…

Jésus… Fils de Dieu… Fils de Marie… Esprit… Chair… AME…

DIEU EN MOUVEMENT…
DIEU COMPATISSANT…
DIEU SE RENDANT DISPONIBLE A L'HOMME… parce que revêtu de sa nature, pour mieux se faire entendre, saisir et comprendre !

Esprit d'Amour qui veut surprendre les nôtres…
Avec tendresse… avec petitesse…

Esprit sublime qui ne veut pas effrayer…

Un petit Etre… rendu complètement soumis à une Mère de notre terre… pour vivre et se délecter de notre condition d'homme.
Délicate attention d'un Créateur qui ne veut pas se faire craindre, mais au contraire ;
qui offre un Appel à Ses créatures dans un état de Tout-Petit qui a besoin d'elles.

Tout vivre de la créature périssable, sauf la nature pécheresse ;
pour lui redonner son Eternité perdue…
Voilà la Naissance acceptée par Dieu Lui-même, parce qu'il

n'est qu'Amour et ne voit les Ames qu'à travers la Force de Celui-ci !

Le Seigneur n'a rien exigé... mais par l'ARCHANGE GABRIEL ; IL A DEMANDE !
Il aurait pu agir avec violence Notre-Seigneur ! et tout assainir sur la terre comme au temps du déluge
mais c'était le temps de la grande MISERICORDE
et seul l'Amour Eternel s'est fait entendre.

Le Dieu d'amour est descendu pour toucher le cœur de l'homme.
C'était le temps de l'accomplissement du Don d'Amour !

Aujourd'hui qu'en est-il, et que sont devenus les hommes ?

Engagés certes en maints endroits, mais engagés avec leurs forces humaines... ils en oublient l'amour à offrir !
Pourquoi se peut-il que l'on descende à ce point sans s'en rendre compte ?

Le Seigneur a pitié ! et Il connaît la créature créée à Son Image... aussi Il est constamment près d'elle, sollicitant de sa part un sursaut, une nouvelle énergie, une prise de conscience enfin !

Sa grandeur s'est accomplie en petitesse, en l'enfant Nouveau-Né... notre Dieu venait reconstruire notre humanité, en l'absorbant en Sa Divinité.

L'ineffable reposait sur la paille d'une Crèche…
Les bergers offraient à l'Enfant leur vie de Pauvreté… et les Ames attendaient l'absoute de leurs péchés, par le regard de Dieu qui se posait sur Elles…

Il y a pour nous beaucoup à apprendre en ce Mystère de joie !

O ! Mon Seigneur…
Dis à Tes enfants ce que Tu désires d'eux aujourd'hui :

« Petits enfants de la terre ».

Regardez-Moi, Nouveau-Né sur les genoux de Ma Mère..;
Blotti tout contre Elle, Je savourais le bonheur d'être Aimé par Marie !

Je voudrais vous faire saisir, ce qu'est pour Moi la naissance d'une vie.

Une Ame en attente au Royaume…
Une Ame qui a hâte d'investir une petite chair humaine, pour la mener en sa vie vers Moi, Son Créateur.
Une Ame, qui n'est autre que le souffle spirituel de l'être… et qui sans Elle serait inerte !

Votre Dieu a voulu, par Amour, vous donner Vie en Son Souffle et par Son Souffle !
Toutes les Ames sont les respirations, les palpitations de Mon Cœur !

La vie est donc offerte à la créature, venant directement de Moi, SON DIEU !

Hommes ! vous vivez par Ma Décision !
Je Crée, Je fais vivre, Je vous donne en la vie tous les moyens de parvenir en Mon Royaume !
car Mon Souffle d'Amour, votre Ame, fait de vous des enfants de Dieu !

Respectez donc la vie humaine… car si vous blessez moralement ou physiquement un être humain ;
vous attaquez l'Esprit Lui-même qui l'habite.

Je ne veux plus de combats sur la terre !
Il sont nuisibles, inutiles, destructeurs des hommes !

L'Esprit Gardien qui protège chacun d'entre vous en ce monde… souffre grandement de ces outrages faits à Son Dieu !

Aimez la vie !
Prenez en vos bras un petit enfant, observez sa fragilité, sa candeur, son innocence,
et rappelez-vous que Je suis venu chez vous ainsi.

Bercez l'enfant… apprenez-lui plus tard les principes de la vie et la LOI D'AMOUR !
Faites grandir vos innocents dans un climat de Paix familiale.
Ces enfants ne sont venus chez vous, que parce que vous les avez appelés ! désirés ou pas…
Respectez la vie donnée par votre Dieu !

Soyez des hommes d'Amour !

Encouragez les jeunes parents à élever leurs enfants, car en ce monde tout est difficile Je le sais… et bien de ceux-ci perdent courage et la vocation de parents.

Entraidez-vous mutuellement… ne laissez personne sans soulagement !

Prenez en vos bras le petit d'une mère qui n'a plus la force de le faire…

Mes enfants… il y a tellement de désespoir parfois…

Ma Naissance n'est autre pour vous, que le moyen de Me tendre les bras !

Je vous souris en cette nuit de Noël !

Je veux redonner aux hommes la joie de vivre !

Tout est naissance sur la terre, comprenez !

Un sourire… et l'homme renaît de son chagrin !

Un sourire… et l'homme est apaisé de sa faim !

Un sourire… et l'homme se remet debout !

Un sourire… et les prisons s'ouvrent, les cœurs jubilent !

JE VEUX CELA SUR LA TERRE !

« IL N'Y A PAS DE PLUS GRAND AMOUR QUE DE FAIRE VIVRE SON FRERE… DE LUI DONNER MON AMOUR ! ».

Aimez-vous Mes enfants, à travers la joie de BETHLEEM !

LOUEZ AVEC LES ANGES... MA VENUE !

Présentation au Temple : Obéissance et Pureté

Faire en toute conscience l'examen de nos vies... ensuite, oser se présenter devant le Seigneur tels que nous sommes ; sachant que de toutes nos misères nous serons pardonnés.

Avec Le Tout-Puissant tout est simple... puisqu'Il est notre PERE...

Nous pouvons tout Lui offrir, tout Lui remettre.

Ne pas craindre le Seigneur, seulement avoir pour Lui la crainte filiale, le respect qui Lui est dû !

On Adore Dieu ! On Aime et l'on vénère Sa Paternité !...

Dieu le PERE est tellement patient envers nous... mais nous devons avoir pour Lui, une crainte amoureuse... une crainte Sacrée... Biblique !

N'ayez pas peur du PERE ETERNEL... mais allez à Sa rencontre avec grand respect, et le cœur attentif à ce qu'Il veut vous dire.

Le Seigneur Dieu est toujours à l'écoute...

Il veille sur l'homme... le protège... le secoure en tous ses besoins... mais il est bien normal pour nous de Lui rendre hommage....en ayant le comportement qu'Il souhaite.

Se présenter devant le TOUT-PUISSANT... est un acte qui se doit d'être réfléchi, car nous ne pouvons nous mettre en Sa Présence sans une profonde humilité.

Notre péché est une si grande amertume pour nous. Nous savons bien que nous outrageons la Blancheur Divine… Nous connaissons la grande Compassion du Seigneur… Sa Miséricorde… Son Pardon…
aussi, il faut nous interroger ! faire l'examen de nos vies !

Que faisons-nous de bien ?
Que faisons-nous de mal ?
Savons-nous donner un peu d'Amour ?
Sommes-nous artisans de Paix ?
Avons-nous le sens du pardon véritable ?
Comment nous voyons-nous sous le regard de Dieu ?

Je pense mes amis, que vous et moi avons bien des actes à purifier… aussi je vous suggère qu'ensemble nous nous remettions en toute confiance à la Bonté du Seigneur.
Demandons pardon… sachons être de bons enfants, et notre Dieu nous accordera Ses Grâces.

Offrir sa vie à Dieu…
Offrir nos petits moyens… nos faibles forces… mais offrir surtout une bonne volonté à devenir meilleurs !

Le Seigneur Jésus ne nous demande rien d'exceptionnel !
Il aimerait seulement que le Disciple s'engage loyalement et en vérité !
Ne pas se mentir à soi-même…
Etre sincère en tout…
Ne rien cacher à Dieu… puisque Celui-ci voit tout !
Toute petite poussière que nous sommes… si souvent balayée par le vent mauvais !
Sans une remise entière et confiante au Seigneur, nous ne pou-

vons porter du Fruit en ce monde…

Appelons la Force Divine qui nous habite… laissons-nous conduire par le FEU SACRE !

Sous Sa Caresse, l'homme créé libre a le choix en sa vie.

Ou il refuse l'avance Divine… et tombe inexorablement dans la honte du péché !

Ou il accepte… et prend le parti de se laisser faire, transformer, et devient tout autre !

L'homme qui agit dans la Compagnie de Dieu est un homme qui construit pour un monde nouveau !

Le Seigneur a besoin de l'homme, car la terre se fragilise partout…

Il faut changer notre façon de vivre actuelle du tout au tout, et nous ne pouvons le faire qu'en nous offrant au Seigneur.

Allez à Lui, enfants nés de Sa Divine Lumière !

Rejoignez le troupeau fidèle !

Soyez des Ames de Bien !

« OFFREZ-VOUS »… dites après moi :

Seigneur, c'est bien vrai !

Il n'y a pas de plus grand Amour au monde, que celui de nous offrir à Toi !

« VENEZ A MOI VOUS TOUS.. QUI PEINEZ ET PLOYEZ SOUS LE POIDS DU PECHE…

JE VAIS VOUS PURIFIER… ».

« Il est si simple de Me dire :

Seigneur… avec Toi, je peux changer !

Sans Toi… mes forces sont tellement limitées !

Ayez confiance en Mon Amour… Ma Miséricorde est Puissante! Elle change tout en un éclair!

Je veux le bonheur pour l'homme!

Qu'il n'ait crainte de Moi…

Qu'il s'approche de Mon Cœur…

Je veux déverser sur les Ames Mon FEU… en torrent d'Amour!

Entreprenez enfants, chaque jour, une véritable changement de vie adapté à vos situations.

Vous êtes placés, là où Le PERE l'a voulu; sachez aimer Sa décision.

Tous vos actes sont méritoires pour vos Ames, quand vous les accomplissez de tout votre cœur.

En famille, soyez Miséricordieux; comme vous Me demandez de l'être pour vous!

Donnez à chacun de l'Amour… une attention soutenue… la famille est Sacrée!

Entretenez ce Feu entre chaque membre de celle-ci, pour vivre en état de PAIX!

Toutes les actions, même les plus petites… sont des sources de Grâces pour vous tous!

Aimez ce que vous faites! votre travail accompli joyeusement plaît à Dieu.

Présentez-Moi tous les vôtres…

Offrez-Moi chaque jour ceux-ci…

Offrez-vous vous-même… et Je vous aiderai à vivre saintement la journée offerte ainsi…

« Heureux les doux…

« Heureux les pauvres de cœur…

« Heureux celui qui a des oreilles pour entendre…

« Heureux celui qui s'offre à Moi..et qui vit d'Amour !

« Heureux êtes-vous parents… qui construisez, qui bâtissez sur le ROC que Je suis !

« Heureux ! heureux vous tous, qui Aimez et qui donnez L'Amour aux autres !

Vous ne pouvez éviter que le mal vous attaque et vous blesse, mais avec Moi, vous avez la Force du combat !

« Heureux êtes-vous… si vous avez pu, repousser l'adversaire ! vous êtes appelés Fils de Dieu !

« Heureux êtes-vous si vous pleurez… J'accoure pour vous consoler !

« Heureux êtes-vous Mes Disciples… quand sous les attaques vous tenez bon sans vous révoltez ! car vous Aimez en vérité, et vos Noms s'inscrivent dans les cieux !

Vous obtiendrez votre récompense, par la puissance d'Amour que vous aurez donné à vos frères !

Alors Mes enfants, venez vous présenter à Moi…
Je vous attends les bras grands ouverts !

« JE SUIS LE DOUX REDEMPTEUR DU MONDE ».

Mes amis, allons à Jésus, allons nous offrir à Sa Majesté !
N'ayons pas peur de Lui !… Il n'est qu'Amour !...

Le Recouvrement : Recherche de Jésus

J'ai vu la Lumière au bout du chemin… et je m'y suis engagée…
Tout comme pour vous mes frères,
Le Seigneur m'a donné le choix en ma vie… Il m'a ouvert la
route de celle-ci !
Ce fut sans heurt, sans crainte, très doux… ce fut pour mon
Ame, un attrait, un subtil ravissement…

J'ai couru alors, sans m'essouffler ! à la Source de ma vie, de
la Vie !… et mon être tout entier Lui fut remis.
Je n'avais jamais perdu mon Seigneur, mais en ces jours-là…
Il a comblé Mon attente… et nous nous sommes LUI et moi !
complètement retrouvés !

Jésus le Sauveur a illuminé ma route, et je suis allée, comme
en ce Mystère !
« LE RETROUVER »… et cela, sans retour en arrière.

Mes amis… n'est-ce pas ce que chaque créature doit faire en
ce monde, que de « RECHERCHER » L'Amour, tout au long
de sa vie ?
Le Seigneur Jésus n'est-Il pas La Lumière du monde ?

Il est présent, tout contre l'Ame humaine, frappant et attendant l'ouverture de Celle-ci !

Le bonheur, bâti seulement sur les forces humaines, sera très
fragile et éphémère… il s'affaiblira dans le temps…
L'homme, qui a reçu de Dieu le PERE sa vie… ne peut mener
à bien l'entreprise terrestre ; que s'il fixe son regard de l'Ame ;
sur la Force Divine !

Le PERE ETERNEL donnera alors à Celle-ci, la Grâce dont Elle a besoin ! et l'homme pourra agir fortement, amoureusement !

La terre des hommes a besoin de son Créateur pour vivre, et parfois pour survivre !
Si le cœur de l'homme ne s'ouvre pas, s'il ne rencontre pas la Source Créatrice, rien ne peut s'accomplir.
Il lui faut alors retrouver Celle-ci !
Il lui faut aller au devant de son Dieu !

L'Ame doit rechercher sa propre vie... en « RECHERCHANT CELUI QUI L'A CREEE ».

Tout est parfois si noir autour d'Elle... incompréhensible... tout est parfois tellement glacial...
alors mes frères... comment voulez-vous que vos Ames survivent sans le Divin Feu que le Créateur dispense à qui Le Lui réclame ?

RECHERCHEZ LE FEU... qui brûle au bout du chemin !
Même les plus grandes misères y trouveront une quiétude... une nouvelle vie... et un élan !
qui les aideront à poursuivre leurs vies sur la terre.

Rien n'est triste auprès de la lumière du monde !
Rien n'est jamais perdu !
Rien ne s'arrête pour l'homme, quand il a décidé en son parcours de vie...
DE « RECHERCHER » son Dieu !

Je vous invite, de tout mon cœur ;
A rentrer en vous-même, et de RENCONTRER en vos routes personnelles, Celui qui marche vers vous !

JESUS VOUS RECHERCHE ! Il le fait constamment, et avec beaucoup de délicatesse…

Répondez-Lui mes frères…
Allez vers Lui… Il vous tend les Bras…
Recherchez le Cœur du Maître, car Il veut vous combler D'AMOUR !
Il vous propose une vie nouvelle !
Il vous Aime, ne Le faites pas attendre !

RECHERCHEZ VOTRE SAUVEUR !

« O ! IL N'EST PAS DE PLUS GRAND AMOUR ».
Toi… Jésus si Bon….mes frères et moi, nous Te Recherchons !

O ! Jésus… Viens à nous…

« PETITES… MES BREBIS… PAS DE TROUBLE…. JE SUIS LA… ».

Je suis L'Eau courante qui soulage….

Oui, Je vous recherche ; car Je veux vous transformer, et vous conduire sur le chemin de vie !

Faites-Moi entendre les rires et les chants que J'aime en toutes créatures !

Rires ! qui résonnent jusqu'au Palais du ciel !
Chants ! qui font palpiter Mon Cœur…

Oui, vous avez tout cela en votre Ame, et si vous accompagnez cette joie en mêlant votre Amour au Mien ;
nous ferons ensemble chanter le monde !

Mes brebis sont en recherche… Je les vois en toutes contrées parfois si seules…
ne savent-elles plus combien Je les recherche ?

Recherchez-Moi Mes enfants… Mes brebis… Je viens à vous en ce monde !
Je suis là… tout près de chacun…
J'aime tous les cœurs, et Je vous offre la Chaleur du Mien…
Aimez-vous !
Donnez-vous en Amour, pour l'Amour !
Ne recherchez pas la vie du monde, mais RECHERCHEZ EN MOI, la vie que Je lui donne !
Faites briller tous les chemins du monde, en RECHERCHANT LA VERITE !

Recherchez le Bien ! Venez à Moi… La Source de tout Bien…

Comme un pétale qui se courbe sous le soleil…
Je ferai de votre Ame qui M'aura recherché… le parfum d'amour que Je presserai sur Mon Cœur…
Je suis l'Amour Divin qui Se communique au monde !

Je lui donne Ma Paix ! Ma Force !

O ! monde d'aujourd'hui !
Ton Créateur t'attend, recherche-Le … n'aie aucune crainte !
Toutes les blessures seront pansées, tous les cœurs seront
consolés…
Toute vie avec Moi est sauvée !

Je suis venu en ce monde pour donner Ma Vie !

« CAR, IL N'Y A PAS DE PLUS GRAND AMOUR…

« QUE DE DONNER SA VIE POUR CEUX QUE L'ON AIME ».

« JE NE SUIS QU'AMOUR »…

Gethsémani : pardon des fautes
« O ! MON PEUPLE » dit le Seigneur…

« POURQUOI ME FAIS-TU SOUFFRIR ? ».

Je Me donne à toi par Amour…

Oui Mon peuple Aimé… Je donne Ma Vie pour les vôtres…

CAR, IL N'Y A PAS DE PLUS GRAND AMOUR…
QUE DE DONNER SA VIE POUR CEUX QUE L'ON
AIME !

Et Moi l'Amour !
Je brûle pour vous d'un Amour si particulier, qu'Il s'échappe
de Ma Divinité toute entière !

JE SUIS CELUI QUI EST !

JE SUIS CELUI QUI PEUT !

JE SUIS CELUI QUI REALISE TOUT EN PLENITUDE !

JE SUIS CELUI QUI CHANGE LES TENEBRES EN LUMIERE !

Aujourd'hui Mes enfants…
Je viens à vous en habit de Pauvre… revêtu du Manteau de Pénitence et de Mansuétude…
car vous avez besoin de vous faire PARDONNER !... encore… et encore….
Je suis revêtu de l'amertume de vos péchés…
Je suis imprégné de vos manquements et de vos refus…

Votre Seigneur est en peine… pourquoi ne M'écoutez-vous pas chers enfants ?

Je suis venu en ce monde pour porter son péché, c'est le grand Signe de Mon Saint Amour pour les hommes.

JE SUIS LE VIVANT !
JE SUIS L'ETERNEL QUI DOMINE SUR TOUTE MA CREATION !

Je suis venu réparer Moi-même ce que les hommes souillaient en eux :

LEUR AME…

Je suis le Bien-Aimé de chacune de Celles-ci !

J'attire… en Ma Douloureuse PASSION… toutes les Ames attirées par la Perfection.

Je suis Parfait en Mon Royaume… et vous y entrerez en devenant vous-même des êtres transformés ! Purs ! Parfaits !

Pour cela… Je suis descendu en votre condition d'homme.

Je suis venu soulager Mes créatures du poids qui les précipitaient aux enfers !

J'aime le monde d'un Amour fulgurant !

Comme l'éclair traverse les nuées par temps d'orage,
Je traverse le cœur de l'homme pour qu'il vive !

Venez Mes brebis… tout près de Moi… JE VOUS ATTENDS…

En votre temps, la terre souffre… et elle est en convulsions !

Mais vous avez le pouvoir de redresser tout cela, ne vous ai-Je pas confié cette belle planète ?

Votre Conversion sincèrement entreprise fera reculer les forces du mal, et les ténèbres retomberont d'où elles sont sorties !

Vous verrez alors une aube nouvelle s'installer, quand les hommes demanderont le Pardon de leurs fautes !

Rappelez-vous votre Maître d'Amour… qui est venu pour donner Sa Vie !

Imitez par Amour votre Seigneur, c'est-à-dire :

Portez un peu votre frère désemparé, à la conscience affaiblie.

Comme au Jardin de GETHSEMANI… où les hommes Me

faisaient tant souffrir…
où Mon Cœur se dilatait d'Amour pour eux…
Partagez avec Moi cet Amour ! en allant vers vos frères !

Et puis, Ames tièdes…
Frappez-vous la poitrine ! Revenez à Moi, Je vous attends !

Tout péché confessé sera Pardonné !
Adressez-vous à Moi par le Prêtre, qui seul détient ce Pouvoir sur terre !

IL LUI VIENT DE MOI !
ENTREZ EN MA SAINTE PASSION… ELLE EST CHE-MIN D'AMOUR…

Repentez-vous Mes enfants… en toutes contrées !
Reprenez conscience de la beauté de vos Ames appelées à Me rencontrer au Royaume !

Convertissez-vous ! et Croyez à L'EVANGILE !
Convertissez-vous ! Repentez-vous !….criait Mon JEAN-BAPTISTE au désert !

Encore aujourd'hui, cet Appel se fait pressant !

LE MONDE DOIT SE CONVERTIR !

N'AYEZ PAS PEUR…
D'un misérable peut sortir un Saint !

AYEZ CONFIANCE EN MA MISERICORDE…

O ! Notre-Seigneur…
Merci de nous faire saisir l'importance de la Confession de nos péchés.
Oui Seigneur,
Il est bien vrai que nos Ames doivent sans cesse se Purifier !
et nous y arriverons avec TOI !
avec Ton PARDON !
Nous Te suivons en notre Prière…
Toi le Flambeau ! L'Unique Seigneur ! Le Roc ! Le Tabernacle Divin de nos Ames !
Nous Te tendons la main Jésus !
Accepte-la pour Te soulager… là-bas… sur la Roche de GETHSEMANI…

Pardon… Pardon…

La flagellation : Pardon des sensualités
Le Seigneur offre ici Son Corps à la souffrance…
Encore une fois… Le Maître va expier pour l'homme, à sa place…

Le jugement du Procurateur Pilate nous éclabousse toujours !
ne sommes-nous pas coupables, nous aussi ?
Et pourtant !.. nous sommes enfants de Lumière !

Alors, que faut-il comprendre en notre temps, de ce jugement infâme qui condamne Le Christ ?
Jésus a accepté sans rien dire… et le malin a armé le bras du soldat.
Pourquoi cette souffrance ?
Pourquoi tant de douleurs ?
Je veux crier au monde L'Amour du Sauveur !

En ce temps-là… il y avait l'occupant Romain…
Et aujourd'hui encore, des peuples occupent des terres volées à leurs frères !

En ce temps-là… il y avait la brutalité, la torture, l'horreur d'une flagellation !
Et aujourd'hui les hommes brutalisent partout, les hommes torturent encore leurs semblables, en maints endroits sur la terre, et les coups de fouet, les pendaisons, les cruautés sont en nombre !
Temps d'hier… temps d'aujourd'hui… les mêmes… et pourtant !
Pourtant, Le Sauveur a subit cette horreur pour nous ! Il entamait son long Calvaire…

Aujourd'hui, Le Seigneur est Vivant !
Il regarde le monde… et je pense que Son Cœur doit pleurer… Son Sacrifice n'aurait-Il servi à rien ?

Je m'adresse en ce Mystère, non pas à la raison… mais au cœur de mes frères de toutes races sur la terre !
Changez vos façons de vivre !
N'asservissez plus l'autre, de quelque façon que ce soit ! nous sommes tous égaux sous le Regard de Dieu !
Mes frères…
Ne faites pas le mal ! Repoussez le démon qui veut tout détruire, et qui se sert de vous !
Ne portez plus la main sur votre frère !
Ne torturez plus son corps ni son esprit !
Ne condamnez plus à mort les êtres vivants !

SEUL LE CREATEUR DETIENT CE POUVOIR! et Lui,
n'en abuse pas....
Il vous Aime!

Ne rejoignez plus mes frères les cohortes mauvaises qui
détruisent les vies humaines!
Avec Le Christ-Jésus, offrez-vous en holocauste!
Pas un holocauste de Martyr... mais, une offrande de vous-
même en Amour, à L'Amour!

Transformez le monde en un champ de fleurs... plutôt que d'y
laisser des bombes ou des mines enfouies...
qui n'en finissent pas de verser le sang des innocents!

Le Corps du Seigneur a sur Lui, le sang de tous Ses enfants
martyrisés...

Le Visage du Seigneur a sur Lui, les plaies que reçoivent Ses
enfants; quand ils sont séquestrés, torturés...

Le Visage du Seigneur sue, Sang et Eau!
et c'est le râle de Son enfant qu'Il prend sur Lui... et qu'Il
transforme en Ses Blessures Divines!

O! Pardon Divin... incommensurable Amour...
Sois Miséricordieux encore aujourd'hui... Pardonne Seigneur
Jésus...
Marie... notre Mère... Pardon...
C'est Ton Divin Enfant... et Tu as tellement souffert en Le
voyant...

« Oui….J'ai pleuré… ».

J'ai pleuré, comme toutes les mères de la terre en tous temps !
quand un fils tombe sous les coups !

J'ai pleuré…

Quand ensuite, Je vis Mon Fils en cet état… O ! comme J'ai
souffert pour Lui…

J'ai pleuré…

Car la Vie que J'avais donné au Fils de L'Homme… lui était
retirée un peu à la fois, en des Douleurs insupportables !

J'ai dit « OUI » au PERE… pour la venue de Jésus… et J'ai
également tout remis au PERE en ces instants-là…

Quelle cruauté pour Mon Cœur Maternel… aussi aujourd'hui,
Je vous supplie Mes enfants de la terre !

Ne condamnez plus !

Ne jugez plus ! Ne tuez plus vos frères !

LE MESSAGE D'AMOUR DE MON FILS… EST QUE
L'AMOUR CIRCULE ENTRE VOUS TOUS !

Mon Fils vous a réconciliés avec Le PERE !

Abandonnez-vous à Sa LOI D'AMOUR !

Transformez vos pays en havres de Paix et de Bonheur !

Je suis votre Mère, et Je désire tant vos conversions.

Si vous M'aimez, chers enfants de cette terre que J'aime, où
J'ai vécu tout comme vous Ma Vie humaine ;

Changez le monde !

Il vous faut agir avec le chant de la colombe parmi les loups !

Faites chanter le monde par vos Prières que vous Me rappor-
terez en Mon Cœur Immaculé et Maternel.

Je les déposerai aux pieds de Dieu le PERE et Je Lui deman-
derai pour vous des Grâces de Paix.

Le monde actuel est en grande misère… et J'ai besoin de tous Mes enfants pour qu'il redevienne un Paradis où il fait bon vivre…

Et puis, votre destination n'est pas en ce monde… elle est bien plus loin…

Elle est au Royaume trois fois Saint !

Pensez-y ! et avancez en bons enfants.

Je suis près de vous sur la route… et Je réponds aux sollicitations sincères, adressées à Mon Cœur de Mère…

Recevez en vos fronts Mes enfants… Le Baiser de Mon Amour pour vous. ».

Mes amis ;

Resterez-vous insensibles à l'Appel de La Vierge Marie ?

La colombe de la PAIX volera sur le monde, quand celui-ci, ses armes jetées comprendra qu'il doit enfin « AIMER »....

Il n'est jamais trop tard pour entreprendre cette démarche, car même une seule petite pensée d'Amour… fait que L'Eau Divine se déverse en pluie sur la terre !

Le Seigneur Jésus fixé à la Colonne, a tout donné de Son Humanité, pour nos humanités !

Il a porté le péché du monde… le nôtre !

Jésus-Sauveur ! Christ ! Tes enfants sont tristes et désespérés… ils reconnaissent à leur grande honte leur immense péché…

« Mes enfants ».

J'ai pardonné alors… et Je pardonne toujours….mais, si un moment vous devenez faibles ;

lisez le récit de MA PASSION rapportée par Mes Apôtres, et vous Me reviendrez totalement,
ayant compris le grand Amour que Je vous porte.

Je vous Aime... enfants du PERE.... ».

Couronnement d'épines : Pardon des mauvais désirs

« MES PENSEES NE SONT PAS VOS PENSEES ».

Voilà maintenant Le MESSAGE du SEIGNEUR !

Comme il est vrai et nécessaire aujourd'hui, que Le Maître de nos vies nous le redise.
Les pensées de l'homme ne sont pour la plupart, qu'idées confuses... ou détournées de leur sens véritable !
L'homme se croit maître de tout, et son esprit embrouillé le pousse à dominer et asservir son frère.

Mes amis de ce monde... écoutez Le Seigneur Jésus !

Les pensées divines ne sont qu'un Appel à La PAIX ! à la CLEMENCE ! et à L'AMOUR !
Pourquoi alors ne pas comprendre cette urgente nécessité pour nous tous !
De ne plus s'insurger !
De ne plus récriminer ou calomnier son frère...
L'état d'esclave est un état désiré par le mauvais, puisqu'il est tout le contraire de l'état libre offert par Le PERE ETER-NEL !...et le mal rend esclave...

« NE JUGEZ PAS POUR NE PAS ÊTRE JUGES »… a encore dit Le Seigneur.

Pensez-vous aussi aux faux témoignages, cette lie de l'esprit qui peut tuer votre frère ?

Pensez-vous à la Force contenue dans le geste de PAIX que certains en Église se donnent ?

C'est Le DON de DIEU !... LE DON de SA PAIX !

Ah ! si le monde entendait, il changerait ses pensées.
Demandons à notre Maître d'Amour de nous parler… de nous parler en esprit…

Seigneur… notre Bien-Aimé… Viens à nous…
Si Tu ne parles pas à Tes enfants d'aujourd'hui… ils ne comprendront pas !
Toi Seul conduit à l'état de Parfait Ta créature… Entends-moi Mon Seigneur !....

« JE ME COMMUNIQUE UNE FOIS ENCORE ».

Car Je sais comme l'homme a besoin de Mon Soutien.
Devrais-Je redire encore une fois, combien l'esprit de l'homme est limité ?
Si Le Créateur vous a imposé des limites de compréhension ; Il a Ses raisons.
Ne cherchez pas par vos propres moyens à résoudre chaque conflit, chaque interrogation en votre vie !
Vos pensées ne sont pas Celles de votre Dieu.
Au début, le premier couple humain a agit par ses propres

pensées et a répondu au mal...
Qu'en est-il advenu ?

Il est arrivé ceci :
Que l'homme a perdu son état de Perfection... et qu'il a été éloigné de La Grâce perpétuelle !
Ensuite, il a fait sa route seul... orgueilleux, mais tellement isolé....tout cela, parce qu'il n'a pas su écouter L'Esprit Divin.

En ce temps, l'homme continue à se prendre pour un être surhumain !
Il pense pouvoir tout résoudre, et se retrouve en guerre n'ayant rien compris de son frère !
Avec L'Esprit d'Amour, l'homme peut agir en Vérité quand celui-ci demande à L'Esprit-Saint de l'y aider... car Mes Pensées ne sont pas vos pensées, et Mon Chemin vous est proposé chaque jour !

Ne cherchez pas à vous imposer, à juger, à condamner... sans vraiment connaître l'autre !
Ne savez-vous plus que si vous jugez autrui, Le PERE vous demandera pourquoi, vous avez transgressé Sa LOI ?

Si l'homme n'est jamais satisfait, s'il envie son frère, s'il veut le combattre avec des paroles blessantes ou peinantes...
il agit avec ses propres pensées, et celles-là sont mauvaises.
Ne vous laissez pas conduire par l'Ange rebelle !
Ecoutez le bon Ange qui est à vos côtés !

Il vous inspirera de bonnes pensées, qui descendront en votre cœur depuis Le Mien !

J'ai Le Cœur consterné de voir en Mes enfants, tant de suffisance et de mépris, de la haine ou de l'indifférence devant la misère.

Ayez en vous la recherche de Mes Pensées.

Je vous aiderai à agir en vos humanités, le plus fraternellement possible, le plus Saintement !

Oui, comprenez Mes enfants !

Que Mes Pensées ne sont pas vos pensées... mais que Je suis toujours prêt à intervenir, pour que vous trouviez le Chemin de La PAIX !

Recherchez la douceur auprès de Moi... et offrez-la à votre frère...

La douceur est un Don... tout comme le Don de soi... tout simplement... sans bruit... avec AMOUR....

Les peuples qui aspirent à un monde meilleur, doivent comprendre qu'il n'est pas le temps de prendre des décisions seuls !

Ils se heurteront à des murs infranchissables !

AVEC MOI !

Les peuples peuvent reconstruire et bâtir la PAIX !

UNE PAX EFFICACE ET DURABLE !

Mes enfants... ajustez vos pensées à Mes Désirs...relisez Mes COMMANDEMENTS ! et MON EVANGILE !

vous y trouverez la voie unique et Parfaite pour être de bons enfants...

« AIMEZ-VOUS LES UNS LES AUTRES »... et le monde ne sera plus en perpétuelle agitation !

Je suis près de vous, en vous, et constamment enfiévré d'Amour à répandre !
Avez-vous retenu chers enfants, que Je désire aujourd'hui en l'homme, un état d'Amour, une réflexion Charitable ?
Il ne doit plus juger ! IL DOIT AIMER !
Ensuite, la compréhension de l'autre lui sera donnée puisqu'il aura agit avec L'ESPRIT-DIVIN.

Rejoignez la Mère de toutes Grâces en vos Prières... Elle vous aidera en vos vies !
Elle vous assistera en toutes décisions que vous aurez à prendre.
Ma Mère n'agit que pour Son Dieu... et Lui ! ne peut rien Lui refuser !
Changez vos comportements... redevenez des Anges, Mes enfants...
Aspirez au Royaume d'où vous êtes sortis. Vous appartenez à Dieu Le PERE, qui connaît les pensées de chaque être humain !
Respectez et servez Sa haute Grandeur ; en chaque comportement, en paroles... redevenez des Anges Mes enfants....
J'ai confiance en la bonne volonté de l'homme...

« MES PENSEES NE SONT PAS VOS PENSEES »... et Je vous inspire toujours en vos vies à vivre d'Amour !
Entreprenez d'Aimer, et cela sans vous poser de questions !

L'AMOUR PURIFIE TOUT !
L'AMOUR FAIT VIVRE !
L'AMOUR VIENT DE DIEU !

Que l'homme alors ne rejette pas ce Don de Dieu LUI-MÊME !

La force de la pensée est sans mesure, que ce soit en Bien ou en mal !
Optez alors pour le BIEN ! et la terre sera renouvelée !
Mais si vous avez choisi les ténèbres... le mal sera partout et l'homme se détruira lui-même et détruira son frère également !
Il est si simple d'aller vers LE TOUT BIEN !
Aimez-vous en pensées, en paroles et en actions.
Je veux des Disciples agissant avec Mon Église, vous serez alors confortés en Son Sein.

« MES PENSES NE SONT PAS VOS PENSEES » ne l'oubliez pas Mes enfants !

Je vous bénis et vous donne Ma PAIX !

Portement de Croix : l'acceptation des souffrances

Sur le sentier... je vois mon frère en misère...
Sur le sentier... je vois mon frère dénué... dépossédé de sa miette de bonheur...
Sur le sentier... je vois mon frère de terre... le dos courbé, voûté, écrasé par l'indifférence des hommes...
Sur le sentier... je vois un petit pauvre du Seigneur... accablé de fatigue !

Sur le sentier mes frères… je vois se traîner péniblement affamé… assoiffé… l'enfant créé à L'Image de Dieu…
Sur le sentier… je ne vois personne pour l'aider… le soutenir… le soulager…
Sur le sentier… je vois mon frère de terre tomber désespéré sur la route, n'ayant pour abri que les branches d'un arbre, et je vois mon frère pleurer…

Je me sens obligée et poussée ; à aller à la rencontre de mon frère… nous l'abandonnons à son accablement nous tous qui vivons égoïstement…
Nous péchons devant Le Seigneur Dieu… car mes amis, mes frères, nous ne mettons pas en pratique La Charité !

« CE QUE VOUS FAITES AU PLUS PETIT D'ENTRE LES MIENS… »

« C'EST A MOI QUE VOUS LE FAITES ! » a dit Le Seigneur Jésus.

Serons-nous insensibles devant la main du pauvre, tendue vers nos consciences ?
Serons-nous insensibles devant le dernier sommeil de l'homme, étendu à terre par notre faute ?
Il y a un remède mes frères, il y a un secours !
Quand nous voyons un frère en cet état de souffrance, ouvrons la porte de notre Ame…
et laissons s'échapper notre Souffle d'Amour que Le Seigneur nous a donné…
Donnons La CHARITE !

Cet homme… c'est aussi Le Seigneur que je vois, quand ses yeux fixent les miens…
Refuserons-nous au Sauveur du monde, notre Compassion… notre Amour ?
Refuserons-nous à l'homme fatigué de la vie… le secours ?
Si nous regardons en lui Notre Seigneur, nous sommes poussés pauvres que nous sommes,
à réagir en Vérité, et en Disciples !

Cet homme d'aujourd'hui rejoint « CELUI » qui absout nos péchés dans la poussière de JERUSALEM !... et qui est DIEU LUI-MÊME !

Les péchés de la créature sont portés sur le bois que Le Seigneur a déposé péniblement sur Ses Epaules.
Ah ! cette Epaule Martyrisée… combien je désire la panser… combien je désire verser sur Elle mes larmes… j'ai tellement honte de mon péché…

Mes frères ;
Le Seigneur, tout comme notre frère, est fatigué… épuisé… abattu… essoufflé… sans forces…
et des larmes tombent de Ses yeux sur la terre…

Terre lamentable que Le Seigneur Sauve !
Terre d'égoïsme et d'avarice…
Terre guerrière qui tue, et ne sait abandonner les armes !
Terre enfumée, polluée par les péchés en nombre !
Terre entière prise dans les filets macabres…
Terre dépourvue d'Amour ! et qui n'est que soumise à la jalousie et à la calomnie !

Terre de mensonge…

Terre des hommes qui ne saisissent plus, combien Dieu est AMOUR et MISERICORDE !

Terre qui doute…

Terre qui jure par Le Divin Nom !

Terre qui blasphème… terre qui s'écorche elle-même aux épines de l'enfer !

Terre qui ne sait plus se reprendre, alors qu'il est si facile d'Aimer !

Terre ! secoue tes entrailles ! et ouvre ton cœur à la Vraie VIE !

Tu verras alors ma terre, des merveilles se dérouler devant tes yeux !

Tu verras le soleil se lever et prendre sa place en un ciel pur…

Tu verras les flocons blancs se faufiler pour te faire un peu d'ombre..

Tu verras les rivières polluées, redevenir des courants d'émeraude…

Tu verras les grands saules pleurer de joie en se courbant sur l'onde…

Tu verras les montagnes scintiller, et les vallons reverdir !

Tu verras les mers apaisées… et les poissons recommencer leurs sarabandes !

Tu verras encore les ailes des oiseaux se gonfler, et tu verras ceux-ci danser dans le ciel, et lancer leurs chants !

Tu verras toute la Création animale sortir de l'ombre !

Et alors !

L'agneau dormira avec le loup !
L'oisillon se pelotonnera sous l'aile de l'aigle !

Tu verras, O ! ma terre…
Comme en toi tout est beau, quand tu vis avec et sous le
Regard de Dieu !

Et puis ma terre…
Ton Seigneur s'est revêtu d'humanité pour faire revivre tout
se qui se perdait, alors, ne permet
pas aujourd'hui cette destruction !
Et maintenant, je m'adresse aux hommes !

Mes frères en Dieu… c'est vous qui détruisez quand vous
péchez…
Aussi, du fond de mon cœur j'en appelle à vos consciences.
Tout est si beau, quand on regarde la vie avec Le Seigneur !
Voulez-vous essayer d'arrêter aujourd'hui, toute la misère
répandue à travers le monde ?

Il y a tellement de larmes versées… il est grand temps de se
reprendre !
La vie ne doit pas être bafouée… Elle doit être admirée !
Elle vient du Créateur, et nous devons préserver sur la terre
tout ce qui vit et respire !
Le monde humain, animal, et végétal !
La terre fut déposée aux pieds de l'homme, pour qu'il l'assu-
jettisse, mais pas pour qu'il l'abîme
Je voudrais tellement vivre en un monde de Paix et
d'Amour… et c'est pourquoi je vous ai supplié en ce Mystère.
Regardez Le Seigneur qui marche sur nos routes… qui porte
nos péchés… qui pardonne…

et qui n'en finit pas d'AIMER…

Oui mes frères… commençons à comprendre tous !
Qu'en notre passage sur la terre, nous devons Aimer nos
frères avant nous-même.
Devenons humbles… nous sommes des pécheurs… et Le
Maître nous le demande !

« JE SUIS VENU ACCOMPLIR… J'AI TOUT DONNE A
MES ENFANTS…

« ME DONNERONT-ILS UN PEU ?

« VOUS AVEZ ECOUTE L'ENSEIGNEMENT DE CE
MYSTERE, MAINTENANT REDRESSEZ-VOUS !
« PARDONNEZ-VOUS MUTUELLEMENT ! ET AGISSEZ
EN HOMMES DE BIEN ! ET RAISONNABLES !
« REBÂTISSEZ CE MONDE QUI SOUFFRE PAR VOTRE
FAUTE ! REGARDEZ-MOI… JE SUIS AVEC VOUS… »
     « ELOI ! ELOI ! LAMA SABACHTHANI… ».

Mort de Jésus : Salut des âmes
Eloï ! Eloï !… lama sabachthani …
Mes frères… entendez votre Seigneur…

Sur La Sainte Croix… cloué, défiguré, souffrant atrocement
ce Martyre effroyable…
Jésus, un instant, a crié vers Le PERE… et Lui a demandé :

         « PERE… PERE…
   POURQUOI M'AS-TU ABANDONNE ? ».

Puis, Le Bien-Aimé de L'Ecriture a fermé les yeux... et a laissé Son Amour pour les hommes l'emporter sur le désespoir.
Sa grande Victoire étant toute proche, Le Maître s'est laissé consumer...
L'Amour entrait en Son Agonie humaine...
Sa Mère admirable, soutenait Son Divin Cœur par L'Amour du Sien... des femmes s'abandonnaient à leurs cris et à leurs pleurs...

Tableau du Calvaire... Peinture violente sur cette toile, que le Pinceau Divin trace avec Puissance !
Ombres de mort... mais parures pour les Ames...
Sang versé abondamment... mais cœurs vermeils en nos poitrines...
Corps cassé, pantelant... mais nouvelle vigueur pour nos membres !
Chef Couronné d'épines... mais visages des hommes purifiés !
Cœur Transpercé... mais cœurs des hommes, transcendés !
Bras écartelés sur le monde... pour que nous ouvrions les nôtres !
Pieds blessés... mais pieds des hommes en marche pour Aimer !

Voilà ce que demande Le christ-Jésus sur Le Calvaire...
Regardez Le Seigneur mes frères, pour comprendre comment agir en ce monde à travers Ses Blessures.

Seigneur... mon Bien-Aimé Maître...
J'implore Ton Cœur... Viens à nous... Ta Parole est dans mon cœur...

« JE SUIS LA RESURRECTION »
« QUI CROIT EN MOI, MÊME S'IL MEURT, VIVRA ! »
« ET QUICONQUE VIT ET CROIT EN MOI,
NE MOURRA JAMAIS ! »
« LE CROIS-TU ? ».

Comme nous croyons en Tes Paroles Jésus ! ces Paroles qui ne sont : Qu'Espérance, Certitude, et Vie !

En Aimant Notre-Seigneur, nous partageons également avec Lui Son Douloureux Sacrifice qui mène à la Vie en Lui !
Soyons tellement sûrs de notre Foi, que nos vies en découleront plus fortes !
Même si nous mourrons en Lui, Le Seigneur nous entraînera au ciel, et si nous vivons en Jésus, nous ne mourrons jamais !
Le Seigneur est la vie !
Il nous fait passer des ténèbres à Sa merveilleuse Lumière ! en S'immolant sur la Croix !
C'est une Béatitude DIVINE, que d'Aimer tellement fort ses amis... que l'on veuille leur offrir sa vie !
La Croix est en fin de compte L'Autel de La Gloire Divine, sur lequel toutes nos actions sont déposées, tous nos péchés pardonnés !

LE MAÎTRE EXPIRE...

et la terre tressaille de nombreuses convulsions en maints endroits !
Le Maître de la vie et de la mort, fait se relever de leurs sépultures des témoins, plus loin...
Le grand Prêtre du Temple se frappe la poitrine, et le peuple est grandement effrayé...

Pourquoi JERUSALEM, as-tu traité ainsi le bois vert ?
Tu ne vois plus que tu n'es que bois sec !

Va au Christ !
Va vers Celui qui est Le Chemin, La Vérité, et La Vie !
Reprends ton existence en mains ! Sois petite devant Lui, Le Maître t'a Sauvée !
La Mère qui nous fut donnée à ce moment-là, est notre secours sur la terre quand la vie est pénible.
Oui, La Très Sainte Mère est l'appui de toutes les mamans du monde…
Quand je pense à ces femmes qui portent sur leurs poitrines, l'image d'un enfant mort ou disparu en guerre…
je me sens coupable par mon péché… de leur torture, de leur martyre…
Marie, Notre Mère de La Croix, est très près de ces femmes crucifiées…
Le Seigneur élevé de terre attire tous les hommes à Lui, répondez à Son Cri d'Amour mes frères.
O ! Jésus… Maître et Seigneur si Bon… Nous T'aimons… nous T'Adorons !

« Mes doux petits ».
O ! Je vous le dis encore… comme il est doux de donner Sa Vie pour Ses amis, et sur le Bois de La Croix, Je suis Mort d'Amour !
En ce temps difficile, vous comprenez bien qu'il n'est plus temps de réfléchir, mais d'accomplir !
Vous devez renverser et piétiner le voile des ténèbres, que le mal dépose chaque jour sur vous.

Criez Le Nom de votre Sauveur! Criez « Jésus, viens à notre secours, et J'Accourrai! ».

Ne Suis-Je pas descendu du Royaume pour vous secourir, vous sauver?

Mes brebis… ne vous laissez pas perturber par ce qui se passe en ce monde…

Je vous demande de croire en Moi!

Je vous demande de Me laisser faire selon Ma Sainte Volonté!

Ce que J'attends de vous est simple:

Créés à L'Image Divine, vous devez agir avec L'Amour de votre PERE.

Ne vous laissez pas séduire par des marchants d'illusions ou des prophètes de malheur!

Non Mes enfants!

La terre tient bon, mais elle souffre…

Il vous faut alors reconstruire ce monde. Il y a tant de choses à faire, et cela à la mesure de chacun.

Soyez fidèles à Mon Église, lisez L'Ecriture Sainte, et apprenez que votre Seigneur est Bon,

et qu'Eternel est son Amour!

Croyez et Aimez enVérité, et vous aurez la Vie Eternelle.

Communiez à Mon Corps… Communiez à Mon Sang… et vous aurez la Vie en vous!

ET JE VOUS RESSUSCITERAI AU DERNIER JOUR!

Avec L'Amour Divin, vous pouvez tout entreprendre!

Agissez, agissez en frères très aimants!

Soyez Mes amis!

Soyez des êtres vrais, et remplis de Charité !

J'ai donné Ma Vie humaine pour Sauver ce qui se perdait... continuez à vous Purifier pour devenir des Saints en Mon Royaume.

Que Ma PAIX descende sur chacun et chacune d'entre vous...

Deo Gratias Seigneur...

La Résurrection : Foi et Conversion

L'aube pointe du Tombeau sur le monde... la terre des hommes retient son souffle...

Elle entend la Divine Respiration reprendre en Sa Poitrine...

La terre en éveil de l'aube est à l'écoute de Son Créateur enfoui en elle....mais, elle Le devine !

Elle se surprend à espérer l'inimaginable !

Terre qui se met à l'unisson de Sa GLOIRE pour exulter avec Lui !

Mes bien-aimés ;

Le Seigneur a reposé trois longs jours dans les zones silencieuses, puis Le PERE a ordonné, et le Miracle promis s'est accompli !

Des ténèbres de la mort, de l'environnement glacé, une Lumière a investi Le Sépulcre ;

et Le PERE a Glorifié Le FILS de l'Homme !

Le PERE ETERNEL a fait sortir Le Seigneur Jésus de la froideur mortelle, ses membres ont repris la couleur de la vie humaine, et La RESURRECTION s'est MANIFESTEE !

Peuples ! Le Christ est Vivant, Faites-Lui allégeance, et soyez heureux !

Le Maître n'a-t-Il pas annoncé Sa Mort et Sa Résurrection à Ses Apôtres ?

Hommes incrédules... qui ont eu besoin de vérifier les dires de Marie Madeleine.

« Le Maître est Ressuscité ! Je L'ai vu ! » leur avait-Elle crié ! Notre Dieu ne pouvait que triompher, Lui qui est Puissance sur la Vie et sur la Mort !

Dans le jardin tranquille de ce doux matin... Le Seigneur Jésus a marché vers Sa fidèle servante et lui a dit son prénom en un doux murmure pour ne pas l'effrayer...
« Madeleine... Mon enfant... ».

C'est pour nous en notre ère, une sublime Parole... car nous devons comprendre que c'est également à nous que ce murmure s'adresse...

Le Maître cherche Son enfant, La rencontre, L'appelle par Son Prénom... et Elle Le reconnaît !

Son Seigneur ! Son Maître ! Son Dieu !

Et voilà, qu'en La Résurrection du Christ, chaque créature est reprise, renouvelée, reconduite au bercail !

O ! mes frères... comprenez le murmure de Jésus Le bon Berger.

Terre d'hier où Il vit le jour... et terre d'aujourd'hui qu'Il parcoure ! Le Seigneur les réunit toutes deux en Son temps éternel.

Mon Jésus, entends-moi, entends-nous... nous sommes si heureux !

Tu es Vivant pour les siècles des siècles !

ALLELUIA ! ALLELUIA ! ALLELUIA !
LE CHRIST EST RESSUSCITE !

ALLELUIA !

La Gloire du Seigneur s'étend sur le monde entier et en mon Ame… aussi, j'ose Lui demander de partager ma joie avec La Sienne.

Entre Seigneur, la porte de mon Ame est grande ouverte !
Viens en Elle T'asseoir à la table de nos retrouvailles… viens me nourrir Seigneur, car je ne vis qu'auprès de Toi, et je suis certaine que mes frères ne vivent eux aussi qu'enTa Présence.

« JE SUIS LE RESSUSCITE ».

« Je suis Jésus de Nazareth… Je suis le Fils de L'Immaculée conçue sans tâche…

« Je suis Le Verbe… Je suis La Parole de Vie… JE SUIS…

« Je suis venu vivre la vie de la terre simplement.

« J'y ai laissé Mon Enseignement en Paraboles, Je l'ai voulu ainsi pour que l'homme Le comprenne aisément.

« Perpétuez Mes Paroles Mes enfants, entretenez La Divine Flamme.

« J'ai accompli ce que Le PERE avait demandé, et Je suis sorti définitivement du royaume des morts.

« Je suis Le Seigneur, et Je suis parmi vous tous… en vous !

« Si vous désirez que Je prenne Mon Repas chez vous, Je viendrai frapper à la porte de votre Ame… mais Je le ferai discrètement.

« Oui Mes enfants, Je serai Le Dieu qui propose, et qui ne disposera de vous que si votre Ame M'invite !

« Nous réaliserons ensemble de belles choses, Mes petites Ames… Je vous insufflerai Ma façon de Glorifier vos vies sauvées !

« Ensuite, nous partagerons le Pain et nous boirons à la Coupe ensemble !

« Voyez-vous Mes enfants ; en votre Ame, Je viendrai Me donner en Nourriture Sainte, et la Coupe de mon sang sera l'alliance éternelle en mon sang.

« C'est Le Sacrement de la véritable Vie ! et en Sa Consommation la Vie Eternelle vous investit.
Je vous Ressusciterai alors au dernier Jour !

« Les places en Mon Royaume sont nombreuses, et Le PERE de toute Sainteté attend toutes les Ames.

« Soyez patients sur terre… votre vie passe vite vous le savez ; un jour prochain vous Me rejoindrez !

« Je suis Ressuscité! Je suis Vivant pour les siècles des siècles!

« Le ciel est Ma Demeure! Le monde est Ma Demeure! vos Ames sont Mes Demeures, aussi, gardez-Les belles Mes enfants!

« Soignez-Les… Lavez-Les dans Le Sacrement du Pardon… et Je viendrai chez vous partager Le Repas Pascal.

« Je suis votre Seigneur, Je suis doux et humble de Cœur… et Mon Cœur déverse des torrents de Grâces sur le monde… car Je suis L'Amour, et Je Le répands à profusion sur les Ames.

« Venez toutes et tous à Ma Rencontre… Partageons le même bonheur, qui est celui du Royaume de Paix et d'Amour!

« Mes enfants, courage et confiance; votre Foi vécue est le marchepied qui conduit vers Le PERE Eternel!

« Adorez Sa Divinité, et servez Sa Grandeur.

« Le Fils de L'Homme a accepté pour les créatures ce que Le PERE demandait, sachez vous aussi L'entendre vous réclamer La Sainteté.

« JE SUIS JESUS! JE SUIS EN GLOIRE! JE SUIS VIVANT! ET JE VOUS ATTENDS! ».

Seigneur Jésus, nous T'appartenons, nous Te suivons, nous T'Aimons!
Sois Loué, et Glorifié par toute la terre!

L'Ascension : l'espérance et le désir du ciel

Les nuages qui parcourent le ciel font place nette, et se retirent pour offrir un bleu très pur en ces nuées où Le Maître va S'élever.

Il va partir, et c'est pour moi Sa petite fille d'aujourd'hui un déchirement, comme était celui des Disciples d'alors.

Pourquoi ? je ne sais… mais je suis tellement à l'écoute de ce Mystère… que je suis en esprit sur la terre bénie.

Oui… j'ai mal à l'Ame… son départ est tout proche.

Je rejoins mes frères en Lui, et tous Ses fidèles, Ses Apôtres et Sa merveilleuse Mère.

Je les rejoins, en union de cœur et d'Ame. Je veux Le regarder avec le peuple tout entier du monde, S'élever ! oui, je veux vous entraîner avec moi pour L'écouter une dernière fois.

Venez, et voyez, comme est bon Le Seigneur !

Il est au milieu d'une nombreuse foule, et celle-ci avec empressement Le sollicite de parler.

Alors, Le Maître ouvre les bras, Ses yeux se ferment un instant… puis Il sourit :

« MES FIDELES… MES ENFANTS… MES AMIS… ».

Je dois m'en aller… J'ai accompli… mais Je vais vous redonner le courage qui vous manque,

puisque vous voyez Mon Départ imminent.

Souvenez-vous de Mes Béatitudes, et comprenez la Paix qu'Elles dispensent aux hommes.

Venez tous à Moi le bon Berger des Ames, et Je vous soulagerai !

Aimez ! Je vous aime tant Moi-même !

Pardonnez ! Je vous ai pardonné !
Déposez sur Ma Poitrine vos souffrances… Je vous porterai !
Venez les bénis de Mon PERE… n'ayez pas peur, votre Seigneur vous aime…
Soyez des hommes de Justice… il est si bon de vivre en Paix.

Heureux êtes-vous Mes Disciples si vous vivez d'Amour… car vous entraînerez alors les peuples à votre suite !

Heureux les doux… Heureux les artisans de Paix…

Heureux serez-vous si l'on vous insulte, et si l'on dit toute sorte de mal contre vous à cause de Moi ! votre récompense sera grande dans les cieux !

Soyez de fidèles enfants attachés à Mon Evangile, et resplendissez ! chantez votre vie !
Le PERE vous l'a offerte en Son Amour infini…
Respectez-la aussi, en vous conduisant avec sincérité, amabilité, avec patience, et aussi avec droiture.
Et par-dessus tout, exercez la Charité c'est le Feu Sacré qui vient de l'Esprit.
Je vais partir… Je le dois…

En cette minute, la foule retient sa respiration et les cœurs taisent leurs chagrins… le mien est immense….
Jésus le Sauveur du monde, lève la Main et bénit… puis Il S'éloigne de quelques pas….

« A bientôt au ciel Mes enfants… Je m'en vais… mais Je ne vous laisserai pas orphelins.

Vous recevrez bientôt le Paraclet, qui sera pour vous la grande Force de votre Foi !

Regroupez-vous en Cénacle d'Amour pour Prier, J'aime vos élans et vos partages quand vous êtes alors réunis en Mon Nom.

Je reviendrai ! Je le promets !

En Vérité Je vous le dis :

Je suis venu sur la terre pour Aimer, et Je vous demande d'Aimer vous aussi.

« Mes enfants…

Je n'ai pas eu de plus grand Amour… que de donner Ma Vie pour Mes amis. ».

Je vous aime infiniment…

Je serai toujours en vous…

Je ne perds aucune de Mes brebis !

Amis de Ma fidèle, écoutez !

Je suis venu vous Sauver et rassembler ; travaillez aujourd'hui fidèles enfants de ce temps, à Me faire connaître.

Dites aux hommes combien Je les aime !

Sauvez vous aussi les Ames… en étant des Feux d'Amour !

A bientôt au ciel… que Mon Amour soit sur vous…

JE VOUS BENIS…

Seigneur Jésus… merci pour Ton Amour aussi nous Te promettons d'agir en Ton Nom, et de faire en sorte que par nos cœurs aimants ; nos frères de ce monde accourent jusqu'à Toi !

Nous Te promettons Seigneur, de répandre Ta bonne Parole,

de faire Aimer Ton Église partout où Tu nous inciteras à aller…

Nous T'offrons nos pauvretés pour que Tu y mêles Ta Force ; car contre Elle, le malin ne peut rien et se sauve !

Maître d'Amour… entends Tes petites Ames..

nous sommes disposées à donner, à nourrir, à sécher les larmes… à pardonner aussi ! nous sommes prêtes pour Ton service ; car Ta Loi d'Amour a été semée par Toi-même tout au long de Tes Enseignements…

Nous avons été très attentives, et nous désirons nous offrir à Toi en cette minute.

Mes sœurs, mes frères en Dieu… je laisse votre liberté agir.

Vous pouvez dire oui ou non au Seigneur, mais au fond de vous-même ; parlez-Lui !

Il vous comprendra, et sera heureux de cette intimité que vous lui offrirez.

Ensuite, votre décision sera votre secret à tous les deux.

Quand on se donne au Seigneur, on devient malléable en Ses Mains Divines ; et nous devenons des petites lumières dont Il se sert, pour éclairer le pauvre monde.

Mes amis, nous ne faisons déjà plus partie de celui-ci vous le savez !

Puisque nous sommes des Disciples Sauvés ! rachetés ! et nous devons agir en esprit avec tous les Saints du Royaume.

Eux aussi ont répondu à L'Appel du Seigneur, et ils ont tout donné !

Une larme d'un frère O ! mes amis… recueillez-la précieusement… et remplacez celle-ci par un sourire.

La puissance du sourire est comparable à un élixir que l'on boit avec délice…

Les bras qui se tendent vers vous, seront soutenus par votre générosité.

Allumez vos lampes au Flambeau du Bon Berger, et soyez tous vigilants.

Soyez prêts aussi à vous élever, quand Le Maître viendra vous prendre.

Quelle joie, me dites-vous !

Alors, je vois que vous avez répondu à Jésus ; et je jubile de partager mon Amour pour Lui avec vous !

Le Paraclet : la charité et le zèle

Le Saint-Esprit s'est manifesté au Jourdain pendant le Baptême du Seigneur Jésus, sous la forme d'une Colombe...

Le Saint-Esprit descend également sur chaque Ame qui s'est préparée pour Le recevoir ; et celle-ci en est investie toute entière !

Onction Divine, qui fait de tous les Chrétiens du monde les Apôtres du temps nouveau !

Imitez mes frères nos grands guides, les Apôtres du Christ ! qui ont reçu le pouvoir d'évangélisation des peuples.

Ils sont partis, ils ont parlé et enseigné avec fougue, la Parole Divine !

Ils sont allés de par le monde entier, pour continuer Sa Proclamation !

Ils ne disposaient pour eux de pas grand chose... mais le trésor qu'Ils possédaient était une

Lumière allumée devant eux sur la route !

Le Divin Esprit les avait rendus solides et entreprenants pour la Gloire du Maître et Seigneur qu'Ils adoraient.

Et, Ils se sont dispersés... parlant les langues de la terre qui auparavant leur étaient inconnues.

Le Feu ardent qui brûlait leurs esprits, à fait que certains avec Lui, sont allés jusqu'au martyre !

L'Apôtre du Cœur de Jésus a reçu à PATMOS l'ultime Message, et Il l'a transmis.

Pierre… l'Apôtre Chef de L'Église… a été immolé sur un Calvaire… en Croix comme Son Maître…

Lui, a désiré mourir la tête en bas, pour ne pas être exposé aux regards comme Le Sauveur sur la Croix.

Saint Apôtre ! Humble Apôtre…

Paul, a parcouru beaucoup de contrées ; Il ne comptait pas Ses Pas… ni Sa fatigue…

Le Seigneur avait demandé qu'Il agisse et Il a obéi par Amour !

Il fut décapité, martyr Lui aussi… les autres ont bien souffert eux aussi, mais, L'Esprit-Saint les aidait à supporter.

C'est une grande leçon pour nous quand nous devons imiter les Apôtres, et que nous ne savons pas très bien comment faire ?

Il faut se mettre déjà en état de réceptivité, il faut faire le vide en nous… il faut vider nos esprits de tout ce qui n'est pas Dieu !

L'Oraison bien conduite mes frères, vous amènera à ne dépendre plus de vous-même ; mais de la Force Divine qui s'emparera de toutes vos puissances intérieures et extérieures.

Que votre Ame soit tranquille à l'abri du Rocher… Le Souffle de L'Esprit se fera très discret mais fort à la fois, et vous ressentirez un grand bonheur en vous-même.

Tout ce qui vient d'en haut est heureux !

Tout ce qui vient d'en bas rend malheureux, vous pourrez le discerner facilement avec le Saint-Esprit !

La Vierge Marie, Son Epousée, a reçu Elle aussi Sa Puissance, et La Mère de L'Église naissante a soutenu les premiers Evangélisateurs du monde ; ce qui m'amène à vous dire ceci : « Vous êtes, vous le savez bien ; les Flambeaux de La FOI, et Le Seigneur Jésus compte sur vous. »

Vous avez en vous-même une Force qui vous vient d'en -haut ! Elle ne demande cette Force qu'à jaillir à l'extérieur, et qu'avec Elle vous portiez du fruit !

« NE LAISSEZ PAS VOS LAMPES SOUS LE BOISSEAU » a dit Jésus.

Alors, allez ! Répandez la bonne Parole sur les places et les parvis, et surtout en vos familles, qui sont les berceaux de la Foi ; et où Elle doit être appliquée.
Ne comptez pas le temps que vous passerez pour Dieu !
Ils voit vos actes d'Amour et vous comblera.
Un Souffle nouveau parcourt le monde, allez à Sa Suite pour dire aux peuples, comme il est bon de s'Aimer !
Ensuite, Louez et Glorifiez Le Seigneur en tous temps, par des hymnes et des acclamations de voix !
Faites entendre à la terre entière votre joie d'appartenir à Dieu !
Ramenez les hommes à Sa Divine Contemplation !
Jubilez avec les Anges !
L'Amour est au milieu de vous, en vous… où Il fait Sa Demeure.
Esprit-Saint… Saint-Amour… apprends-nous le Don de nous-mêmes sans retour…
apprends-nous Ta façon d'Aimer… apprends-nous Ta façon de consoler et de partager notre manteau.

Nous sommes attentifs et recueillis en Ta Présence...
enseigne-nous, Seigneur Esprit-Paraclet.

« VENEZ BOIRE A LA SOURCE D'EAU VIVE »
« VENEZ ET VOYEZ ! ET CONTEMPLEZ LA BONTE
DE LA SAINTE TRINITE ».

Plus une Ame Me recherche et attend Ma venue... plus Mon
Désir est grand de descendre en Elle, et de La faire agir en
Mon Nom !
Je suis le courant d'Amour enfiévré qui brûle sur le monde !
C'est l'aube pour celui-ci d'un bouleversement total par Ma
Puissance d'Amour !
J'incite tous les hommes en ce temps à Me répondre, car Je
désire leur pleine et entière coopération.
L'état actuel de la terre est dû à l'homme, et celui-ci a le pou-
voir de tout changer par la Force puissante de l'Amour !
Offrez-Moi vos vies et un peu de votre temps, ensemble nous
allons faire de grandes choses !
Souvenez-vous comme votre Foi peut déplacer des mon-
tagnes, même petite comme la graine de sénevé !
La Foi et l'Amour, Dons du PERE doivent se communiquer et
se partager entre tous les hommes.

« QUAND JE SERAI ELEVE DE TERRE... J'ATTIRERAI
TOUS LES HOMMES A MOI ! ».
a dit Le Fils Bien-Aimé.... et c'est aujourd'hui que cette
PAROLE est criée à travers la terre toute entière !

Alors, avec Moi L'Esprit-Saint !

Venez !

Appelez tous les hommes sauvés à contempler la Divine Croix, c'est le temps de la moisson d'Amour !

Semez pour le Royaume... et entraînez tous vos frères à faire de même !

Convertissez-vous, et Croyez à l'Evangile, et dites aux peuples que Le Seigneur est proche !

et qu'Eternel est Son Amour pour eux !

Accueillez le Don que Je vous offre, en débutant votre Appel de l'Apostolat ;

Avec Humilité dans l'engagement...

Avec une bouche qui ne parlera, qu'après que le cœur se soit recueilli.

Le Don de L'Evangélisation du monde doit être compris de cette façon :

Un cœur dépouillé et offert...

Un cœur abandonné à l'autre...

Une Présence continuelle du PERE en tout acte entrepris...

Un discernement avant d'agir...

Si vous avez des doutes, allez demander au Prêtre de L'Église du Fils de L'Homme ; ce que Celui-ci demande exactement ; le Prêtre répondra en Son Nom !

Nourrissez-vous de L'Ecriture Sainte et donnez-La à vos frères ; elle est pour chaque homme sur la terre !

Ne gardez pas pour vous seuls L'Amour de Dieu !

Donnez, donnez sans compter, et vous verrez les Ames se réjouir d'Aimer La Sainte Trinité, grâce à vous !

Je suis L'Esprit-Saint qui vous conduit, et Je veux réchauffer le cœur de l'homme actuel avec vous.

Oeuvrons ensemble ! Aimons tous ensemble ! »

Seigneur Esprit-Saint, nous sommes comblés par Tes Paroles.
Un instant sans courage, Tu es descendu nous instruire, et nous comprenons cette grande facilité que nous aurons...
Si nous T'abandonnons toutes réticences.
Nous voulons agir !
Nous voulons Evangéliser le monde avec Foi et Amour, avec TOI !
Mes frères et moi voulons T'offrir nos Prières !
Fais qu'Elles se répandent sur la terre avec Ta Puissance !

Esprit-Saint... nous voulons voir brûler le monde !

L'Assomption de Marie : L'espérance et le désir du ciel

Les moniales retirées, savourent le calme intérieur...
Elles portent en leur perpétuelle Offrande, le monde tout entier !
Elles donnent aux hommes par leurs Prières soutenues et ardentes, le calme et la Paix dont ils ont tant besoin.
Au soir de leur vie... elles s'endormiront tranquilles tout doucement remises à Celui qui les avait appelées.
Vies d'Amour et de Charité... vies de contemplatives, tellement actives !
Leur exemple doit produire en nous de la fascination !
Il ne s'agit pas pour chaque être d'embrasser la vie religieuse, le Seigneur a voulu des hommes et des femmes aussi dans le monde, mais nous avons bien des choses à apprendre grâce à Elles.

Dans la vie que nous menons sur la terre beaucoup de situations sont difficiles, et les Sœurs nous montrent alors, que nous devons faire preuve de patience en tout.

C'est pour nous une chose difficile, n'est-ce pas, le monde est tellement agité !

Efforçons-nous déjà à la PATIENCE !

Ensuite, sachons sourire malgré les peines… sachons nous pardonner les uns les autres, comme a demandé Le Seigneur.

Les Sœurs Religieuses ont répondu à leur EPOUX !

Elles ont offert leurs vies pour les amis du Christ, car

« IL N'Y A PAS DE PLUS GRAND AMOUR, QUE DE DONNER SA VIE POUR SES AMIS ! » a dit Le Bien-Aimé.

Quand on L'aime… on Aime Ses enfants… on ne compte pas l'Amour à donner !

Au soir de nos vies, tout comme les Sœurs Religieuses ; demandons à La Vierge Marie de nous aider à nous endormir…

Elle viendra, parce qu'Elle est notre Mère.

Elle viendra, en un bruissement de robe tendre la Main pour prendre la vôtre… et avec Elle nous nous endormirons dans Le Seigneur…

Une vie, habitée par La Sainte Vierge, sera une vie qui portera du Fruit.

Cette douce Mère conduit les Ames vers Dieu… avec une tendresse infinie…

Elle ne bouscule personne… Elle remercie-même quand nous Lui répondons.

Marie, notre Mère, soutiendra si vous le Lui demandez, tous les foyers de la terre…

Elle entrera chez vous.

La Vierge Sainte est accablée, et parfois Elle pleure… le monde est tellement troublé, tellement impur, tellement souillé !

Elle nous demande, de revenir à Dieu ! nous rappelle également que Son Amour est MISERICORDIEUX !…. aussi, n'ayons pas peur !

La Vierge Marie qui a donné Son Fils pour la vie du monde, a du chagrin… oui Elle a du chagrin, car les hommes bafouent la Croix !

Changez de comportement mes frères, priez en compagnie de La Vierge le Rosaire si puissant, si chargé de Grâces !

En cette Prière, La Vie du MESSIE se déroule, et vous saisirez Son grand Amour et Celui de Sa Mère.

Leurs COEURS brûlent toujours du même Feu pour le monde !

Approchez-vous de votre Mère… et laissez-vous conduire par le cœur sur les chemins de la vie !

N'oubliez pas que Marie fut Mère, tout comme les femmes de la terre où Elle est née…

et qu'Elle attend l'Offrande de vos petits, qu'Elle accompagnera tout particulièrement en leurs vies.

Quand La Vierge Marie s'endormit, un instant de PAIX recouvrit le monde.

Puis, de Sa DORMITION, la Mère se réveilla, et tout comme Jésus, Elle fut enlevée au ciel corps et Ame !

Marie est vivante, Marie est en Paradis, et Le PERE de temps à autre L'envoie, pour qu'Elle appelle le monde au changement.

En notre Prière intime, nous pouvons aussi La retrouver… mais il ne faut pas La brusquer…

ni en paroles trop fortes… ni en chants qui ne soient pas doux et mélodieux…

On doit s'adresser à La Sainte Vierge avec un cœur d'enfant… sans crier… sans être impatients.

Il faut Lui parler en un doux murmure que le zéphyr portera à Ses Pieds…

Douce Mère… Bienheureuse… Tu es le Secours… la Barque… Tu es si Bonne… recouvre le monde de Ton Manteau !

Quand une Ame arrive au bout de sa course sur la terre, le pauvre corps usé, fatigué, va alors pouvoir se laisser aller au repos…

L'Ame éternelle s'apprête à s'envoler vers l'infini pour rejoindre son Créateur.

C'est le moment de la séparation de l'Ame et du corps, telle que Le PERE l'a voulu.

C'est un instant unique et merveilleux, car c'est bientôt celui des retrouvailles !

L'Ame, impatiente de retrouver le Bon Dieu, se retire de l'enveloppe humaine, et monte… monte… le corps s'enfonce en une très douce mort…

La Vierge Marie… La PORTAÏTISSIA… nous ouvre les portes du Royaume.

Elle accueille tous Ses enfants, et Elle PRIE pour les Ames qui voient enfin leur créateur.

Alors, rejoignons notre douce Mère quand les difficultés nous pèsent, et que le fardeau de la vie est devenu trop difficile à porter…

Elle va vivre tout cela en même temps que nous,
Elle nous invitera à la Prière qui fortifie l'Ame et le corps ; et la vie reprendra son véritable sens, car elle sera par Marie dans la quiétude, dans l'espérance et dans la Paix.
Puis, au soir de notre vie,
La Vierge Sainte et Immaculée nous assistera, pour que nous n'ayons aucune crainte.
S'endormir avec Marie, n'est-ce pas magnifique ?

Douce Mère… Consolatrice des affligés…
Secours les mères, protège les petits enfants, soutiens les pères…
Conforte, O Marie le peuple tout entier que Ton Fils a Sauvé !

« LA VIERGE DES VIERGES… MA MERE… »

Que dire en peu de mots de cette Mère incomparable !
C'est l'aurore qui ruisselle sur les visages et qui apaise les chagrins…
C'est le calme et la douceur apportés au monde agité qui ne fait que se heurter d'un pays à l'autre…
C'est le Cœur très Pur… en qui toutes Prières Me rejoignent…
Marie, Mère de Mon Église… est le grand secours des peuples en ce temps…
Admirez ce trésor incomparable… et Aimez-La comme Je L'Aime ! nos deux Cœurs unis travaillent à changer vos cœurs et le monde !
L'aube nouvelle est descendue sur la terre, et Marie trouve partout sur celle-ci des encouragements ! car Elle voit beaucoup de Ses enfants Prier et changer leurs façons de vivre.

Quand un homme s'engage ainsi, il fait rayonner de bonheur le Visage de La Vierge Mère.

Ma Mère s'est endormie…

Ma Mère a été enlevée au ciel portée par les Anges…

Ma Mère est aussi sur la terre, sur les routes, et en vos maisons.

Ma chère et tendre Mère, œuvre pour la Gloire de la Sainte Trinité !

HONOREZ-LA ! REPECTEZ-LA ! AIMEZ-LA

Marie n'a jamais connu le mal…

Marie est La Vierge Pure, sans tache…

Marie est Immaculée conçue… et Elle vous Aime !

« Je vous bénis depuis Mon Divin Cœur ».

Le couronnement de Marie : Persévérance finale

C'est la fin de notre Prière, et Le Seigneur Jésus désire nous parler :

« MES ENFANTS ».

Ma demande expresse est toujours la même… celle du début de votre Rosaire.

« Avez-vous aimé ? ».

CAR… IL N'Y A PAS DE PLUS GRAND AMOUR QUE DE DONNER SA VIE POUR SES AMIS…

Avez-vous enrichi votre frère de la Charité qui nourrit l'Ame ?

Avez-vous aimé ce frère que Je vous présentais sur les chemins de vos vies, et qui attendait de vous la subsistance du corps et de son Ame ?

Avez-vous rencontré le prisonnier dans son cachot ?

Avez-vous pris en pitié un malade sans force ?

Avez-vous lavé les visages salis, par les larmes de vos yeux compatissants ?

Avez-vous assis à votre table un frère affamé ? A-t-il pu se réchauffer auprès de l'âtre, et s'endormir en Paix sur une couche confortable ?

Avez-vous cheminé avec l'aveugle-né, qui ne demandait que votre bras ?

Avez-vous tranquillisé la peine et la peur d'un enfant dans sa solitude ?

Avez-vous porté du fruit en ce monde Mes enfants ?

LA CHARITE VOUS EST DEMANDEE ET VOUS SERA COMPTEE !

Disciples de la Croix,
Toutes vos souffrances acceptées par Amour pour Moi, sont des Grâces immenses que Je dépose sur les blessures de vos frères en ce monde…
Alors… avez-vous supporté avec patience et courage les Croix proposées ?

Je vous pose beaucoup de questions, mais la seule réponse que J'attends de vous est celle-ci :
« Oui Seigneur, nous avons pratiqué la Sainte Humilité ».

TOUT EST CONTENU DANS CETTE GRANDE VERTU QU'EST LA CHARITE !
CAR TOUT ACTE ACCOMPLI EST ACTE D'ACTE D'AMOUR !

L'AMOUR PEUT TOUT !

L'AMOUR EST GRAND !

L'AMOUR EST PUISSANT

L'AMOUR VIENT DU PERE, DU FILS, ET DE L'ESPRIT !

L'AMOUR EST DIEU LUI-MÊME ! LE FEU TROIS FOIS SAINT, ETERNEL !

Alors Mes enfants, si vous Me dites oui, si vous avez répondu aux sollicitations de L'Amour qui vous demandait d'exercer la Charité, vous êtes prêts pour Mon Royaume !
La Charité en tout, et pour tous, car vous êtes tous égaux sur terre !

La terre promise, où coule le lait et le miel, est la JERUSALEM CELESTE, et vous devez vous y préparer chaque jour !

Mes bien-aimés,

Je suis le Flambeau qui illumine la face de la terre !

Nul ne va au PERE sans passer par Moi, et Je le ressusciterai au dernier jour cet homme, qui aura vécu de Charité et de Foi en Moi !

Nourrissez-vous du PAIN DE VIE, nourriture de l'Ame et du corps.

Soyez bienheureux Mes Disciples fidèles, l'entrée de Ma BERGERIE est grande ouverte !

Allez puiser à la Source Divine… à la Fontaine de Mon Cœur… de Lui s'écoule pour tous, des Fleuves d'Eau Vive !

Mon jardin est en fleurs… ce sont vos Ames qui se pressent vers Moi, enfin conquises !

Elles ont cherché tout au long de leur vie leur Maître, qui est leur Chemin, leur Vérité et leur Vie… et Elles L'ont trouvé !

« Qui es-tu, Toi qui me demandes à boire ? disait la Samaritaine.

Elle Me désaltéra… et Je lui fis comprendre le sens de son geste.

Alors Mes enfants…

Je viens vers vous également aujourd'hui vous réclamer à boire..

Tendrez-vous le verre d'eau à votre Seigneur ?

Me donnerez-vous avec celui-ci, vos cœurs, pour que Je les prenne dans Le Mien ?

Je déverserai toujours Ma Rivière de Grâce sur le monde… ce monde que J'ai aimé au point de : « Mourir pour lui sur le bois de la Croix ».

Car, Je n'ai eu d'autre Volonté que de M'offrir au PERE pour le rachat du monde…

Mon grand Amour fut tel !
Que J'ai voulu mourir pour le monde que J'aime…

Aujourd'hui Mes enfants…
Je vous demande une petite parcelle d'Amour… Je les rassemblerai… et le monde deviendra Charité !

Le PERE est attentif à toutes bonnes volontés, et seulement un simple désir d'œuvrer pour
Sa Charité ; fait de grandes choses en votre monde !
Vous comprendrez cela quand vous serez parvenus au Royaume.

Vivez en grande union avec Mon Église… ne perdez pas votre temps… Sanctifiez-vous !
Préparez-vous, car vous ne savez ni le jour ni l'heure !
Temps de poussière si léger… et temps éternel qui vous sera donné, quand vous Me rejoindrez !
Je vous quitte en vous bénissant, Mes amis, Mes enfants..et puis, souvenez-vous toujours de votre Jésus qui a dit :

« IL N'Y A PAS DE PLUS GRAND AMOUR QUE DE DONNER SA VIE POUR SES AMIS… ».

FAITES DE MEME... AVEC MOI: AIMEZ! JE VOUS AIME!

DEO GRATIAS

LES BRAS DU PERE

Le tressaillement intérieur de l'âme, attire à Elle les Bienfaits du TOUT-PUISSANT.

Une âme limpide plaît à Dieu... une âme libérée de toute attache humaine peut s'offrir au Créateur.

Une âme qui se dévêt de son péché, une âme qui Se retrouve... une âme devenue si petite, qu'elle n'attend plus alors que les Bras de Son PERE DES CIEUX, pour se délecter en Son doux Repos...

En cette Prière du Rosaire, nous allons méditer ensemble sur la Bonté de notre PERE, et sur les attraits de la Vie en Esprit. Ouvrons nos cœurs ensemble mes amis... et mettons-nous à l'écoute des Divines Paroles de notre « ABBA ».

L'Annonciation : L'Humilité

Il est un Mystère premier... un Mystère si doux... si accueillant... que Le PERE LUI-MÊME agit en Celui-ci.

Ce Mystère de joie, d'humilité, de Paix intérieure, d'abandon filial... n'est autre que le parfum de l'âme qui rejette le naturel pour ne vivre qu'en s'absorbant dans le Surnaturel.

L'âme ne goûte le plaisir du Royaume, qu'en marchant sur le Sentier de l'Humilité, et devient par là même, la fleur que Dieu le PERE aime.

Le PERE aime une âme dépouillée, pure, sans détour!

Il n'aime que la Pureté de Celle-ci, car Elle dégage le parfum des cœurs sans tâche.

Quand le PERE créa l'âme humaine... l'âme puissamment éternelle, Il Lui donna de Sa Propre Essence, car pour que cette âme puisse jouir éternellement auprès de Lui... le PERE la fit sortir de LUI-MÊME!

Alors qu'est donc une âme?

Elle n'est autre que la partie infime de Vie Divine que le PERE Lui insuffla; Elle n'est autre qu'une petite Puissance de Lumière, sortie de la Divine et haute Lumière Elle-même!

Que demande alors notre PERE?

C'est tout simple; Il nous demande de continuer son Oeuvre Divine en Sa Compagnie.

Cette Oeuvre Divine est de répandre la Source Lumineuse...
La Source de Vie...

Cette Source s'écoule du Principe Divin sans cesse... baigne les âmes créées à Son Image, et Celles-ci doivent continuellement répandre Elles aussi les bienfaits qu'elles ont reçu elles-mêmes du PERE de toutes choses...

En ce Mystère de simplicité, observons ce que La Divine Sagesse a inculqué à la Vierge Pure.

Elle fut modelée, préparée, non bousculée, amenée sans hâte...
Elle fut destinée sans tâche, à être le Réceptacle du VERBE.
Descendre en le Sein humain et Virginal d'une Enfant docile, d'une Enfant Servante...
O, Le PERE n'attendait pas de Celle-ci de paroles, (qui furent bien normales après tout).

Il attendait de Son intériorité, de Son Ame, la compréhension et la valeur d'une réponse dans un « OUI » d'Amour !
Un cœur pur, ne sait que s'offrir, que donner, il s'élève...
Un cœur tourmenté, ne sait plus s'abandonner... il reste humain...

Pour savoir agir comme notre PERE le souhaite, et surtout savoir « devenir », il faut oublier l'enveloppe charnelle trop lourde... il nous faut purifier nos âmes par des élans du cœur et des pensées sincères.
La sincérité plaît à Dieu... elle est la porte ouverte sur un échange avec Celui-ci au plus intime de l'âme.
Le PERE ouvre les Bras à une âme qui Aime en Vérité...
Le PERE aime les âmes qui recherchent Sa Paix et Sa Vérité...
La Vierge Marie n'écouta alors que le battement subtil de Son Ame, qui L'incitait seulement à s'offrir à Dieu Lui-même...

Elle fut investie, recouverte entièrement par l'Esprit Créateur, qui fit d'Elle la Mère Bénie du Fils.

Epousée de Dieu ; la petite Marie transcendait de joie ! Elle irradiait d'Amour !

Mes amis, quand l'on s'offre à Dieu le PERE de toutes choses... nous montons vers Lui...

Il nous prend ! Oui, Le PERE nous ouvre les bras !

Rejoindre Sa sublime Divinité !

Brûler près de Lui !

Nous consumer d'Amour pour Lui...

O mes amis, je voudrais tellement vous y amener à cet Amour Eternel !

Venez avec moi vers notre « ABBA » !

> « Ma fille... amène-les Moi ces enfants que J'aime. »
> « Oublie- toi pour n'aimer qu'eux ! »
> « Donne... donne-leur l'Amour que Je te porte... Je les Aime ».

La Visitation : La Charité

Le Chant de l'âme qui Aime est une Litanie qui fait louer les Anges eux-mêmes !

Ce Chant, je l'entends... je l'écris... je vous Le donne...

« AIMER... c'est Louer le PERE !

« AIMER... c'est Glorifier l'Agneau !

« AIMER... c'est brûler en compagnie de l'Esprit Saint !

« AIMER... c'est faire trembler la porte des enfers !

« AIMER... c'est orner de fleurs le Trône de Dieu le PERE !

« AIMER... c'est faire sonner les trompettes de la Cité Sainte !

« AIMER… c'est faire triompher les Divines Plaies du Sauveur Très Saint !

« AIMER… c'est se détacher de tout, et se fondre dans le TOUT !

« AIMER… c'est chanter la Paix en bruissement d'ailes…

« AIMER… c'est Communier ensemble en vêtements blancs, les palmes à la main !

« AIMER… c'est diminuer…

« AIMER… c'est disparaitre…

« AIMER… c'est Etreindre DIEU LUI-MÊME !

« AIMER… c'est ouvrir les yeux sur la Beauté Divine…

« AIMER… c'est être en la compagnie des Anges !

« AIMER… c'est se donner sans cesse…. et c'est alors qu'AIMER devient le chant céleste qui fait ouvrir les Bras du PERE sur la Patrie d'en-haut et Celle d'en-bas !

« Gloire à la Trinité Bien-Aimée ».

« Gloire à La Croix Sacrée du Fils Bien-aimé, Rédempteur ! »
« Gloire à L'Esprit Paraclet,
Instructeur Divin, Sagesse Infinie… Amour »
« Gloire aux Célestes et Divines Personnes,
Trois fois Saintes et Sacrées. ».

« AMEN ».

Mes amis, je vous laisse avec ce Chant d'Amour… puissiez-vous L'imprimer en vos âmes….
et Le chanter avec votre Gardien fidèle !
Il plaît au PERE.

Ames de Dieu ! Chantez-Lui votre Amour ! Le PERE vous Aime tant….

Bethléem : La Pauvreté

« Seigneur, mon Dieu… je suis à genoux à Tes Pieds… Instruis-moi, moi qui ne suis rien.
Je sais que Tu m'aimes… alors j'ose de Toi l'Instruction du Royaume.
Seule je ne sais rien… je ne peux rien… tout ne me vient que de Toi ! de Ta grande Miséricorde…
PERE… étends sur Ton enfant Ton Manteau… donne-moi l'Onction qui Purifie et transforme…
O mon PERE si Bon… imprime-moi de Ton SCEAU ! ».

« Mon agnelle… Ma petite enfant… reste à Mes Pieds ; Je te veux ainsi.
Si tu veux M'apprendre… si tu veux Me découvrir… tu dois rester aux Pieds de ton PERE.
Tu ne peux obtenir de Moi, que si tu descends, que si tu t'abîme en Mes Profondeurs d'Amour !
Je suis Ton PERE… Je t'observe… Je te vois… et Je viens.
Oui Mon enfant…
Je t'accueille quand tu cries éperdue d'Amour vers Moi, car Je connais ton cœur et tes pensées profondes.
Mes Anges t'entourent quand tu Me demandes protection, et Mon Amour panse les peines de ton âme.
Mon enfant,
Sois docile à Mes Demandes, à Mes Appels ! J'ai besoin Moi aussi de toi.
Travaille pour la Paix du monde !
Travaille sur toi, combat la nature de l'homme fragilisée par le péché ! Pour cela, humilie- toi sans cesse.

Deviens poussière… que Je puisse souffler de nouveau sur toi et te redonner une vie nouvelle !

plus belle et plus puissante ! car tu te seras abaissée… et Je te comblerai !

Renais Mon enfant, en Aimant et en sublimant tout, par un comportement Saint !

Redeviens cellule divine !

Enfant,

Tout s'aplanit quand la créature Me regarde et ne désire plus que Moi !

Je l'investis alors, Je prends possession de son Esprit et Je la tranforme.

Dis aux hommes,

Que Je suis un PERE attentionné et tendre.

J'attire toutes les âmes à Moi ! Elles sont Miennes ! et Je veux tout leur donner en ce monde !

Force d'Amour… Paix profonde… Oubli de soi… Désir de Sainteté !

Je veux les amener à Moi… les attirant avec douceur…

Je suis descendu sur la terre, en Me revêtant de l'enveloppe humaine, pour mieux Me faire découvrir et saisir.

Ma Divinité, revêtue d'humanité ! J'étais alors Fils Divin ! Fils Trois fois Saint !

Venez à Moi vous tous en ce monde, quand tout va mal et gronde !

Venez et voyez la petitesse de votre Dieu…

Observez Sa dépendance… admirez Mon abaissement…

Louez alors Mon Offrande !

Ce fut une Naissance toute simple, accueillie par l'humilité des pauvres gens.

Humilité… O Mes enfants… attention au péché d'orgueil qui dénature, qui défigure.

Le malin est Prince de l'orgueil!…. Mes enfants sont les enfants de l'Humilité et de la Douceur.

Ma fille… que l'humanité M'entende… la Paix est fragile… combattez le mal avec l'arme des Anges! cette Arme n'est autre que la Prière!

La Prière est une grande Puissance qui peut tout transformer, quand Elle est exprimée en Vérité!

Prier, offrez, sans rien dire… ne laissez apparaître sur vos visages que la Paix intérieure, et que la joie de M'Aimer, et c'est alors que vous soulèverez les montagnes et les déplacerez!

En Ma Sainte Nativité…

Renaissez de nouveau Mes enfants!

Tendez la main au monde en Ma Compagnie… sur la paille d'une pauvre Crèche…

Ma fille…

Dis sans te lasser combien J'attends les hommes, et combien Je veux leur donner!

Ne te lasse pas d'aimer mon enfant!

Seul l'Amour triomphe et gagne Le Pain du ciel!

La Présentation au Temple : Obéissance et Pureté

Mes amis… nos Temples sont en nous-mêmes… ce sont nos âmes.

En conscience, voyons l'état de celles-ci.

Pouvons-nous y accueillir L'Enfant Divin s'Il Se propose d'entrer en Elles?

La propreté de nos âmes doit être notre quête continuelle et spirituelle bien sûr !
Le Seigneur est à la Porte de l'Ame…
Va-t-Elle ouvrir Celle-ci ?
Va-t-Elle oser montrer l'état dans lequel le péché L'a plongée ?

Pour recevoir Le Seigneur, l'âme doit se Purifier, l'âme doit être en état de Blancheur !
Le Divin Enfant-Sauveur ne descendra en l'âme, que si Celle-ci Lui présente un état de vie propre et désireux de la Sainteté.
Il faut à l'âme se Purifier toute la vie, en étant à l'écoute de l'Église !
Seule, Elle ne peut avancer, le chemin est dur…
L'Église a le pouvoir de purifier les âmes, car Elle détient les Clés du Royaume !

« LES PECHES SERONT REMIS A CEUX A QUI VOUS LES REMETTREZ ! ».

« ILS SERONT RETENUS, A CEUX A QUI VOUS LES RETIENDREZ ! », dit Le Christ Jésus.

Allez alors à Son Église, et soumettez-vous humblement à Son Pardon ; c'est Le Seigneur
Lui-même qui Pardonne par Ses Ministres.
Purifiez-vous… baignez vos âmes dans L'Eau de la Grâce… et devenez des Temples magnifiques, où votre Dieu aura plaisir à entrer.

« Bénis YAHVE mon âme ! YAHVE mon DIEU, Tu es si GRAND »

« Vêtu de faste et d'éclat, drapé de Lumière comme d'un manteau ! »

« Oui, PERE du ciel et de la terre, PERE de nos âmes ! nous serons comme les Sept, ce que Tu désires que nous soyons :

« Des âmes de bonne réputation, remplies de l'Esprit et de Sagesse, et puis, nous resterons

aussi, assidus à la Prière et au Service de la Parole ! ».

(Institution des 7- premières Missions - Actes des Apôtres)

Car mes amis je vous le répète !

N'offensons pas le PERE... soyons des frères justes en Vérité, souples et dociles à Sa Grâce.

Ne perdons pas ce temps Rédempteur si précieux, nos vies sont comptées, et le PERE nous demande, si nous désirons aller à Lui... de répondre sincèrement à nos états de vie.

Préparons sa divine venue en nos Sanctuaires intérieurs, en nous immergeant dans la Prière,

dans le renoncement à nous-même, et aux si nombreuse sollicitations du monde !

Le PERE ouvre les Bras aux enfants de la terre continuellement !

Il renonce pour un temps à faire retentir Sa Justice !... Il patiente... Il ne désespère pas de la bonne volonté des hommes !

Alors que faire, me direz-vous ?
Et bien moi j'ose vous dire en toute humilité :

Ai-je un regard franc, sincère ?
Puis-je alors Aimer comme Le Seigneur le désire, c'est-à-dire
en Vérité ?

Ai-je le désir de l'Apôtre d'Amour ?
Puis-je alors ouvrir les bras comme le PERE le fait pour moi ;
en étant sincèrement plein d'Amour ?

Ai-je dans ma vie un clair comportement ?
Puis-je alors être transparent pour le cœur de mon frère ?

Ai-je au fond de mon âme, le chant de l'au-delà qui fait vivre
l'autre ?
Ou alors, si je ne tends pas mon âme vers cela !
Ai-je une vie insipide et qui ne porte pas de fruit ?

Le PERE émonde l'arbre qui s'assèche... parce que sans
Amour Véritable !
On ne peut tricher avec Le PERE ETERNEL !
Il sonde les cœurs, Il brûle les entrailles, Il sait tout !
Il entre en chaque atome que nous sommes.

Mes frères...
Il faut nous Purifier, nous amender ! Il nous faut illuminer nos
âmes, nos petits sanctuaires !
En allant demander au Prêtre, le Pardon de Dieu !
Une âme propre, dégagée de la boue du péché, une âme d'enfant que Le PERE AIME ! fera alors rayonner la FOI sur la
terre ; car Elle sera devenue resplendissante de Beauté !

Prions notre « ABBA »… Lui qui n'est qu'AMOUR !

« ABBA SI BON »… nous T'offrons nos vies et tout ce que nous avons de blessé en nous…
Pardonne à Tes enfants leur grande faiblesse…
Redonne o mon PERE… aux âmes fragiles, le Secours de Ton AMOUR !
Nous ne voulons plus T'offenser…
Nous nous offrons à Toi en espérant Ta Miséricorde, et nous voulons de tout notre cœur, que Tu acceptes de déposer en nos âmes, une Grâce de blancheur et de Paix !

« PERE BIEN-AIME… pardon de T'offenser si souvent… ».

« La terre est assombrie… mais Mes enfants… n'assombrissez pas vos Sanctuaires intérieurs…
Laissez le monde agité à lui-même… entrez en vous-même….
Considérez le Trésor que vous possédez… ce sont vos Ames, en qui Je Me complais à descendre.
Tapissez-Les de Blancheur et d'Amour… Je viens en vous… chez vous… accueillez-Moi !
Je viens y prendre Mon Repos, car J'aime les Ames qui Me recherchent avec assiduité !
Priez en Paix !
Elevez vers Moi tous vos élans et vos désirs du Royaume, et un jour ! Celui-ci s'ouvrira pour vous.
Respectez le silence… c'est une Grâce de savoir s'y complaire… car il est Source de Sagesse et de Béatitude.

PAIX MES ENFANTS !

Venez en Mon Temple Saint....
Venez à Mon Cœur Divin...

Je suis votre Dieu ! Je suis votre PERE ! Je suis la Source qui coule vers les Ames...
Je lave... J'entoure l'Ame de Mes bras...
J'aime... Je suis l'Amour...

« JE SUIS DIEU ! LE PERE D'AMOUR ».

Le Recouvrement de Jésus au Temple : La Recherche de Jésus
« Recherche-Moi, dit le PERE...
Viens à Moi Mon petit... dit le PERE... ».

PERE ETERNEL...
Nous sommes en ce Mystère à Ta recherche. Guide Tes enfants. O notre Dieu... Instruis-nous des préceptes du Royaume.

« L'Alliance en Ton Saint Nom, garder Tes Commandements, Tes Instructions et Tes Lois,
de tout notre cœur, de toute notre Ame !
Pour rendre effectives les clauses de L'Alliance ».
Dans Le Saint Livre, mon Seigneur ; Tu m'ouvres les yeux avec ces Paroles !

Ton Nom est grand !
Il est grand quand nous Le prononçons en Vérité devant Ta Sainte Face !

Ton Nom Sacré, o mon Dieu, est le courant qui attire...
Dieu, généreux donateur de Vie, Secours des hommes par l'Alliance !
PERE... nous voulons faire alliance avec Toi, nous Te recherchons... nous recherchons notre PERE comme des enfants perdus.

Tes Commandements Principes de Vie,
nous proposent une direction de l'Ame, sage, forte, lumineuse.
Nous nous efforçons PERE d'y répondre... mais cette recherche de Perfection est rude.
Il nous faut Ton Aide PERE, il nous faut Ton Bras puissant pour pouvoir nous y conformer.
Commandements stricts, mais Commandements d'Amour, qui conduisent à Te rechercher et à Te trouver o PERE...
Aujourd'hui, Tu nous instruis toujours par Ton Église, et Tes Saintes LOIS, nous y obéissons avec Son aide.
Un enfant est perdu sans sa mère... et une Ame est seule, quand Elle ne va pas au PERE...

Mes amis très chers qui êtes en ce monde,
il vous faut voyez-vous respecter la Vie Divine qui est partout et en tout sur la terre.
Terre de Dieu, terre des hommes... terre elle aussi en recherche, terre actuellement en douleur d'enfantement...
Nous devons la parcourir, porter la Semence de l'Alliance Eternelle à toutes les nations !
Nous devons proposer aux peuples les Commandements qui sont Sources de Vie !
Parler et Enseigner, avec notre cœur !
Instruire les enfants qui ne savent pas encore que le PERE ETERNEL a conclu une Alliance avec eux.

Recherchons les enfants de Dieu... et quand nous les aurons trouvés, lavons-leur les pieds... comme le Seigneur Jésus ferait.

Lavons-les, apportons-leur l'Eau bienfaisante du Salut que Dieu le PERE offre.

Recherchons nos frères, car en eux nous retrouverons le PERE qui fait sa Demeure, comme Il le fait pour nous.

Chaque être humain est aimé du PERE !

Chaque être humain reçoit de Lui un Amour brûlant !

Dieu est PERE, et garde en Lui toutes Ses créatures.

Rechercher les âmes, c'est rechercher le PERE !

Alors, marchons vers Elles, tout simplement en priant déjà pour Elles ;

et puis si le Seigneur le désire, un enfant nous sera proposé pour que nous partagions avec lui notre recherche divine.

O mes frères,

La Vérité n'est autre que vivre en transparence de cœur ; ainsi seulement le PERE entre en l'Ame et La travaille ; et celle-ci alors porte un bon Fruit.

Rechercher le Seigneur, c'est rechercher une union véritable dans l'Amour, cet Amour qui est Dieu Lui-même.

S'unir au PERE, ne peut se faire, que quand la créature enlève son manteau de chair et qu'elle revêt le manteau du ciel, le manteau de l'Ame...

Le manteau immaculé qui fait d'Elle une Ame bénie et sanctifiée.

Elle peut alors s'offrir au PERE qui lui ouvre les Bras, car elle aura recherché les moyens de lui plaire en devenant légère... angélique...

Elle pourra s'élever... Elle sera devenue l'elfe d'Amour que Dieu aime.

Elle se sera transformée, Elle sera devenue une épousée du Royaume !

Mes frères... écoutez bien votre sœur :
Recherchez paisiblement...
Donnez votre cœur...
Chantez l'Amour !
Semez à profusion... et dites oui, oui !

« FAITES TOUT CE QUE LE PERE VOUS DIRA ».

« RECHERCHEZ-LE... IL VOUS AIME ».

Gethsémani : pardon des fautes

« GETHSEMANI »...

Roche sur laquelle le Sauveur du monde baigne de Ses Larmes les plaies des Ames...
La Purification est en marche...
La nature est noire et sombre...
Il fait nuit sur le jardin de GETHSEMANI....
« PERE, gémit Jésus... ce Calice est amer... mais, que Ta Volonté soit faite et non la Mienne ».

Le Seigneur Jésus est en travail d'Amour !
Il descend dans le secret de la terre pour la saisir et la Purifier !
Il descend dans les poussières que nous sommes pour faire souffler sur nous le Vent de l'Esprit...

L'Amour… n'est pas Aimé !

La suffisance, l'orgueil, le regard fier, ne sont pas sanctifiants pour toi mon frère, tu te perds… tu trébuches… tu roules dans la poussière…

Ton Dieu le voit, et ton Dieu t'envoie Son Fils unique pour te Sauver de la boue du péché !

Mais Le Fils ne te Sauvera qu'en étant passé par le creuset de la Souffrance… l'anéantissement d'une lamentable Agonie…

J'ai dans le cœur, des cris et des gémissements ineffables qui se répandent en pleurs…

car mon frère, je t'aime ! et je ne veux pas que tu te perdes !

Regarde avec moi Le Sauveur du monde… et demande pardon pour tes fautes…

Frères, j'ai tant à me faire pardonner moi aussi… que je veux t'accompagner à GETHSEMANI….accepte-moi… offrons-nous ensemble…

« JE SUIS TON BOUCLIER » a dit Le Seigneur à ABRAM ! et maintenant retentit encore à mon oreille cet apaisement de mon Dieu ; et c'est à vous tous qu'Il s'adresse aussi !

Oui, notre Divin Secours nous vient du Seigneur, notre Rempart, notre Refuge secret.

Le péché est une absurdité, n'est-ce pas mes frères ?

Quand l'on songe à la facilité avec laquelle nous le faisons, et ce péché fait tellement de mal à l'Ame.

Le péché est la gangrène du monde, et nous le commettons si souvent !

Pourquoi cet acharnement ?

N'est-il pas plus agréable de sentir le parfum du ciel en s'évertuant à faire le Bien ?

Le Christ-Sauveur abandonne au PERE Sa très Sainte Volonté, pour changer le cœur du monde !
Il est devenu à GETHSEMANI ce que le PERE voulait !
Il mettait en action l'Amour qui émanait de la très Sainte Trinité !
Cet Amour indivisible…
Cet Amour d'une Puissance uniquement Trinitaire.

Le PERE était également en Le Fils, et L'Esprit Divin y mêlait Sa Pulsion Amoureuse.
Le PERE, Le Fils, et L'Esprit… S'offraient à GETHSEMANI ensemble, et par l'humanité du Fils qui en était revêtu… Ils s'identifiaient à la créature.
La Trinité Sainte, unique Dieu en trois Personnes Divines, redonnait à la créature sa naissance Première… en descendant pour elle au cœur de la Souffrance pour la remettre debout !

Le processus de la renaissance de l'homme était en marche par le Don du Fils de L'Homme, sur le sol du Jardin des oliviers.
Le PERE a donné Le Fils unique au monde, pour son Salut !
« IL N'EST PAS DE PLUS GRAND AMOUR QUE DE MOURIR POUR CEUX QUE L'ON AIME » a dit Le Seigneur Jésus…

Le noir de la nuit écrasait son pauvre Corps… Le couchait dans un anéantissement si puissant !
que Celui-ci souffrait un martyre de Sang….
Le péché accroché à cette nuit sombre tirait de Jésus des larmes douloureusement amères…

Toute Sa Peau offrait en sueur et gouttes de Sang, le Pardon Divin !

Nous devons mes frères, nous aussi, offrir un peu de nous-même, pour notre propre sanctification d'abord, et ensuite pour celle de notre espèce.
Sauvons aujourd'hui encore, le monde est tristement malade... il se meurt du manque d'Amour !

Il nous faut voyez-vous, entreprendre une véritable et sincère conversion de nos Ames.
Ne discutons pas les moyens ! Offrons-nous au PERE pour cela, Il nous aidera.
Tout sera facile, si la créature est sincère, et si elle désire vraiment changer en profondeur.

Changer... non pas seulement le cœur de l'homme... mais également élargir la conversion aux dimensions du monde.
Mes frères ; comprenez que quand nous faisons le Bien, Celui-ci s'étend sur la terre en l'enveloppant d'Amour, tout comme une pierre qui frappant l'eau envoie des mouvements circulaires de plus en plus grands en sa surface.
Pour Le Bien, il se passe la même chose.
Il prend Lui aussi possession de la terre, quand l'homme agit et lui lance en sa surface une Pulsion d'Amour !
Mais attention, il se passe la même chose quand nous commettons le mal ! Nous détruisons l'harmonie de la terre et l'harmonie des Ames !

Attention !

L'Amour est Puissance, mais le malin fait d'énormes ravages !
Soyons vigilants, ayons du discernement en tout, des paroles
sages, des comportements avisés et des cœurs aimants et tolé-
rants.

L'Amour est si facile à donner, encore faut-il le donner avec
douceur et sincérité.

Donner L'Amour… en s'oubliant soi-même.

Donner L'Amour… avec Le Seigneur à GETHSEMANI…
car, peut importe la souffrance du corps ou de l'Ame, si nos
frères par elle se sauvent !

Accompagnons alors en tout Le Fils de L'Homme tellement
affligé et souffrant, en Sa terrible solitude de GETHSEMANI…..

La souffrance passe… et la Lumière entre alors pour purifier,
si nous savons offrir en Vérité !

Accompagnons le Seigneur Jésus, le Fils de notre PERE, en
ce Mystère.

Offrons-nous totalement à genoux près de LUI sur la roche…
et demandons au PERE des cieux, de boire un peu de la
Coupe, pour soulager notre Maître d'Amour.

PERE…. donne-nous à boire… en Pauvreté nous voulons
étancher notre soif, avec Ton Fils Jésus…

Boire le fiel délicieux en Aimant le monde nous aussi !

« Mes enfants…

Croyez-vous pouvoir vous offrir à la Souffrance ?

Croyez-vous pouvoir Aimer la blessure du corps pour Sauver
Celle de l'Ame ?

Alors oui, VENEZ ! et partagez à la mesure humaine avec Le Fils, Sauveur du monde.

Le monde a besoin de ces offrandes-là.... car Elles ne sont que des Dons d'Amour, et Je Les accepte.

Vous êtes des enfants de Lumière, quand vous voulez Aimer et changer le monde !

Je suis à vos côtés pour Aimer !

« Je suis un Dieu PERE ! un Dieu d'AMOUR ! ».

La Flagellation : Pardon des sensualités

Laissons-nous attirer par la Vie en Esprit... devenons légers... abordons au rivage des Saints ;

Le corps est lourd, et l'Ame enfermée y attend sa délivrance !

Oui, notre Ame est en quête de Dieu... Elle gémit en nous-même. Mes frères, L'entendez-vous ?

Si le monde et son esprit vous accapare, vous ne pouvez saisir Ses Appels, Ses Cris !

Pour se laisser prendre par la Vie en Esprit, il faut se dégager de l'emprise du monde, car celui-ci n'est que bruit, agitations, remue-ménage et noirceur... partout !

En notre terre, bon nombre de cultes sont répandus.

Culte de l'argent,

Culte des idoles en tous genres,

Cultes des compromissions,

Culte de la chair,

Culte du pouvoir,

Culte de tous les plaisirs que le malin propose à l'homme,

Culte aussi de l'avilissement,

Culte du pouvoir sur les êtres, quand celui-ci outrage et prend la terre de l'autre !

Culte qui rend esclave du mal,

Culte qui prend la Liberté de l'homme !
Culte qui salit et outrage la pudeur enfantine,
Culte des armes !
Culte qui offense et ne connaît pas le Pardon…

Car enfin mes frères !
tous ces cultes là ne sont pas de Dieu le PERE !
LE CULTE DU PERE EST UN CULTE LIBRE, ET UN CULTE D'AMOUR !
Ces cultes de la chair et des mentalités mauvaises, ont lié Le Seigneur a la Colonne… pour qu'Il prenne sur Lui tous ces péchés de la chair et de l'esprit…

Pour rejoindre l'Esprit et s'anéantir en Sa Vie, il faut à la créature flageller ses mauvais instincts !
Oui, il faut agir avec force mes chères Ames !
Le mal est une sangsue et il s'accroche à nous !
Pour l'extirper, il faut appeler les Forces Divines à notre secours. Il faut d'abord nous reconnaître misérable, et attendre le seul remède…
Celui qui nous viendra du Seigneur Tout-Puissant !
Demander au Ministère de l'Église le Pardon du Sacrement ; et ainsi, réconciliés avec le PERE ; nous pourrons lever les yeux vers Lui sans honte.

Notre désir de changement, s'il est véritable… nous rendra légers… et nos Ames entreront en repos d'esprit….
Elevons-nous mes amis, vers la Beauté que nous offre le Royaume !

Revêtus de chair, nos esprits combatifs nous cachent l'essentiel; les Réalités d'en haut!

Jésus, le Doux Sauveur du monde nous attend ici, au supplice de la Colonne.

Il est fouetté…. supplicié… Il porte la chair de l'homme qui souffre de son péché.

En Majesté, revêtu du Manteau de Sa passion….trois Couronnes entrelacées fixées sur Son Chef Douloureux… un roseau en Sceptre… et la chaleur… et le Sang….et les Larmes brûlantes… les crachats aussi, accompagnés de blasphèmes…

C'est un OFFERTOIRE SACRE!

C'est le Don d'un Dieu qui n'est qu'Amour, et qui Sauve Sa créature qui se perdait.

Avec Le Seigneur Jésus, l'Ame qui se retrouve, qui blanchit, monte alors en esprit vers son Créateur.

Essayons en notre vie si courte mes frères, de monter vers le ciel à chaque instant!

Si nous avons des pensées positives, des pensées et des élans d'Amour, nous allons nous transformer et nous deviendrons paisibles.

Ensuite, si nous allons vers nos frères de cette façon, nous serons de véritables disciples!

Imitons Le Seigneur Jésus qui ne dit rien… qui offre… qui prie…

LA PASSION DU SEIGNEUR est unique!

Seul, Dieu a pu La mettre à la disposition de l'homme, pour que par Elle il soit secouru!

Sauvé!

Vivre en esprit, c'est notre devenir, alors mes frères, commençons dès maintenant !
Vous verrez comme il est bon de S'AIMER, et de partager cette Vie intérieure de l'Ame.

Un sourire change la face du monde !
Une parole d'Amour fait renaître un frère, et des cœurs unis sont en Vérité, les frères de Jésus Le Seigneur.

La Vie en Esprit n'est autre qu'une Louange de Paix, de Joie, et d'Amour !

Seigneur… ai-je dit vrai ? Es-Tu satisfait ?
PERE… entends-moi…

« Mon petit…. Je suis là en toi…
Tu sais Mon Amour pour toi et pour tes frères.
Observez le Commandement de L'Amour entre vous, unissez-vous !
Partagez vos richesses intérieures !
Faites ensemble, brûler et vivre vos Ames !
Voyez Le Fils…. Montez vers le PERE… et laissez-vous conduire par l'Esprit…
Vivez en Esprit de Paix près de La Sainte Trinité, Mes enfants.
JE SUIS VOTRE PERE… JE VEILLE SUR VOUS. ».

Le Couronnement d'épines : Pardon des mauvais désirs
Doux Jésus…. Sauve, Sauve encore !

La terre ne va pas bien et je Te la présente.
Fragilisée par l'homme toujours révolté, elle ne se ressaisit plus, et partout dans le monde craque ses douleurs ;

Car oui enfin, la terre que Tu créas est unie à Toi, et elle ressent en son ventre les soubresauts des âmes...

Des terres sont inondées...
Des terres craquent et s'entrouvrent pour reprendre haleine... des hommes se retrouvent enfouis par milliers, et en d'autres contrées, ce que l'homme a élevé ou construit, s'écrase, déraille, ensevelit là encore beaucoup de monde !

Tes enfants disparaissent Seigneur !
Une vie heureuse, et une seconde plus tard c'est l'horreur !
La terre obéit aux lois de sa nature, et en ce moment elle bouge, remue, s'agite, se débat...
L'esprit de l'homme se fragilise mes frères, car celui-ci ne se souvient plus qu'il a une Ame.
La créature devient le jouet du mauvais qui se sert d'elle pour détruire la beauté du monde !

Sauve mon Bien-Aimé aujourd'hui Tes enfants qui ne savent plus se reprendre...
Ils s'égarent sur des chemins d'épines...
Ils enfoncent leurs pieds dans la boue...
Ils deviennent glaise sans Ame...

Quand l'homme ne se conduit sur terre qu'avec le rationnel, il s'enlise, il s'enfonce, la vase l'attire au plus profond d'elle même.

Alors je viens crier près de vous ce que mon PERE, votre PERE, O peuples de la terre, désire toujours pour vous tous !
Je ressens cela au plus profond de mon être, et je sais que,

étant créés de la même façon vous et moi, je peux atteindre votre esprit et que vous allez m'entendre !

Ce Mystère me parle de L'Esprit de l'homme... cela vous l'avez bien compris ; mais ce qu'Il nous suggère, c'est la transformation de Celui-ci ! de son changement !
Des comportements, des idées mauvaises, le salissent, alors que notre PERE y a insufflé de Sa Vie Divine... un peu de Son Esprit.
Il ne faut plus outrager le PERE en dénaturant nos esprits ! Ils ne sont créés que pour faire le Bien, et ne doivent que rayonner de bonnes pensées positives, d'Amour, pour que l'homme vive de BIEN !

C'est outrager notre PERE :

Quand un esprit écrase ou peine un autre esprit,
car en lui, Il a fait Sa Demeure.

Quand un esprit envoie sur un autre esprit des pensées négatives, car le PERE qui habite cet esprit, reçoit en Son Amour ce voile noir !

Quand l'Amour ne se véhicule plus d'un esprit à l'autre,
car la Communion des Saints ne se pratique plus.

Quand un esprit se retourne sur lui-même,
alors que le PERE vient constamment à la rencontre des Ames.

O mes frères… n'outrageons plus notre PERE !
Son Christ souffre en ce Mystère tous les péchés de l'esprit !
et ils sont tellement nombreux que sous les épines… le Sang
de notre Bien-Aimé coule, et coule à cause de tous nos manquements et nos vilaines pensées…

Reprenons mes frères tous ensemble, le chemin de la droiture
et de la Vérité !
Notre esprit perdurera ! ne l'oublions pas !
Il ira à la rencontre de notre PERE un jour…
Pensons alors à construire une Paix durable sur la terre ! Nos
pensées d'Amour iront partout illuminer les cœurs, et l'Esprit
Divin pourra travailler, car nous aurons entrepris le change-
ment qu'Il désire.
Aimer comme le Maître… Aimer en Esprit….comme c'est
bon !
Quand on commence, on continue, car le PERE fait alors brû-
ler nos Ames d'un Feu ardent pour nos frères !
Nous bâtissons alors en Esprit, un nouveau monde, un monde
d'Amour !
Tout ce qui n'est pas compris en ce sens n'est que du vent ! du
temps perdu, et le temps perdu l'est à jamais !

Tous ensemble, tournons-nous vers la Sainte Face du
Seigneur, et Adorons-La…

LE SEIGNEUR S'ADRESSE A NOUS :

Mon Visage souffrant doit vous interpeller et s'imprimer en
vos esprits Mes enfants.
Ces outrages, ces Douleurs, Je les endure pour vos esprits.

Je vous en conjure Mes enfants,
ne perdez pas votre temps de poussière sur la terre… il n'est
qu'un battement d'aile…
Fortifiez-vous les uns les autres,
en priant les uns pour les autres et les uns avec les autres !
Je veux en ce monde des Disciples véritables, des frères unis
en Mon Esprit !
Faites retentir le Chant de l'Agneau !
Louez avec reconnaissance Ma Venue… et Priez de tout votre
esprit en ce Mystère !
Portez du Fruit, un bon Fruit !
Semez… semez… Je vous regarde, et votre récolte Je viendrai
la moissonner bientôt.
Je suis Jésus ! le Sauveur du monde !
Je suis venu Sauver tous les esprits qui se perdaient !
Mes enfants…. Le PERE vous tend les Bras !
Je vous bénis. Courage !

Le Portement de Croix : L'Acceptation des souffrances

Le chemin de la Vie en Esprit… chemin de Paix et
d'Amour…
Venez marcher avec moi mes frères, sur ce chemin embau-
mé… sur la route qui mène au Paradis.
Le PERE Amour a semé pour nous des fleurs innombrables,
de merveilleuses couleurs !
Il demande, notre PERE, de les observer. Il y en a multitude,
elles sont disposées en groupes ou alors, elles sont isolées,
esseulées, un peu perdues sous des ombrages…
Des rouges flamboyants… aux teintes pastels, et des immacu-
lées au cœur d'un beau rouge… puis, des jaunes d'or… des
vertes d'Espérance… des bleues de ciel… des noires de tem-

pêtes aussi… des mauves subtils et des violets tremblotants.

Plus à l'écart, des roses trémières s'appuient sur un mur pour grimper vers le soleil; les soleils eux-mêmes qui se tournent vers le Radieux de leur Amour…

Des prairies colorées… des bordures de sentier, en fête!

Mes très chers amis, ce chemin merveilleux est celui qui mène au ciel, derrière le Seigneur Jésus.

Lui, porte la Croix, nos Croix… pour nous laisser entrevoir que ce Chemin de Vie est Celui qui mène à Dieu…

Je vais me permettre de vous expliquer le pourquoi de la couleur de ces fleurs entrevues.

Notre vie humaine est pour Dieu le PERE une jolie palette colorée, de laquelle il tire un tableau.

Des tableaux tous différents, tous plus beaux les uns que les autres! tellement divers, incomparables!

Les fleurs rouges sont la couleur de la passion que nous donnons aux événements de notre vie!

Rouge d'un cœur qui Aime, mais plus tristement rouge d'un sang répandu…

Des teintes pâles, qui se plient au vent de la vie et qui se laissent conduire paisiblement…

et puis, des blanches… des Ames qui se purifient, qui se tournent vers le Bien, dont le cœur rouge bat à l'unisson du Cœur Sacré.

Des fleurs jaunes, des vies brillantes, qui resplendissent, qui ont compris la Vie en Esprit…

Des vertes, pétries d'Espérance ces vies-là, qui ont compris que leur devenir est le PERE, et qui s'évertuent à mettre leurs pas dans les Siens…

Des bleues… vies Mariales qui écoutent et suivent les Conseils de la très douce Mère…

Des noires, quand les tempêtes qui s'abattent sur les vies parfois, rendent nébuleux le Divin Chemin... car ces yeux-là ne voient plus.

Des mauves et des violets tremblants... qui ne sont autre que des vies troublées, heurtées,

tristes et isolées...

Des roses trémières, des vies qui recherchent la droiture et qui désirent monter vers le PERE

ne s'appuyant que sur Lui...

Et les soleils, toujours tournées vers Dieu ces vies-là... Religieuses ou pas.

C'est le cœur qui anime et qui fait se tourner l'Ame vers l'Astre radieux, NOTRE PERE !

Ce chemin est le chemin d'une vie aussi...

On passe par le noir de la tempête, le vert l'Espérance, l'apaisement d'un rose sur les joues.

On se calme dans le blanc, et l'on brûle en rouge de cœur.

Mes frères, marchons ensemble sur cette Route Bénie, tous unis se sera plus facile !

Nous nous porterons les uns les autres ; n'est-ce pas LA LOI D'AMOUR ?

Le Seigneur Jésus marche sur les chemins de nos vies, portant la Douloureuse Croix de nos péchés.

Il ne fait qu'Aimer, que donner, Il S'humilie notre Dieu fait homme devant sa créature pour qu'elle vive !

Offrons au Seigneur tout ce que nous vivons en ce monde.

Offrons-Lui nos joies, nos peines, nos délires et nos ivresses... offrons-Lui ce que nous sommes.

Le Maître marche en ce moment sur ce Chemin parfumé par l'état de nos Ames...

Rendons-Lui la Route plus facile en La partageant près de Lui, en portant un peu de Sa Croix !
Faisons nôtre Son Abandon…
Faisons que nous ne soyons plus qu'un près de Lui !

Réunissons-nous en un bouquet d'Amour ! et adorons notre Seigneur, Lui la Fleur unique,
qui répand Son Parfum sur le monde…

PERE TRES BON…
Entends Tes petites Ames… Elles ne font aucun bruit… Elles se mettent dans les pas de Ton Fils Bien-Aimé…
O mon PERE… Ouvre Tes Bras pour mes frères…

« OUI, ILS SONT OUVERTS MA FILLE ».

Je suis le PERE du monde et des Ames.

Soyez fidèles au Fils et à Son Église qui détient les Clés de la Cité Sainte !

Venez les bénis de Mon PERE… a dit le Fils, alors allez à Sa suite !

Prenez la route du Berger des Ames… et venez à Moi ! Je vous tends les Bras !

Propagez et vivez d'Amour ! de Mon AMOUR !

La mort de Jésus : amour de Dieu et Salut des âmes

Jésus, le Maître et Seigneur, nous entraîne sur Sa Montagne ; et je vous donne ce Psaume que je reçois de Son Amour :

« Grand YAHVE, et louable hautement, dans la ville de notre Dieu, le mont Sacré superbe d'élan ; joie de toute la terre ;
Le mont Sion, cœur d'Aquilon, Cité du grand Roi, Dieu, du milieu de Ses Palais ; s'est révélé Citadelle !
Voici, des Rois s'étaient ligués, avançant à la fois ; ils virent, et du coup, stupéfaits, pris de panique, ils décampèrent.
Là, un tremblement les saisit, un frisson d'accouchée ; ce fut le vent d'est qui brise les vaisseaux de Tarsis…
Comme on nous l'avait dit, nous l'avons vu dans la ville de notre Dieu… dans la ville de
YAHVE SABAOT ! Dieu l'affermit à jamais.
Nous méditons Dieu, Ton Amour, au milieu de Ton Temple !
Comme Ton Nom Dieu, Ta Louange, jusqu'au bout de la terre !
Ta droite est remplie de Justice, le mont Sion Jubile, les filles de Juda exultent, devant Tes Jugements.
Longez Sion, parcourez-la, dénombrez ses tours, que vos cœurs s'attachent à ses Murs, détaillez ses palais !
Pour raconter aux âges futurs, que Lui est Dieu ! notre Dieu ! aux siècles des siècles,
Lui ! Il nous conduit !

Mes gentils frères, mes doux et sages compagnons de route… nous voilà vous et moi arrivés à Sion !
Sion ! Montagne résidentielle de Dieu, Montagne Sacrée, Sainte ; où se joue le Transcendant Mystère du passage de l'anéantissement de nos Ames… à l'éblouissement du Saint Face à face !

Mont Sion ! Citadelle des Croyants ! Ville de YAHVE SABAOT, affermie à jamais !

Ton Amour y réside o Dieu !

Le Golgotha jubile, et l'Immolation s'installe sur Ton Autel, par le OUI du Fils de L'Homme.

Allez dire aux Nations la Sainte et Louable Volonté du PERE !

Allez dire aux Nations toutes entières que Le Seigneur est Bon et qu'Eternel est Son Amour !

Fusion de Feu entre Le PERE et Le Fils... sur la Montagne du Sacrifice.

O ! Sion... Ville Sainte ! Montagne de Lumière ! Sion ! Refuge des Ames...

Sion, tu attires en ton sein, JERUSALEM, la ville du Temple Saint !

Au milieu de ce Temple mon Dieu... nous méditons Ton Amour pour les hommes.

Le grand rideau fendu et qui descend à terre sur toutes nos profondes misères...

Les tombeaux écartelés qui offrent aux yeux hagards ; des ressuscités qui témoignent sous tes tours... O Ville Sainte de YAHVE SABAOT...

Des lances pointées, des cris et des larmes... des enfants apeurés en ta Citadelle qui devient sombre.

Une nature qui éclate sous le tonnerre et les éclairs, et qui donne à la Montagne Sainte, une vision fantasmagorique du Corps Crucifié et de Ses compagnons.

Des dignitaires qui blasphèment... des cris, des injures, des vies infâmes qui s'extériorisent en Te défiant o Doux Agneau Immolé...

Mont Sion où YAHVE réside...

Mont du Calvaire où Le Crucifié agonise...

Sang des batailles rangées, frissons de honte devant L'ETER-
NEL…
Sang de l'ultime Secours porté aux hommes, par Le Dieu de
toutes les armées!

Christ en Majesté! Ultime soupir d'Amour qui regonfle les
poitrines lourdement pécheresses…

Dévoilé… offert en pâle nudité… chair souffrante… cœur
oppressé… clous… teint de marbre… et larmes de La Mère
Crucifiée avec Le Fils!
Pleurs de Marie Madeleine… accablement des Disciples…
Église qui prend possession du Trône!
Dérision totale que ces comportements d'un peuple ingrat…
pourquoi? mais pour nous mes frères!
Parce que, par cette lamentable fin… ignominieuse sur le
Bois…
Le Seigneur de la vie et de la mort; nous redonne un nouveau
visage, une nouvelle possibilité de parvenir au Royaume; à La
Sainte Montagne où réside Le BON PERE qui nous a créés.

MARANATHA… VIENS SEIGNEUR JESUS EN NOUS!
Descend de la Croix!
Viens dire à tous les hommes de bonne Volonté, que Tu les
Sauves par Amour!

Oui mes chers frères,
L'Amour peut tout! L'Amour engendre tout!
L'Amour peut tout transformer en nos vies, et Il engendre et
sublime tout!

Allons ensemble près du Seigneur sur la Montagne Sainte, et regardons-Le nous Aimer…

Jésus Le Sauveur, demande en cette minute au PERE de nous pardonner.
L'entendez-vous nous donner Maman Marie pour Mère ?
Et puis ce cri !

« J'AI SOIF »…

Offrons-nous en l'entendant, car c'est de nos Ames que Le Fils de L'Homme désire être abreuvé…

Tous ces mots ne sont pas compris sur terre car nos yeux sont obscurcis… mais au ciel, c'est le Langage dont le Maître nous entretiendra.
Ce que demande Jésus, c'est d'écouter Sa Voix… de suivre Son Chemin… en parcourant le nôtre avec humilité et courage, et FOI bien sûr !
Gravez en vous ces moments de tristesse indicible… accompagnez de vos Prières la faiblesse de La Vierge Mère ; et levez les yeux vers CELUI QU'ILS ONT TRANSPERCE…

Apprenez de Lui, qu'Il est un Dieu doux et humble de Cœur… et qu'Il abandonne ici Son Cœur adorable pour qu'Il soit percé par la lance, pour que la beauté de la Vraie Vie nous soit communiquée.

Vie d'Amour au sein de Son Église !
Purifiée par l'Eau du baptême !

Coulez SANG ET EAU… Purifiez nos Ames… Entrez en nos Esprits…
Faites de nous les Lys d'un temps nouveau !

Crevassée, la terre se laisse aller à la désolation… le temps se meurt avec Le Rédempteur…
Le temps s'arrête…
La minute est mortelle…
Le Seigneur délivré de la chair… s'endort dans La Paix du PERE…

Supplice de La Croix sur le Montagne de Sion… racontez-le aux âges futurs, que Lui est Dieu, notre Dieu, pour les siècles des siècles, et que LUI SEUL NOUS CONDUIT !

« AMEN JE VOUS LE DIS ».

Ce temps ne passera pas, sans que Je ne vous ai tous ramenés au PERE de qui Je vous tiens.

Vous êtes de Ma Bergerie… pas un de Mes enfants ne sera perdu !

« AMEN JE VOUS LE DIS ».

L'Amour ne s'effacera jamais du monde, Je vous demande de l'entretenir entre vous tous !
et la Paix de votre Dieu descendra sur les hommes.

« AMEN JE VOUS LE DIS ».

JE SUIS LE VIVANT ! LE PREMIER ET LE DERNIER !
et J'ai donné Ma Vie humaine pour l'immortalité des Ames !

Témoignez de Moi Mes Disciples très chers !

Dites aux hommes, qu'on ne vit qu'en étant Amour sur la terre ; et que sans cet Amour…
Le FEU s'éteint… et le sel s'affadit…

Disciples de La Croix :

PAIX… AMOUR… SAGESSE…

Travaillez pour l'avenir !

« AMEN JE VOUS LE DIS ».

Vous êtes en Mon Cœur Mes Aimés ! Je vous ai Sauvés !

« Soyez tous bénis ».

La Réssurection : La Foi et la Conversion

« Quand Dieu Le PERE offrait jadis aux Hébreux ses Ordres, et que ceux-ci n'écoutaient pas,
Le PERE les laissaient aux mains des oppresseurs… »
(Le Seigneur m'a donné ces Paroles dans Le Saint Livre)

ce qui voudrait dire pour nous ceci :

Quand nous écoutons La Voix Divine et que nous marchons à ses cotés,

Le Seigneur Dieu nous soutient, nous tend les Bras, mais, si n'écoutons pas Sa Voix !

Le PERE nous laisse libres, et nous voilà en butte aux persécutions.

Nous sommes alors déréglés, parce que sans Sa Haute Conduite, nous nous égarons.

PERE, Infiniment Secourable...

Sois toujours pour nous patient malgré nos refus nombreux !

Notre faiblesse T'es connue... sans Toi, nous sombrons dans la mer de nos innombrables iniquités !

PERE, nous nous remettons devant Toi, en habit de pauvre...

Ton peuple a tellement besoin de Ton Amour...

Je T'implore o mon Dieu... pour mes frères et moi-même !

viens secourir les multitudes qui se perdent !

Ils se détournent nombreux de Ta Face...

O ! PERE ! que se passe-t-il en ce monde ?

Quand un pays se range, se stabilise en un temps de Paix ; un autre se rebelle et prend les armes !

PERE, l'humanité perd son identité, elle perd son état de fille de Dieu !

Je sais que Le Fils Bien-Aimé est RESSUSCITE, mes frères le savent eux aussi... mais, est-ce le courant mauvais ou le laisser aller, ou alors la nonchalance et le manque de FOI ?

Peut-être aussi le désir de ne vivre sa vie qu'en surface, sans penser à leur futur ?

C'est vrai... ce monde est englué, ce monde dort au tombeau, et pourtant, s'ils écoutaient la Voix de L'Église du Fils de L'Homme... ils entendraient d'Elle, que Jésus est RESSUS-

CITE, qu'Il marche avec les vivants de la terre !

LA FOI repose sur cette certitude que je voudrais tellement faire partager au monde !

O mes frères, mes amis... je vous le dis, MA FOI VOUS LE DIT !

Un Corps mort... déposé dans un Sépulcre... des linges L'entourent... et puis le calme... et puis la pierre roulée qui enferme ce Corps...

Puis, plus rien que du désespoir venant de la Mère et des Apôtres, des Disciples aussi...

Annoncé auparavant, ce fut l'éblouissement le troisième jour !

Le Corps n'était plus au Tombeau, les linges étaient soigneusement pliés... on avait pour cela roulé la lourde pierre sur le côté.

On vit des Anges blancs... oui, des femmes l'ont juré !

Ces hommes vêtus de blanc qui disaient :

« POURQUOI CHERCHER ICI CELUI QUI EST VIVANT ? IL EST RESSUSCITE ! ».

Jésus, le Fils de Marie et Joseph...

Jésus, le jeune homme de Nazareth ; d'où dit-on il ne pouvait sortir rien de bon !

Et puis l'Apparition aux femmes, complètement suffoquées et émues... puis aux Apôtres qui étaient dans la confusion.

Comprenez-le mes amis, c'était la première fois qu'ils voyaient une chose pareille !

Bien sûr, ils avaient vu le Maître guérir les malades, redonner la vue aux aveugles, faire marcher les impotents, faire entendre les sourds et parler les muets...

Puis, ils L'avaient vu calmer la tempête, marcher sur le lac de Galilée, et recevoir de Lui une pêche miraculeuse.

Ils L'avaient vu ensuite guérir des lépreux, rendre la vie aux possédés... ils avaient vu encore les pains et les poissons sur la montagne, distribués à une nombreuse foule !

Ils L'avaient vu Aimer !

Ils L'avaient vu souffrir Sa Passion !

Ils L'avaient même abandonné par peur des représailles, à part l'Apôtre Jean... le petit Jean Bien-Aimé.

Aujourd'hui ils ont du mal à croire, même Thomas l'incrédule veut voir les plaies pour croire !

Pierre, le Chef de L'Église, se rappelle les Paroles du Maître et dit :

« Je le sais ! les femmes disent vrai avec Madeleine ! Le Maître est RESSUSCITE !

Je le sais et je le crois ! parce qu'Il l'a annoncé ! »

Et voilà que Le Seigneur se montre à eux, entré on ne sait comment ?

Sa Gloire a forcé la porte de la maisonnée...

« PAIX MES BREBIS »...

O mes frères, entendez-moi aujourd'hui !

Jésus Le Seigneur, le doux Maître est Vivant !

Il dit, à vous aussi : « PAIX MES BREBIS ! »...

Alors, croyez au Fils de L'Homme RESSUSCITE, qui vient à nous en notre temps.

Quand le découragement vous guette... appelez Le Maître...

Il viendra près de vous !

Jésus sera là pour panser les blessures de votre vie, pour essuyer les larmes de Sa douce Main blessée...

Il sera là, même si vous vous sentez seuls ou abandonnés de tous, car Lui est le Secours véritable... le Fidèle Amour...

Courez à Lui devant Le TABERNACLE, et dites-Lui tout de votre vie!

Le Seigneur comprend chaque chose, chaque décision, chaque comportement; et c'est alors qu'Il dirige avec souplesse et bonté son enfant.

Le Seigneur RESSUSCITE vous dira encore, qu'IL vous a Ressuscités avec Lui! là-bas... en TERRE SAINTE...

Ne prenez pas ce temps que vous avez à vivre, avec un sentiment ou un état de lutte ou de combat;

Le Seigneur vous aidera à saisir la Sagesse dans vos comportements, le courage quand vous ne savez plus entreprendre.

Il redonnera à vos fatigues une Force nouvelle, une Force de Sa nature RESSUSCITE!

Le Seigneur veut que Son peuple soit source de Vie, source d'Amour pour tous!

Brisons nos rochers intérieurs qui nous empêchent de voir la Lumière... et sortons mes frères de nos tombeaux glacés où nous plonge parfois les tempêtes de la vie.

Nous sommes ressuscités avec le Christ!

ALLELUIA! ALLELUIA! ALLELUIA!

Qu'Il soit béni à jamais notre Dieu!

« Doux enfants...

Je suis le Rocher... mais sur Moi, personne ne se brise, il prend appui et Je le relève.

Je suis le Réconfort et la Paix des Ames.

Venez à Moi ! Je suis victorieux de la mort, et Je vous entraîne avec Moi vers la gloire de Mon PERE…
Je vous Aime…

L'Ascension : L'espérance et le Désir du Ciel
« DE MON CŒUR COULERONT
DES FLEUVES D'EAU VIVE ».
C'est la Promesse du Seigneur Jésus.

Il va nous falloir L'atteindre ce Cœur… mais comment ?
Si nous Lui fermons les nôtres, comment va-t-Il faire pour nous donner à boire ?

Je pense qu'il est temps pour nous en ce Mystère, d'apprendre à diminuer, à nous faire petits, à nous faire demandeur, quêteurs de cette Eau !
Nos âmes asséchées bien souvent, ont besoin de ce breuvage salutaire, elles sont parfois tellement assoiffées…

« DONNE-MOI A BOIRE SEIGNEUR » disait la femme de Samarie… ayons alors cette attitude de dépendance vis-à-vis du Seigneur.
Attendons tout de Lui, et Il nous donnera au centuple !
Les Fleuves de Vie Divine ne demandent qu'à se donner aux Ames… allez à ce Cœur de qui découle la Vie !
La Vie en Esprit est pure de toute malice, elle est droite, elle attire les Ames vers le PERE,
elle élève….
Observons maintenant ce que le Christ Jésus demande :
Des cœurs appliqués à écouter et à répandre la Bonne Nouvelle…
Des cœurs doux et humbles…

Des cœurs qui recherchent la façon de s'élever, en pratiquant la Charité ; mais une Charité bien comprise, gratuite, offerte en Vérité !

Le Seigneur demande également à une Ame qu'elle soit totalement unie à Son Église.
Celle-ci lui proposera la Grâce des Sacrements, et cette Ame deviendra plus légère... son élévation commencera.
Seule, l'Ame aura bien des difficultés à progresser ; mais en Communion de frères, elle sera plus forte !

La gratuité de cette Eau... comment ne pas aller à elle ?
Elle est le Secours, le lavement des pieds infidèles...
Elle retire avec douceur, l'opacité.
Elle fait découvrir à l'Ame, qu'il existe une autre façon de s'élever... pas de la façon dont
celle-ci se conduit, mais de l'autre !
De la façon dont l'Esprit de Dieu agit.

Eau délicate et subtile qui suggère sans appuyer... car voyez-vous, la légèreté de l'Ame qui nous est proposée... se devine, se découvre, et se laisse saisir qu'en des mouvements très intimes.
On ne devient donc légers qu'en se laissant aller aux mouvements de la Grâce.
Ce mouvement spirituel ne vient pas de l'homme, il se laisse deviner par l'Auteur de la Vie !
C'est Dieu Lui-même qui conduit et qui déverse cette Eau Sainte...
Le Cœur très Saint de Dieu se donne indéfiniment à la créature. Il purifie sans Se lasser...

Il baigne les Ames de Son Fleuve impétueux, qui n'est autre que source de Vie pour elles!

Pour s'élever, il faut donc savoir accueillir, et pour se faire savoir s'offrir...

Dans l'élan subtilement amoureux de l'Amour Divin, il se produit entre le Créateur et la créature; un partage indéfinissable, impossible à décrire pour l'humain.

Ce peut être une expression de bonheur, ou un transport si agréable... que la chair diminue, et que l'Ame s'élève conquise... happée... appelée...

Il peut aussi arriver que l'esprit ne sente plus les lourdeurs de la terre, mais qu'il ressente le doux attrait de l'au-delà.

Il se sentira détaché du monde, enveloppé d'un voile laiteux d'où il ne pourra un moment en sortir...

Ce Bien-être durera le temps du vouloir de Dieu, suivant ce qu'Il désirera lui faire comprendre de Lui-même.

C'est une Grâce offerte en gratuité, Elle intervient quand Dieu seul La désire pour l'Ame, et cela à n'importe quel moment d'une existence.

C'est l'Eau de la Grâce... l'Eau de l'Appel... l'Eau qui élève vers Dieu le PERE...

Comment alors, mes doux frères en Lui, ne pas s'appliquer en ce monde à rechercher cette douce attirance de l'élévation vers le Saint Royaume?

Si nous désirons la sainteté tout au long de notre vie, je suis persuadée que nous appelons sur nous le Regard de Dieu!

Il s'engagera pour Sa créature, quand Il sentira qu'elle Le recherche bien sûr.

Dieu le PERE qui tend les Bras aux Ames, ne se refuse pas à celles-ci…

« IL EST… IL VIENT… IL L'ATTIRE A LUI… ».

Son Amour ne compose pas…
Son Amour se donne…
Son Amour attend les Ames…
Son Amour « EST DE TOUTE ETERNITE ».

Jésus le Bien-Aimé s'élevant au ciel ne laisse pas orphelins les hommes.
Il laisse pour ceux-ci une Parole d'encouragement, un espoir de Le rejoindre…
Il laisse entrevoir également la Venue de l'Esprit d'Amour, qui fera tout saisir et comprendre.

Jésus s'élève et nous entraîne avec Lui, ne bousculons donc pas les événements de notre vie, car le Seigneur élève chaque Ame en particulier, et de Sa façon à Lui !
Il nous suffit d'être patients, d'être bons, d'être à Sa Divine disposition à tout moment !

Une vie bien comprise est une vie disponible, intérieurement lavée quand elle approche le Sacrement du Pardon.
Une vie tranquille et heureuse, parce qu'elle a compris qu'elle est guidée, aimée, et attirée par Son Créateur Lui-même !

La terre est magnifiquement belle, mais notre avenir n'est pas en elle !

Il est dans les nuées, il est au PARVIS TRES SAINT !

L'âme ne restera pas sur terre, elle s'élèvera, elle montera en liesse, elle rejoindra son Dieu qui lui aura ouvert la route en s'élevant avant elle !

La Patrie de l'âme est en haut, mes amis apprenons à alléger nos corps, en devenant parfaits comme Dieu le PERE le demande… et nous irons Le rejoindre !

Je le Crois… je le sais… et je vous invite à boire de cette Eau Sainte…
car c'est la Vie Elle-même qui sort du Cœur de Dieu !

« JE SUIS CŒUR… JE SUIS ESPRIT….JE SUIS DIEU ! ».

Vous êtes Mes cœurs, Mes esprits, vous êtes en Moi votre Dieu ! Mon Cœur est ouvert…
Venez boire de Mon Eau…
Venez ! venez vous laver ! venez vous désaltérer à la Source d'Eau Vive !

« JE VIENS A VOUS… MON CŒUR OUVERT… ».

Le Paraclet : La Charité et le Zèle
L'Esprit de Dieu est léger… c'est une brise feutrée…
L'Esprit de Dieu est aussi fulgurant, brûlant… c'est le FEU PARACLET…

« Les yeux du Seigneur sont dix mille fois plus lumineux que le soleil, Ils observent toutes les actions des hommes… et pénètrent dans les recoins les plus secrets. ». (ECCLESIASTE)

Quand le Seigneur nous donne Sa Parole, il faut La méditer et en tirer la Leçon.

Dieu est Esprit, et un Esprit ne se voit pas avec l'œil humain.

Le yeux du Seigneur Dieu pénètrent tout, chaque être, chaque chose et chaque événement.

Les yeux de Dieu entrent dans les Ames, et celles-ci sont à nu devant lui.

Les coins les plus secrets, le noir de nos consciences... tout cela Dieu le voit.

La nuit est pour Lui clarté, Il voit tout ce que l'homme fait, tout ce que celui-ci veut cacher !

On ne peut se dérober au regard du TOUT-PUISSANT, alors, malheur à l'Ame qui joue ainsi avec son Créateur.

Le PERE nous rappelle donc ici, que nous devons agir en Vérité, loyalement !

Nous pouvons cacher aux hommes ce que nous voulons, mais pas au PERE ETERNEL !

Un péché commis... Dieu le voit !

Une attitude désagréable... Dieu la voit !

Une tromperie, une méchanceté, une parole acérée... Dieu entend tout, et Dieu ne corrige pas... Dieu est PERE...

Il suggère, par touches successives ; des pensées où des actes de droiture, car le PERE ne rejette pas ! Il conduit à la Paix en Lui.

Devenons mes frères, de purs soleils, qui plairont au PERE qui nous a créés comme cela !

Laissons l'Esprit nous brûler l'Ame...

Laissons-Le reprendre possession d'Elle ! Il est temps de changer !

Le hommes doivent devenir tout autre, et aller de par le monde, le cœur pur ! pour répandre le FEU DE DIEU… LA BONNE NOUVELLE DU SALUT !

Des missionnaires de l'Esprit ! fougueux ! amoureux des Ames, entreprenant sans se lasser de travailler pour le Royaume !
L'Esprit-Saint nous aidera, n'est-Il pas le grand Soleil qui illumine notre route ?
En Sa compagnie, nous verrons les choses clairement, et nous avancerons sans perdre notre temps sur les chemins du monde et de nos vies.

La Parole de Dieu m'est encore donnée et je La donne :

« Je sais que tout ce que Dieu fait sera pour toujours, à cela il n'y a rien à ajouter, de cela il n'y a rien à retrancher, et Dieu fait en sorte qu'on Le craigne.
Ce qui est, fut déjà…
Ce qui sera, est déjà… or Dieu recherche le persécuté.
Tout s'en va vers un même lieu, tout devient de la poussière, tout s'en retourne à la poussière. Je regarde encore toute l'oppression qui se commet sous le soleil :
Voici les larmes des opprimés… et ils n'ont pas de consolateur.
Et la force du côté des oppresseurs… et ils n'ont pas de consolateur.
Alors je félicite les morts qui sont déjà morts, plutôt que les vivants, qui sont encore vivants !
Prends garde à tes pas quand tu vas à la Maison de Dieu !
Ne laisse pas ta bouche faire de toi un pécheur, et ne va pas

dire au Messager que c'était par inadvertance…
Pourquoi donner à Dieu l'occasion de s'irriter contre toi ? et ruiner l'œuvre de tes mains ?
Ainsi… crains Dieu. (ECCLESIASTE)

La Sagesse de l'Ecclésiaste que le PERE nous offre doit nous instruire, sinon notre vie passe comme le vent…
L'Esprit de Feu qui connaît chaque être humain, donne la mesure qui convient à chacun, et la créature elle-même fera le tri de ce qui est adressé pour elle, et cela pour son Bien.
L'Esprit très Sage qui nous instruit dans l'Ecclésiaste ne nous perd pas de vue !
A chaque seconde, Il est là… secourable et patient…
Appellons-Le cet Esprit d'Amour, de tout Bien !
Sa Parole est Source vivante et agissante, appuyons-nous sur Elle.

« ENGENDRE… Le Fils du PERE a communiqué aux Apôtres la Nature de Celui-ci, pour que tous les temps à venir en soient nourris.

« Le Fils, quittant le Surnaturel pour un temps, a endossé la chair naturelle de l'homme…
Il est descendu chez la créature pour souffler sur elle un nouveau feu !

« JE SUIS L'ESPRIT, QUI PAR LE MESSIE-SAUVEUR S'EST COMMUNIQUE ! ».

J'ai investi les cœurs des Apôtres…
J'ai investi une nouvelle fois la Très Sainte Mère…

Aujourd'hui, J'investi encore les Ames qui Me recherchent.

« L'ESPRIT EST A L'ŒUVRE ! LE MONDE A BESOIN DE MON AIDE !! »

« Les enfants du PERE s'affadissent.
Ils doivent retrouver le sel missionnaire pour continuer à propager de par le monde, La BONNE-NOUVELLE apportée par leur REDEMPTEUR !

« Ouvrez vos cœurs… Appelez-Moi… Je vous ferai brûler du Feu très ardent qui réchauffera le monde par vous…

« Soyez prêts, ayez des cœurs limpides et vous Me recevrez.
« Ayez des esprits forts, entreprenants, désireux de travailler pour la Gloire Divine en Vérité.

« Attention aux pulsions naturelles de l'homme !
« Concentrez celles-ci vers le Brasier qui se communique quand on L'appelle !

« Je suis le Saint-Esprit…
« Je souffle sur le monde une nouvelle PENTECÔTE !

« Travaillez en Ma Compagnie, redonnez :
« FOI… ESPERANCE… Courage à vos frères ! en vous donnant en CHARITE ! ».

Mes frères, prenons un temps de silence, de recueillement ; le Saint-Esprit qui est présent quand nous Le prions… écoute chacun de nous !

Il va nous instruire au plus profond de nos Ames... confiez-vous à Lui !

L'Assomption de Marie : La grâce d'une Sainte mort

« De loin, YAVHE m'est apparu...

« D'un Amour Eternel Je t'ai Aimée...

« Aussi t'ai-Je maintenu Ma faveur.

« De nouveau, Je te bâtirai, et tu seras rebâtie, Vierge d'Israël !

Je ne compte plus toutes les Paroles que le Seigneur nous donne... Elles sont si nombreuses !

Nous sommes Aimés d'un Amour Eternel !

O PERE comment Te remercier et Te louer pour tant de Bonté !

Tu as maintenu pour nous Ta Faveur... nous sommes boule-versés, car l'avons-nous un jour méritée cette Faveur Divine ?

nous qui sommes si peu fidèles à Tes Saintes Volontés ?...

Tu nous bâtis et Tu nous rebâtiras... nous sommes Tes enfants, Ton peuple,

L'Israël nouveau !

Plus de frontières en Ton Amour, tous rassemblés en un seul troupeau sous la houlette du Bon Berger.

Oui mon Dieu, il faut alors que nous redevenions des Ames vierges de tout péché..

PERE du ciel... PERE des Ames...

Nous venons à Toi en ce Mystère d'abandon, de compréhen-sion de notre avenir.

Un temps pour vivre... un temps pour Aimer...

Puis vient le temps de mourir sous Ton regard... O notre Divin Soleil !

Le temps, si vite écoulé… larme de sable entre les doigts… qui s'épanche et qui tombe à terre… c'est pour l'homme la même fin !

La vie se passe si vite, que déjà la fatigue du temps se fait pressentir… et la créature remettra bientôt son corps à la terre d'où elle est sortie.

Mes amis, ne craignez pas ce temps qui doit arriver !

Entendez votre Dieu : « JE T'AI MAINTENU MA FAVEUR ! » nous dit-Il, alors, Il ne nous quittera plus, et je pense que même déposés en terre, rien ne s'arrête pour nous. Nous allons rebâtir, devenir beaucoup plus actifs, car ce sont nos âmes qui vont travailler pour la Gloire de Dieu maintenant.

Débarrassées de la poussière, dégagées des lourdeurs du corps, les âmes vont alors s'élever !

Elles vont illuminer l'espace-temps nouveau près du Seigneur ; elles vont louer leur Dieu !

Oui, c'est alors que le Seigneur Tout-Puissant leur apparaîtra ! et elles Le verront dans Sa Magnificence !

La Très Sainte Vierge montre le chemin étoilé.

Elle, qui S'est enlevée corps et Ame, n'ayant pas connu la décomposition de la chair ;

parce que originellement « PAS SALIE PAR LE PECHE ».

Cette belle et pure Vierge nous attire et nous fait bénéficier sur la terre, des Grâces que Son titre de Mère Lui a octroyé.

Marie est le Secours des enfants de Dieu un peu désemparés en notre temps

Elle est d'une approche tellement confiante… que les fils et filles de Dieu osent entreprendre un réel changement de vie, en se donnant à Elle !

Nous deviendrons vous et moi, poussières... mais la Vierge Sainte sera près de nous pour que nous n'ayons pas peur de ce départ vers l'au-delà !

La Vierge Mère, la Bénie éternelle du PERE... rend aux hommes une fin très douce, en les accompagnant de Sa Prière.

Confions-nous au CŒUR IMMACULE de MARIE, qui bat en union avec le CŒUR SACRE de JESUS, Son Enfant-Dieu !

Consacrons-nous avec sincérité, et croyez-bien mes amis très chers, que la Sainte Mère Marie s'occupera particulièrement de chacun de nous.

Sous le regard de cette douce Mère, que pouvons-nous craindre ? Elle est tellement apaisante et rassurante...

Elle est la PORTE du CIEL ! Elle entraîne les cœurs à Aimer Dieu... Elle qui Lui était donnée sur la terre !

Maintenant, la Vierge Marie multiplie les démarches du rassemblement des hommes dans la Vérité. Elle ne compte pas ses pas, Marie...

Elle parcourt tous les cœurs pour y déposer une Grâce, un secours, un encouragement.

Elle interpelle les Ames, leur parle du Royaume et de l'Amour du PERE... de ce PERE qui nous tend les Bras...

Marie élevée au ciel, est la Lumière qui éclaire le chemin du Fils ; et nous parviendrons en Sa Compagnie au bout de la route.

Alors courage mes frères, vous n'êtes pas seuls ! Dieu le PERE vous Aime, et vous attend en Ses Parvis !

Ecoutez mes chers frères, ce que le PERE du ciel nous adresse encore par le LIVRE des SAINTES ECRITURES.

« A Salomon ; YAVHVE lui dit :

« J'exauce la Prière et la supplication que tu M'as présentées.
« Je Consacre cette maison que tu as bâtie, en y plaçant Mon Nom à jamais !
« Mes yeux et Mon Cœur y seront toujours.
« Pour toi... si tu marches devant Moi comme a fait ton père David... dans l'innocence du
cœur et de la droiture... si tu agis selon tout ce que je te commande, et si tu observes Mes Lois et Mes Ordonnances ;
« Je maintiendrai pour toujours ton trône royal sur Israël ! comme Je l'ai promis à ton père David... quand J'ai dit :
« Il ne te manquera jamais un descendant sur le Trône d'Israël ! ».

Le PERE nous dit encore, que si nous n'observons pas les Commandements, ni les Lois,
ni les Ordonnances qu'Il nous a proposés,
si nous servons d'autres Dieux, et que nous leur rendions hommage !
Il nous retranchera du Pays qu'Il veut nous donner... et cela, parce que nous aurons abandonné YAVHE, Ses Lois, et Son Amour.

Aussi mes amis, je vous laisse avec ces Paroles méditer...
Affermissons nos Temples intérieurs !
Bâtissons pour Dieu le PERE, un Autel où brûleront des sacrifices, des offrandes sincères pour Lui !
Rendez Grâce au Seigneur mes amis, et bénissez Son très Saint et très Royal Nom Divin !
Consacrons nos Ames au PERE, dans l'innocence du cœur et la droiture demandées !
A Lui qui siège dans les hauteurs, pour les siècles des siècles !

Le Couronnement de Marie : La Grâce finale

Maintenant, c'est la Grâce finale du retour vers le PERE...

Nous touchons du doigt l'impossible, mais c'est Lui qui le désire, et qui vient à notre rencontre les bras ouverts !

Il veut, ce PERE si Bon, que nous n'ayons pas peur de Lui !

C'est vrai mes cœurs, pourquoi craindre le PERE ?

Il nous a créés, façonnés à Son Image en nous donnant un Esprit...

Soufflons sur cet Esprit... sur ce Voile d'Amour ! Faisons chanter Celui-ci ! faisons-Le flotter ! et laissons-Le s'écarter pour nous dévoiler le PERE !

Oui mes amis, mes frères en Lui...

Toucher cette Grâce ; c'est se rendre compte qu'enfin les écailles nous tombent des yeux !

Le PERE ETERNEL ne peut Se dévoiler totalement à une Ame... elle brûlerait, mais, quand celle-ci est sur le retour vers la Maison Paternelle, cette Ame reçoit la fulgurante attirance de Son Dieu !

Elle ne perçoit plus avec les sens humains, Elle est dans l'Essence-même du PERE qui L'attire.

Ce va-et-vient... ce courant d'Amour des Ames vers Dieu... c'est le Mystère que JACOB découvrait, quand il voyait les Anges monter et descendre du ciel sur notre monde...

Dans l'intimité, dans l'Adoration...

vous pouvez mes frères, approcher tout doucement de cette Joie-là !

Le PERE, avec une attention infinie... fera battre votre cœur ; car Il aura vu votre désir profond de Le rencontrer, dans le silence intérieur de votre Ame.

Il suffit d'avoir le comportement de l'enfance !
Il suffit de croire en Dieu si fort, que Celui-ci ne peut que vous effleurer l'Ame de son Souffle de PERE.
Je le crois, moi votre sœur, oui, je le crois profondément ! car ma nature se brise quand j'entends le Nom Divin…
Il en est de même pour vous si vous vous laissez faire !

Pour rencontrer l'Amour… IL FAUT AIMER SOI-MEME !

C'est une seule et même Source qui coule d'un cœur à l'autre, et qui passe et repasse par
LE GRAND CŒUR LUI-MÊME !

C'est une Grâce offerte gratuitement, parce que le Cœur de Dieu est immense, n'a pas de limite, pas de frontières, ni de préférence !

LE CŒUR DIVIN SE DONNE A TOUS LES HOMMES !

Mon PERE du ciel…
nous achevons ici notre intimité d'Ames en Ta Compagnie.
Donne-nous la Force du Témoignage, tous unis en Ton Cœur, tous égaux devant TA FACE !

L'homme sur la terre s'est forgé des limites, a mis des cloisonnements entre eux, l'homme a fait ce que Toi PERE, Tu ne voulais pas qu'il fasse !

Aussi mes frères, je me permets de vous redire :
Que pour Servir Dieu le PERE avec Sagesse et Vérité, il faut laisser tomber tout ce qui nuit au devenir de l'humanité.

Il faut alors, reconnaître son frère en tous, sans distinction de races, sans privilèges d'aucune sorte !
Redevenir des petits, des Ames tendres, appliquées à Aimer !
Assouplir ce qui est tordu !
Relever ce qui est blessé !
Conforter un frère en larmes... oui, enfin !

Ne la voyez-vous pas cette multitude qui vous demande de l'aide ?

C'EST ALORS QUE LE CHRIST JESUS VOUS ORDONNE !
De vous lever, vous Ses Disciples !
Et d'aller secourir ceux qui n'en peuvent plus !

Mes frères, c'est votre Amour qui pansera toutes les peines de ce monde.
Une seule Pensée d'Amour aidera un frère... et Dieu le PERE vous comblera quand vous franchirez le Voile de Sa TENTE !

Allez de par le monde avec des chants d'allégresse !
Celui-ci est créé par Dieu, pour que nous y fassions se lever des Moissons d'Amour !

PERE du ciel et de la terre... nous sommes agenouillés en Ta PRESENCE en notre Prière... nous T'adorons...

« ENFANTS FIDELES, ET ENFANTS INFIDELES ».
Je vous aime tous d'un Ardent Amour !
Je vous tends les Bras, n'ayez pas peur de venir à Moi !
Vous êtes les bénis de Mon PERE, a dit Jésus votre Sauveur !
et Le FILS DE L'HOMME dit MA VERITE.

Sauvés par Son AMOUR ! Rejoignez Mon AMOUR ! JE VOUS ATTENDS !

JE SUIS L'AMOUR ETERNEL et JE SUIS DIEU LE PERE
– JE SUIS LA VIE –

« MARCHE... O ! MON PEUPLE ! ».

Comme une rose qui s'épanouit sous le soleil...
Comme un pétale qui s'offre à sa chaleur... tout alangui...
Comme une eau écumante qui s'essouffle en Paix sur le sable...
Comme le vent frissonnant qui fait onduler les ramures...
Comme le miel qui s'écoule sur les lèvres gourmandes de l'enfant...
Comme le calme qui s'étend sur la rousse prairie... après le grondement de l'orage...
Comme la terre mouillée qui pénètre en toute substance...

Comme les volatiles qui se posent sur l'air... et se laissent emporter...
Comme l'homme aux lèvres asséchées, et qui appelle l'émotion pour en vivre...

Comme un enfantement de femme, au ventre rond de l'amour qui prend chair en elle...

Comme cette plénitude d'un soir couchant, au terme d'une vie bien remplie...

Comme un matin... comme un soir.

Comme une plainte étouffée... comme des cris de joie !

Comme une guerre larvée, brisée d'elle-même... conquise sous l'arc de l'amour ! et qui retombe parce qu'inacceptée !

Comme l'astre rouge qui flambe !

Comme le cœur de mon frère qui attend mon Amour... agenouillé à mes pieds...

Comme l'affolé, le désespéré, l'abandonné, qui tend le bras vers un ciel de liberté, dont le cri rauque me déchire le cœur...

Comme un Amour fulgurant, qui tombe dans le piège du Cœur Divin !

Comme une Plaie Sacrée, béante, offerte en gratitude à l'homme.

Comme nos vies haletantes en quête d'Absolu...

Comme un calme descendu... aux confins d'un désert de sable, bousculé par une tornade hallucinée !

Comme la naissance... comme la mort... un seul et même cri déchirant, échappé de l'écoulement du grand sablier...

Comme une étoile qui attire en elle, le souffle qui s'est libéré...

Comme la beauté de l'éternité que nous sommes invités à contempler...

Comme un lac argenté où le ciel se reflète... qui scintille !

Comme un au-delà Glorieux, tout en lumières d'elfes, en Majesté !

Comme je vous entraîne à saisir cette approche de l'Amour Eternel, et comme je vois en LUI, le soleil qui nous brûle... qui transperce...
Comme je sens mon Ame définitivement conquise, et qui se laisse emporter...
Et de la Brise amoureuse qui descend sur nous tous... j'entends Son doux Murmure à nous adressé : MARCHE... MARCHE, O, MON PEUPLE, ».

Mes frères d'humanité... d'une humanité que je voudrais sereine, je viens à vous en sœur d'Amour.
Pour pouvoir Prier dans la Paix de Dieu le PERE, il nous faut appeler sur nous les bienfaits de la Sagesse Sacrée.
Elle va nous façonner, nous ouvrir et nous nourrir l'Ame pour marcher vers le PERE !
Déposons sans peur nos fardeaux secrets, qui font gémir nos Ames... et acceptons la Divine Miséricorde qui Se propose à nous sans nous lasser, sans Se désespérer des Ames...
La Sagesse Eternelle est comparable à un berceau qui apaise l'agitation des Ames, et qui fait tomber sur elles
Le Divin Sommeil de l'abandon vers La Connaissance...
Essayons alors La Méditation intérieure, qui nous amènera vers Dieu Le PERE ; et entreprenons tous ensemble de marcher vers « LUI ».
LUI, notre PERE, nous attend !
Il nous appelle : MON PEUPLE...

« PRIONS ».

PERE CREATEUR… LUMIERE INFINIE… SALVATRICE…
DOUCEUR INCOMPARABLE… MISERICORDE….
PERE… BRÛLURE DE L'UNIVERS ET DE NOS AMES…
Nous venons à Toi en cette Prière, écoute Tes enfants !
O Mon DIEU…
Regarde en eux La Lumière qui y brûle et que Toi-même a
déposé. Souffle sur Celle-ci !
O Mon PERE, notre PERE… nous marchons vers TOI.

« Venez enfants, Je vous appelle au Service d'Amour.
« Le monde est tristement malade et vos frères ont besoin de
votre Amour !
« Marchez, en Louant le bonheur d'être frères, il vous faut
reconquérir ce monde, lui offrir
« MA PAIX !…. et vous Aimer.
« Oui Mes enfants, Oui Mon Peuple !

« LEVE-TOI ET MARCHE ! »

L'Annonciation : L'Humilité
PERE… Apprends-nous à marcher sur cette terre tellement
insouciante… tellement inquiétante…
PERE… le monde de ce temps est affolant, le monde fatigue
et se fatigue…
PERE… tout ce que Tu as créé marche sur d'autres chemins
que Celui de La VERITE !

JESUS a dit: « QUI ME VOIT, VOIT LE PERE »… nous
comprenons cela Mon Dieu…
et nous désirons de toute notre Ame apercevoir Ta très Sainte
Face, dans Le Cœur très Saint de Ton Fils Bien-Aimé.

L'EPRIT-PARACLET nous interpelle, et nous savons mes frères et moi, que votre intime Fusion d'Amour est pour nous le Chemin unique vers La Vie qui n'a pas de fin !
Aussi je crie vers Toi, PERE TRINITAIRE ;
je crie pour mes frères et pour moi...
Enseigne-nous, Fusion d'Amour !

« Qu'Ai-Je désiré pour Mes enfants créés que le bonheur des âmes déposé en eux ?
La liberté que vous avez reçue en cadeau vous porte au choix perpétuel, vers le Bien ou vers le mal.
N'avez-vous pas encore compris combien Ma LOI D'AMOUR est Semence de Vie, de Vie Créatrice !
Toutes ces pulsions inspirées par Elle, vous conduisent à Me rencontrer un jour, mais, soyez attentifs à toutes choses en ce monde, pour ne pas tomber dans le filet infernal !
Le combat des énergies mauvaises contre Mon Amour est toujours actif en votre temps !
Vous devez sans cesse combattre, et marcher en compagnie de l'Eternel Bien.
Le Fils de L'Homme, Jésus-Sauveur,
a enseigné, et a expliqué aux hommes la façon de marcher droit.
Ses Paroles sont pour tous les temps, Elles sont la Nourriture de vos esprits, de vos Ames...
Le Fils Bien-Aimé, descendu pour proclamer la Vérité et vous L'enseigner ;
est le Chemin visible pour les êtres créés.
Je regarde... J'observe chaque homme... Je vois les difficultés... et Je suis prêt à combler celui-ci, quand il travaille au bonheur de ses frères dans Ma Vérité.

Comprenez... en appelant le secours de Ma Sagesse, que les Paroles du Christ-Jésus :

« JE SUIS LE CHEMIN... LA VERITE....LA VIE.... »
sont des Paroles qui vous entraînent vers la Connaissance divine.

« Le Chemin... est la Voie Royale... laissez-vous conduire par Mon Fils Bien-aimé.
« La Vérité... est la Connaissance du tout, qui se fera découvrir à vous, quand vous serez prêts à comprendre Celle-ci....et
« La Vie... c'est votre choix d'aller à Moi... ou pas !
Marchez, et vous deviendrez tout autre. Venez vers Moi, Je vous attends. ».

« L'ANNONCIATION DU VERBE ».

qui descend en la Sainteté d'une Vierge, abandonnée... préparée...
Son acceptation docile, aimante, accueillante, a fait que l'humanité avec le « OUI » donné, a pris un nouveau départ, une nouvelle Espérance pointait sur le monde assombri.

Marie de Nazareth a reçu en Son Sein Virginal, le Germe de toute vie !
Elle a recueilli en Son Ame, la toute précieuse arrivée de Son Dieu...
Cette Vierge incomparable, a peine sortie de l'enfance, a accepté cet échange fou, qui a fait que L'Amour Lui-même a pu S'incarner... en Sa Pureté, Sa Candeur... et venir habiter parmi nous.

Nos blessures originelles allaient être secourues. Notre Dieu se revêtait de notre chair pour nous redonner vie, et nous sauver des ténèbres...

Comprenons mes amis, dans la sincérité de cœur; l'immensité d'Amour qui nous a été offerte par Marie, la Vierge des vierges.

Elle a dit à Son Dieu :

« Prends Seigneur le OUI de Ta Servante, et accomplis ce que Tu désires en Elle ».

Marie nous offrait Le Sauveur, La Vie en Lui, et par Lui !

Frères et sœurs...

Tournons-nous vers Marie, fleur d'Israël ! Demandons-Lui de nous aider à discerner les véritables appels du Seigneur en nous.

Sachons humblement dire « OUI » à Dieu notre PERE... et attendons la venue de Son Fils en esprit d'Amour et de Paix.

O Sainte et douce Humilité... descend en nos Ames et en Celles de nos frères...

La Visitation : La Charité

J'aime Dieu, de toute la force de mon Ame et de mon esprit ! Et vous mes frères ?

Pouvez-vous crier vers Lui votre Amour, Lui qui ne fait que L'attendre ?

Si je pouvais vous offrir un peu de cet Amour que contient mon cœur; pour vous faire L'aimer comme je l'aime, à vous mes frères qui vous êtes isolés de Lui, je le ferais sans hésiter.

Mais, notre Dieu demande une démarche personnelle à chacun des hommes sur la terre.

L'Amour veut Se donner en toute intimité à chaque Ame…
alors, pour entrer en cette Plénitude… il faut donc aller à Lui !
Il faut que l'homme comprenne que c'est La Charité qui y
conduit. Si nous donnons cette Charité à un frère, de quelque
manière que ce soit, et si petite soit-Elle, c'est à Dieu que
nous L'offrons, et nous devenons Communion vivante sur
terre !
Dieu, Lumière Eternelle, est en chaque homme !
Il Se veut Lumière accessible en Celui-ci !
Oui, Dieu habite le cœur de l'homme !
L'homme doit se nourrir de Charité et La donner !
Il doit apprendre également à recevoir Celle-ci, cela plaît à
Dieu.

Donner… à la mesure de ce que nous pouvons ou savons
faire..
Recevoir… dans la mesure où nous offrons cette possibilité à
notre frère, de pouvoir le faire…

La Charité, nourriture vivante, accomplit le Dessein du
PERE ; qui n'est autre que de voir Ses enfants Se la commu-
niquer entre eux.
Le ciel ne s'ouvrira que pour les Ames qui auront vécu de
Charité. Comme il sera triste de se voir refuser la Vue du
PERE, si nous ne vivons que sans Amour et égoïstement !

Mes frères…
Nous devons prendre conscience de la beauté des Ames, et de
la Charité que nous devons leur dispenser.
La Charité donne à l'homme le désir de répandre l'Amour !
Elle est Semence Divine mes frères, ne l'oublions pas, nous

serons jugés sur Celle-ci... sur l'Amour partagé, propagé !

Alors, soyons des Ames propres, véritables ! N'entretenons aucun trouble, car tout ce qui n'est pas transparent en Charité vient du malin.

La Vierge Marie en ce Mystère, se rend chez sa cousine Elisabeth... enceinte de JEAN-BAPTISTE.

Elle y passa un bon moment, partageant avec Celle-ci le travail de la maison.

Charitable et bonne, Marie s'oubliait Elle-même pour servir l'autre...

Tout ce que Son Cœur contenait d'Amour... Elle le donnait aux autres !

Marie... Fille du PERE... Epousée de l'Esprit-Saint... était à ce moment là toute tournée vers le Service de Dieu. Elle aimait ses frères, en Lui !

Marie était à l'écoute du cœur du monde !

Chez sa cousine, il y eut des échanges d'Amour très certainement, et La Vierge Marie accomplissait déjà en s'offrant à La Divine Charité ; et en La répandant autour d'Elle.

Lueur de ciel en cet échange entre ces deux Femmes... qui allaient mettre au monde :

L'Une... Le Serviteur du Maître,

L'Autre... Le Maître du monde Lui-même !

Que Marie soit bénie et fêtée partout en notre terre !

Qu'entre toutes les femmes, La Choisie de Dieu soit Louée, Gloire à Dieu !

O, Marie Bienheureuse… Ton Ame exalte Le Seigneur et nous appelle à le faire !

Oui, La Vierge Sainte nous convie à offrir au PERE notre Amour…

« MES ENFANTS ».

Petite Vie qui S'incarnait en Marie, Moi Le Verbe, J'accomplissais en Elle.

Je descendais pour racheter le monde qui se perdait, et Je faisais tressaillir Jean-Baptiste dans le Sein de Sa Mère quand Il sentit Ma Présence en Marie.

OUI, J'AIME LES HOMMES, MAIS LES HOMMES EN VIE !

Aussi, Je Me suis Incarné pour Sauver l'humanité.

Ma Charité se répand toujours sur chacun de vous… aussi Je vous demande aujourd'hui :

De travailler sur vous-même, et de recevoir en votre sein les Dons de Ma Charité !

Quand vous donnez Celle-ci… Elle revient vers vous !... c'est un échange d'Amour comprenez-le.

Soyez attentifs au travail de la Grâce en vous… et devenez charitables Mes enfants !

JE SUIS LA PAIX DU MONDE….ET JE DESCENDS EN VOUS…

Bethléem : La Pauvreté

Un linge déposé… et Le Nouveau-Né repose….

A deux pas de Lui, les souffles des animaux réchauffent un peu l'endroit… mais si peu… il fait très froid.

Par l'ouverture pratiquée pour que l'air puisse entrer, on peut y voir le ciel, étrangement noir et bleu-nuit à la fois… illuminé de myriades d'étoiles en chandelles allumées !

Pour L'Enfant, le ciel est en fête ! les Anges chantent le GLOIRE A DIEU !….et un calme infini descend sur la terre.

La Paix du monde, Le Seigneur-Enfant Lui-même, gazouille sur Sa couche… et prend possession en Sa Divinité, de la Promesse tant attendue…

Il est descendu, Secourable et Miséricordieux, la Promesse est devenue réalité !

Il est Le MESSIE !

Il est venu prendre possession des Ames pour les Sauver !

Saint JOSEPH… homme droit et bon… responsable et obéissant… se revêt de la paternité que Dieu Lui proposait… L'Enfant-Jésus reçoit Sa protection.

La douce Marie, effacée et tout à la fois présente… recueillie devant le grand Mystère…

repose Elle aussi et veille sur Son Enfant.

Sa confiance en l'Eternel est si grande, qu'Elle n'a aucune crainte en Elle…

Elle s'est totalement abandonnée… la Paix est en Elle…

Pas de bruit dans la nature… tout est calme…. l'humanité ne sait pas encore…

Des bergers viennent, avertis par des Messagers d'en-haut, et les yeux écarquillés, bouches bées… n'osent pénétrer à l'intérieur de l'endroit…

Modestement, ils regardent sans faire aucun mouvement... et ressentent une immense joie leur gagner le cœur !

Un clair de lune sert de clarté... on y voit peu... mais c'est bien. Tout est paisible... et l'Enfant s'est endormi.

Au dehors, une étoile scintille un peu plus fort que les autres, n'est-elle pas messagère elle aussi ?

Elle conduira à l'Enfant, les Mages... Plus tard, en l'étoile, nous invoquerons Marie !

Aujourd'hui, sachons nous laisser guider par l'étoile de BETHLEEM... et demandons-Lui de nous montrer le Chemin de Son Fils, la LUMIERE DU MONDE !

PERE BIEN-AIME... Tu nous dis de marcher, et nous contemplons la Crèche où Ton Fils a pris place en notre monde.

Apprends-nous notre PERE à écouter Jésus, apprends-nous à Le suivre, apprends-nous à devenir tellement pauvres en nos Ames...

que nos terres seront prêtes à y recevoir Son Enseignement.

PERE... nous savons bien que l'orgueil est une fange qui empêche tout mouvement spirituel sincère... en ce Mystère de Pauvreté, PERE....apprends-nous à marcher...

« SI PETITS ETES-VOUS ».

Venez apprendre auprès de Moi, à bien vous diriger en ce monde, et à faire grandir la Sainteté en vos Ames.

Vos pas sont hésitants... vous apprenez à marcher c'est bien normal, mais, Je viens au-devant de vous, sur tous les chemins de Ma Création !

En la nature, Je vous parle « JE SUIS L'HABITE ET LA FAIT VIVRE ».

En toutes les créatures, Je parle… donc « JE SUIS »… Je les fais VIVRE!

En tout événement, joies ou conflits, « JE SUIS », et cela pour vous aider.

Mes enfants, OUI… dans les joies, Je suis en joie avec vous, et quand il y a des conflits,

« JE SUIS AVEC VOUS AUSSI ! » prêt à vous aider si vous M'appeler et si vous M'ouvrez vos cœurs.

Je M'abandonne à votre liberté, et J'attends votre main pour vous conduire…

Je suis votre Dieu, votre PERE secourable… et Je ne fais rien sans votre accord.

Votre liberté Me guide…

Ayez en vous la joie d'avoir reçu de Moi Celle-ci ! C'est le grand DON de vos vies.

Vous êtes créés libres ! Mais Je suis à vos côtés pour vous apporter Ma Protection quand Je sens que vous avez un choix à faire.

Sans Moi, Présence Divine… vos pas sont hésitants… vous avez besoin de votre PERE ETERNEL.

O Mon Peuple, Mes créatures, JE SUIS LA MISERICORDE INFINIE !

Marchez vers Moi ; MARCHE MON PEUPLE VERS TON PERE !

Infiniment Parfait est votre PERE, et Je descends pour vous aider à marcher vers votre Perfection.

Bien-Aimés enfants… Votre « ABBA » est là… et vous Aime…

« VENEZ TOUS A MOI ».

La Présentation au Temple : Obéissance et Pureté

Doux Seigneur... ouvre Ton Temple pour mes frères...

Eau Vivante et Agissante... coule vers Ton peuple...

Bien-Aimé de l'Ecriture ; ouvre le Saint Rouleau... dévoile-nous Ta Sainte Parole...

Sauveur des Ames... instruis-nous au plus profond de nous-mêmes, de Tes désirs, et de Tes Saintes Volontés.

Marque o mon Dieu nos Ames, du Sceau de Tes Divines Paroles.

De Ton TEMPLE ETERNEL... abaisse Ton regard vers la terre des hommes...

O notre PERE.... viens encore nous secourir...

Aujourd'hui, hier, le temps se confond !

Toujours incrédules... toujours révoltés... toujours insoumis... toujours violents... toujours en guerre ! Tes enfants ont bien besoin de Toi PERE.

Les créatures ont besoin de monter vers Toi ! de monter les marches qui conduisent vers l'éternité !

Elles ont besoin de Te retrouver... que deviendraient-elles sans Ton Amour et Ta Sainte Direction ?

Ouvre Ton Temple Seigneur de l'univers, Montre à Tes enfants comme la Lumière qui L'habite est belle !

Envoie sur le monde un rayon de Grâces !

Entoure la terre et ses habitants de Tes Bras de PERE SECOURABLE...

L'homme a perdu ses repères... l'homme est troublé... l'homme se laisse entraîner sur d'autres chemins qui blessent son Ame...

L'homme ne respecte plus la Vie que Tu lui as donnée... le clone humain se profile derrière le rire de la bête !

O Vie divine déposée en notre Ame :

Agis avec Ton Amour et Ta Puissance… Fais que les hommes se reprennent…

Appelle Seigneur, appelle mes frères… du haut des marches de Ton Temple !

Faire le premier pas vers Toi, o notre PERE… et moi je sais que Tu les attireras ensuite, tous mes frères que j'aime !

Vont-ils comprendre, qu'en ces jours bien tristes, il est grand temps de changer !

PERE… Enseigne-nous… Lis-nous l'Ecriture Sainte… Grave-La en nos Ames, pour que mes frères et moi, nous ne vivions que par Elle et avec Elle !

« ENFANTS »

Mon TEMPLE en ce temps est Mon Église.

L'Église du Fils est également l'Église du PERE ; puisque LUI et MOI ne faisons « QU'UN »

L'ESPRIT-SAINT la fait brûler par Son FEU !

Il souffle sur Celle-ci toutes directives à prendre, et le PAPE JEAN-PAUL II et tous Mes enfants consacrés obéissent à Mes Demandes.

Mon Temple, Mes enfants, est ouvert à tous !

L'Église du Fils de l'homme est vivante et agissante !

Elle combat les forces mauvaises par le Pardon des fautes et les Sacrements.

Le PAIN et le VIN changés en CHAIR ET SANG en la TRANSSUBSTANCIATION ; sont la Nourriture des Ames.

La Présence Réelle en l'Hostie de Vie est la Résurrection des Ames !

Au dernier jour, celles qui s'en seront nourries, brilleront plus fort que toutes les autres qui auront refusé ce grand Amour donné par le Fils, et elles monteront plus vite vers Mon TEMPLE !

Les autres viendront aussi à Moi, car J'aime toutes Mes créatures ; mais ce sera plus long pour elles...

J'aime que l'on Me désire... Je suis un Dieu jaloux mais Patient et Miséricordieux...

Toutes les Ames M'appartiennent, et Je les attends.

Sur la terre, en tous les Temples où Je réside... Mon Amour agit et dispense sur chacun de Mes enfants, les Grâces qui leur sont nécessaires.

Je leur demande :

De désirer Mon Pardon, et d'alléger leurs Ames en abandonnant sincèrement et avec repentance, les péchés de leurs vies.

D'approcher du TABERNACLE où Je suis et demeure pour eux. Dans la Paix du cœur et le calme de l'Oraison, Ma douceur les enveloppera et les fortifiera !

Je leur demande aussi :

La soumission à PIERRE le Pape d'aujourd'hui, sa tâche est si lourde...

La Confiance en la Sainte Église,

L'Obéissance due à Ses Consacrés, qui font de leur mieux en cette génération débridée.

J'aimerais également de Mes enfants :

Le désir et la joie dans la Prière partagée sincèrement.

Je préfère peu d'oblations, si celles-ci ne sont qu'oblations insipides...

Je préfère des Prières formulées dans Ma Paix, emplies d'Amour… et que cet Amour circule entre vous !

Une Prière doit être un zéphyr… non une tempête, c'est-à-dire :

Une Prière calme… posée, tendre, et Amoureuse de son Dieu…

Non une autre, qui se voudrait agissante, mais qui ne monterait pas vers Moi, parce que non ressentie ni vraiment donnée… et peut-être un peu trop bruyante aussi !

La Sincérité, la Pureté, l'Humilité, apporteront à vos Ames le secours dont elles ont besoin.

Ainsi, seront-elles prêtes et bien disposées à Me servir en tout, et en tous !

Pourquoi ne croyez-vous pas en vos engagements de Chrétiens ?

Quand la Grâce du Baptême est descendue sur le front du Fils ; ce fut pour qu'ensuite vous en soyez tous « OINTS ».

Grâce d'EAU… Grâce de FEU… Grâces Divines pour que de nouvelles tiges se lèvent !

MON PEUPLE… O MON PEUPLE…

Aime ta vie de Disciple, et vis-la en compagnie de Son Église qui es ton secours,

ton marchepied pour atteindre Mon Trône !

Respectez vos Prêtres, priez pour eux et avec eux !

Formez tous ensemble le nouveau Peuple, qui donnera Mon Amour au monde !

Soyez des Disciples agissants et priants…

Soutenez-vous les uns les autres…

Vivez les uns avec les autres en grande Communion.

Partagez ce que vous recevez de Ma Bonté et de Ma Clémence.
Le PAIN que J'offre aux créatures est pour tous !
Le pain du corps, quand la terre fait se lever le grain de blé...
et le PAIN de L'Ame, quand vous venez à Moi, le genou
ployé...
Vous avez sur vos fronts la Croix du Christ imprimée... quand
le Prêtre vous a ouvert la Porte de la Chrétienté.

Alors Mes enfants... soyez heureux de votre condition de
Disciples, et allez porter Celui-ci au monde qui s'éloigne de
Lui !

Etre Chrétien ;
C'est Aimer la Vie Divine... et vouloir suivre le Bon
Berger....
Ne pas vouloir s'en approcher ; c'est refuser la Bergerie des
Ames, et ne croire qu'aux propres forces de l'homme, qui ne
sont que de l'orgueil !

Vous avez une Ame, et celle-ci Me Loue en vous, écoutez
dans le silence son chant... et vous viendrez à Moi
hommes, ne formant tous qu'un seul Peuple !

MA PAIX DESCEND SUR VOS FRONTS...

Joseph et Marie... présentez-nous au PERE en ce Mystère du
TEMPLE ; nous voulons l'ADORER et LE SERVIR !

BENI SOIT LE TOUT PETIT SEIGNEUR PRESENTÉ !

Le Recouvrement : Recherche de Jésus

Je n'ose vous demander mes frères, si un jour vous avez perdu Jésus ?

Si cela fut le cas… vous avez dû, vous retranchant volontairement de Sa Vue; tomber dans le plus grand des malheurs qui soit !

Par contre… si vous l'avez toujours gardé en votre cœur… vous êtes les plus heureux du monde !

Si je me permets cette question, c'est que j'y vois pour moi l'occasion de vous redonner courage !

Il se peut, que dans une vie difficile ou troublée, votre chemin se soit obscurci… mais mes frères. je vous affirme avec force, qu'à travers les brumes… Le regard du Sauveur se posait sur vous !

Vous étiez toujours Son enfant… et Il vous attendait…

L'avez-vous ensuite retrouvé ?

En ce Mystère nous allons ensemble rechercher Le Seigneur Jésus.

Pas d'obstacles pour Lui, Il saute sur les montagnes et les collines, Il vient toujours le Seigneur !

Oui, Jésus se laisse trouver et retrouver, sans condamner.

Il donne le doux Maître, aux Ames repentantes, le pan de Son Manteau à baiser… et c'est alors, que les Ames affligées d'elles-mêmes s'en trouvent guéries; parce qu'elles Lui auront donné le Témoignage de leur FOI.

Je pense que « RETROUVER » le Seigneur est une véritable Epousaille ! On L'aime encore plus fort, et l'on se jette sur Son Cœur !

Le Maître de L'Amour est Le Maître de toutes Miséricordes et de toutes Compassions… et quand Il « retrouve » Sa petite brebis, Il est tellement heureux Jésus !

Alors mes frères ;
Accourez en ce Mystère à la Porte de la Bergerie des Ames…
retrouvez-vous en face de
L'Agneau sans tache… et dites-Lui combien vous L'aimez…

Vous avez petites Ames la « RECHERCHE » de Jésus en vos
Ames, vous êtes alors sur le bon chemin !
Vous avez sur la terre le choix entre la Lumière et les
ténèbres !

Quand on choisit la Lumière,
Tout est plus facile, tout est joie et bonheur, tout transpire
d'Amour en vos vies, mais…
si vous avez opté pour les ténèbres,
vos yeux se voilent… le chemin se couvre d'épines douloureuses… et vous êtes aveuglés sur la route de la vie… il y fait
tellement noir !
C'est vous-même qui ne voyez plus Le Visage du Seigneur…
et alors, Il en a grande Peine…

Alors prenons les moyens d'aller vers Jésus et de Le
« RETROUVER » !

Sur les routes de nos vies, allons à la Rencontre du Maître en
tout ce qui se propose à nous.

Un homme triste et qui n'a plus de courage…
Posez sur lui un regard de frère aimant ; faites-le revivre à travers cette offrande !
Portez-lui l'Amour de votre Maître, et voyez en lui… Celui
qui vous RECHERCHE !

Une femme blessée, isolée, abandonnée…
Ouvrez vos bras mes frères, et bercez cette âme affligée sur votre poitrine !
Le Seigneur guidera cet acte d'Amour, en vous entourant toutes les deux de Ses Bras…

Ecoutez battre le Cœur de Jésus avant d'agir… ensuite, donnez votre Amour avec le Sien !
C'est La LOI D'AMOUR sur laquelle les hommes doivent s'appuyer.
Elle est tout simplement la VIE !

Un enfant malade ;
Offrez-lui votre chaleur, Ames de Dieu, bercez sa souffrance par des chants d'Amour…
et faites-le reposer en compagnie des Anges…
Le sourire du Seigneur baignera votre Ame de Son Eau très Pure…

Une vieille et pauvre femme que tout le monde abandonne sur terre ;
Jésus lui offre Sa Main pour ne pas qu'elle tombe !
Alors courez à eux ! et glissez la vôtre dans les leurs mes frères.

Mes frères ;
Tout acte d'Amour est inspiré et guidé dans son accomplissement par le Maître Lui-même !
Aussi « RECHERCHONS » toujours Jésus !
Il est le seul Chemin… et près de Lui personne ne trébuche.

Voyez-vous mes frères comme tout est facile en ce monde !
Il nous suffit d'Aimer en Vérité tous nos frères humains sans restrictions !
Jésus, le Maître et Seigneur nous recherche, RECHER-CHONS-LE aussi !

Jésus nous parle en ce Mystère :

« MES ENFANTS ».

Recherchez tous ensemble Mon Chemin.
D'abord en famille… Pensez que Je guide chacun et que J'écoute toutes demandes.
La famille est Sacrée… car Don du PERE !
Il vous faut la mener à son plein épanouissement, en étant les uns envers les autres,
des êtres épris de tendresse, de patience et d'Amour, pour que chacun y puisse grandir saintement.

Je désire des parents aimants et compréhensifs, respectant l'individualité de chacun.

Je désire des enfants, de soumission tranquille, qui agiront aimablement…
Je désire que par son comportement, la famille porte du Fruit et demeure !

En son sein ; RECHERCHEZ-MOI, et Mes Grâces descen-dront sur vous tous !

Recherchez le monde pour Aimer en lui toutes les Ames en qui J'habite !

C'est une recherche incessante, c'est une véritable recherche de frères !

Tous unis, Tous en recherche Mes enfants !

JE VIENS ALORS A VOUS !

Gethsémani : Le Pardon des fautes

La barge s'arrête et déverse sur le sable, apeurés, maladroits… des enfants déjà morts…
C'est l'aurore pourtant… levée annonciatrice de lumière, et je ne vois ici qu'une levée sanglante et armée !

Enfants du PERE sacrifiés au nom de la liberté…
Souffrances… cris rauques en des poitrines pourtant destinées à vivre !
Cris vers la mère d'où ils sont venus, car l'horreur leur tenaille le ventre !
Guerre humaine qui brise des corps…
Aurore lumineuse de ces Ames qui rejoignent leur Créateur…

Cette douleur est poignante n'est-ce pas mes frères, et ce fut réalité.
Des mères agonisaient sur le sable auprès de leurs enfants… au nom de l'aile blanche de la Paix et de la liberté recherchée.
Hier Jésus….Tu agonisais à GETHSEMANI….pour que là aussi se lève l'aurore de la Liberté des Ames.
Innocence de L'Agneau… innocence de Ses agneaux…

O Jésus Sauveur…
Le monde se croit policier et veut encore et encore aujourd'hui régler ses comptes aux quatre coins du globe !

Que veut dire une liberté conquise dans un bain de sang ? Elle s'entache du sang de tant de victimes... qui ne demandaient que de bien vivre sur la terre...

La liberté est bonne, quand elle s'installe dans les cœurs, les mains tendues et les accolades !
Un baiser entre frères humains vaut bien plus qu'un fusil !
Un baiser construit un nouveau monde !.... un fusil détruit le monde...

Si je vous parle de cette façon mes frères,
c'est parce que je pense qu'au Jardin de GETHSEMANI... le Seigneur a souffert tous nos manques de liberté, tous nos manques d'Amour !
Il nous rendu cette liberté que nous avons perdue par le péché !

Se pourrait-il, qu'un jour, la terre sente bon le parfum des fleurs au lieu de la poudre ?

Le Corps abandonné de Jésus... Sa Souffrance morale... intense et indescriptible...
Sueur d'eau et de Sang... tant la vue du péché du monde Le révulse et L'accable !
Le Visage sur la pierre, Il pleure sur nous...

Que faisons-nous de Lui aujourd'hui ?
Que faisons-nous pour Lui ?
Si l'homme envoie son frère se détruire en des combats de mort... il pèche contre Dieu Lui-même, puisqu'il détruit la Vie.

Un homme est unique pour Dieu, de toutes races qu'il soit ou de religions !

Une seule vie sur terre ne doit pas être salie, profanée, exécutée !

Seule la Voix de Dieu donne vie ou trépas à Sa créature.

Alors mes frères humains, en ce Mystère, je vous en conjure, rapprochez-vous !

Tendez-vous la main !

Retrouvez-vous sur cette terre magnifique, qui elle ne respire que de la Paix !

Déposez les armes…

Aimez-vous !…. ne faites plus gémir le Seigneur comme à GETHSEMANI !

Car oui, aujourd'hui le Seigneur Jésus est Vivant, mais tellement triste de voir Son peuple en cette misère…

Brandissez mes frères le Rameau de l'olivier sur les terres qui appellent la Paix divine !

TOLERANCE…

PLUS DE DISCRIMINATIONS…

PLUS DE HAINE NI DE JALOUSIE…

PLUS DE RASCISME… le sang de chaque être humain a la même couleur, et leurs Ames sortent tout droit de Dieu le PERE….

PLUS DE VENGEANCE…

PLUS D'ESCLAVAGE…

PLUS D'ABOMINATION DEVANT L'ETERNEL…

PLUS D'AVILISSEMENT…

PLUS DE MISERE…

PLUS D'AFFAMES...
PLUS DE TORTURES... PLUS D'AGONISANTS... PLUS
DE SUPPLICIES...

« IL FAUT REAPPRENDRE A AIMER MES FRERES ».

Sinon, nos Ames se perdent, et Le Seigneur ne le veut pas !

Appelons notre Bien-Aimé... nous avons tant besoin de Ses
Paroles...

« Jésus Sauveur, Viens encore à notre secours... Pardonne-
nous nos péchés ».

« Je suis désespéré aujourd'hui Mes enfants, devant l'état du
monde... Moi qui ai souffert à GETHSEMANI pour lui...

Toutes les peines morales, Je les ai endurées... et Je savais
que beaucoup d'Ames combattraient toujours...
C'est ce qui M'a fait le plus souffrir... et Mon Cœur, oppres-
sé par le chagrin Me faisait si mal...
Les péchés Me jetaient à terre...
L'Ange Me soulagea un peu... mais Je M'offris au PERE...
Je bus la Coupe, pour que tous les péchés que Je voyais vous
soient pardonnés.

Ma fille vous a parlé de la guerre et de ses ravages !
La guerre du corps et la guerre des Ames, Mes enfants... sont
lépreuses, et on en guérit qu'avec par Mon Pardon !

Oui, l'enfant vous a dit la peine de l'homme mourant sur le sable, et la mère soutenant son esprit…

A GETHSEMANI :

J'avais près de Moi toutes ces peines morales abominables… et J'offrais Ma vie humaine pour tout cela.

Mes enfants !

Le mères crient leur chagrin vers le ciel, quand les hommes arrachent la vie de leurs enfants !

Je ne veux plus voir ces visages ravagés par les larmes, ni Mes petits agneaux mourir pour des convoitises humaines !

Laissez la vie prendre sa place sur la terre !

J'ai souffert à GETHSEMANI pour que Mes enfants vivent !

Je veux aujourd'hui un retournement complet de toutes les consciences humaines !

Je veux aujourd'hui que les hommes installent une Paix durable et constructive !

Il y a tellement à faire en ce monde… et chaque être humain a droit au bonheur !

INSTALLEZ MA PAIX QUE JE VOUS DONNE MES ENFANTS !

Je vous aimais tellement à GETHSEMANI !

MA BENEDICTION VOUS CONFORTE ET VOUS DONNE FORCE !

La Flagellation : Le Pardon des sensualités

Je dénonce avec force l'ultime tentative maléfique qui s'acharne sur les Ames !

Ce mal poisseux, visqueux, qui essaie d'engluer la beauté de L'Ame... sa destinée très Sainte et Pure... sa destinée Immaculée...

Sur le monde actuel, un voile oppressant essaie de prendre en lui-même ; les petites et chères Ames de Dieu Créateur.

Bouche sale, goulue, nauséeuse... qui veut tout dévorer, et qui forme ses légions en quelques pauvres hères humains !

Fange abjecte, mal sournois qui s'insinue et gagne du terrain sur la terre !

Pieuvre noire et malsaine, qui répand sur le monde un jet putride d'orgueil et de violence contre Le Tout-Puissant !

Je dénonce avec force cette ultime tentative du Prince du mensonge mes frères, parce que nous allons combattre, nous allons nous réveiller !

Lumière des Anges, contre les lueurs infernales !

Le combat est Apocalyptique, puissant, car c'est le combat que nous devons mener, pour montrer notre appartenance au BIEN !

Je dénonce alors en ce Mystère la Flagellation des Ames par le mal !

Jésus, notre Sauveur Bien-Aimé, nous a montré la route du courage, en supportant Lui-même ces violentes Blessures infligées à Son Saint Corps...

Courbé sous la douleur du fouet... Son Sang coulait sur nos pauvres consciences... et nous purifiait.

Il ne répondait pas aux insultes et aux rires...

Le MESSIE acceptait la délivrance de nos péchés de chair...
de sensualités en tous genres...

Acceptation, Elévation, Purification, Communion !
Intensité de cet Amour Divin pour les Ames qui ployaient
sous le poids du péché...
La robe du Baptême descendait sur leurs épaules, en fraîcheur
retrouvée.

JESUS SAUVAIT, JESUS PURIFIAIT, JESUS
AIMAIT, JESUS PORTAIT LE MONDE !

Ma mémoire est vive, et je laisse se dévoiler pour vous mes
frères, ces images de feu qui détruisent notre unité en ce
monde...
Elle m'appelle au plus profond de mon cœur cette petite
fille... au loin....si loin de mon Pays de France.
Mais sa vie, c'est la mienne, et son Ame est ma sœur...

Sur la route illuminée par le feu des bombes... elle court la
petite fille... nue... dévoilée par le jet de flammes...

Rappelez-vous mes frères cette vision d'horreur d'une petite,
si petite innocente... toute brûlée, là-bas au loin... et à la fois
si près de nous...
Seule... toute seule au milieu de la guerre, perdue... éperdue
de frayeur... flagellée par le genre humain malade !
Ces peuples qui s'entretuent et qui oublient leur avenir, la jeunesse !
Ces peuples qui détruisent l'Espérance !

Petite fille… tu es notre conscience… pardonne-nous…

Ma mémoire est vive !
Vous dirai-je encore combien le mal se délecte de nos souffrances !

Le continent Africain qui recèle tant de beautés, est la proie de multiples convulsions !
La nature étouffe sous la chaleur et le crépitement des armes !
Des peuples ne désirent plus vivre ensemble et se connaître…
et le feu ici encore se lève, activé par le soufflet de l'enfer !
Des familles entières sont flagellées… brûlées… condamnées…
O mes frères de ce monde !
Pourquoi vous permettez-vous d'écourter les heures de vie de vos frères ?
Pensez plutôt à bien vivre les vôtres, en construisant entre vous tous, ce lien d'Amour qui vous fait tant défaut !

Le Martyrs, ainsi élevés dans la Gloire vers le ciel, prient pour votre Conversion…
Entendez-Les !
Stoppez le feu des armes !
Laissez votre terre s'inonder de soleil, laissez les cours d'eau redevenir eaux pures…
Tendez-vous la main, mes frères de toutes races…
N'avilissez plus vos semblables…
Tournez votre désir de conquête, vers la seule conquête qui soit !
La conquête de votre Eternité qui ne se trouve que dans la PAIX !

S'il n'en était ainsi…

Le sang de la violence appellera le sang !

Alors mes gentils frères de ce monde…

Comment ferez-vous pour vous en sortir ?

Comment ferez-vous pour redevenir des hommes debout, propres et serviteurs ?

N'ignorez plus votre finalité !

Optez pour la vie !

Construisez un nouveau monde… en retirant les barrières qui vous empêchent d'aller vers les autres

Plus de frontières entre toutes ces vies que Dieu Aime…

Plus d'obstacles entre les Ames que Dieu attend !

Ne vous flagellez plus les uns les autres… au non de je ne sais quelle idée, que vous croyez peut-être bonne… mais qui en réalité, détruit, soumet, fait souffrir… et qui fait de vous les complices de la bête !

« AIMEZ-VOUS LES UNS LES AUTRES » vous crie le Seigneur Jésus Flagellé… et maintenu ainsi par les péchés des hommes…

Sous un ciel noir, enfumé lui aussi… d'où les déflagrations des bombes apeurent et pétrifient les populations…

Je ne cite aucune contrée, mais je sais mes frères que vous connaissez ces régions où le malheur frappe…

Comment se peut-il ici encore, que l'on tue au nom de sa Religion, alors que les deux parties adorent Le Christ-Jésus-Lui-même ?

Rousses prairies… landes ventées… terre de contraste et de beauté !

Ne donne plus à tes petits enfants que le chant des armes en berceuse !

Là aussi tu flagelles l'innocence, qui ne comprend plus ses aînés !

Donnez-vous La PAIX DU CHRIST mes frères !

Elevez les générations futures en leur montrant comme il est beau et bon de s'Aimer sur la terre !

Autour de la Sainte Croix suppliciée…

Déposez les armes, et faites brûler le Feu de l'Amour Divin !

Adorez la grande Miséricorde de l'Eternel, qui patiente, qui aime Ses créatures…

Ouvrez une brèche en votre ciel noirci… Aimez-vous, et la Lumière descendra sur vous !

Je le CROIS, je le SAIS, et j'attends de tous mes frères d'humanité ce sursaut nécessaire à la survie de notre espèce.

Survie des corps… et Eternité des Ames… oui mes frères, je crois en vous ; parce que la Flamme de l'Eternelle Divinité est en vous !

La Flagellation du Christ est pour nous tous !

La Flagellation du Christ est notre Expiation !

La Flagellation du Christ, est la Communion entre tous les enfants du Sauveur !

Elle efface toutes nos souillures… ELLE REDONNE VIE !

« Ma Flagellation… si Douloureuse…
Je L'aie supportée par Amour des Ames que J'étais venu Sauver.

Aujourd'hui…
Faites un retour sur vous-même… scrutez vos consciences… et vous découvrirez que chacun de vous a quelque chose à purifier.

Convertissez-vous chaque jour, et de l'endroit où Le PERE vous a placés… demandez aux Prêtres Mon Pardon…

Flagellez-vous un peu…. ce qui veut dire :
Faites des efforts pour changer !
Combattez le mal
Soyez forts avec Moi, et dans Le PAIN DE VIE qui vous est constamment proposé.

Courage, Mes enfants !
Le monde changera par votre Amour témoigné !

C'est La LOI du Disciple, de donner CELUI-CI… et MA PAIX.

« MA BENEDICTION EST SUR TOUS EN CE MONDE ».

Le Couronnement d'épines : Le Pardon de nos mauvaises pensées
La rose ne perd pas ses épines… elle ne brille et ne resplendit qu'avec elles…

Le Roi des rois couronné illumine, Il accepte les épines…
Le mal se délecte de Sa Souffrance… mais Le Sauveur sait

Lui, la richesse de Celles-ci…

Chaque goutte de Sang Divin qui perle de Son Front, fait renaître une Ame.

Chaque Blessure ignominieuse, dégage du filet infernal une petite Ame blessée, affolée, et je le pense repentante…

La bouche béante de l'enfer ne peut plus rien pour Elle, car Son Créateur L'a reprise !

Le Seigneur est conspué, Il est souffleté, accablé par les sarcasmes et les blasphèmes…

Le Seigneur est offrande et encens !

le Seigneur est Hostie Vivante Consacrée !

Le Seigneur est Dieu !

Le Seigneur est la Vie !

Sa réponse en ces instants est l'Amour.

Oui, La Sainte Face du Fils de l'Homme, baigne nos Ames de Ses Larmes…

Son pauvre Visage est le miroir de nos consciences !

Etes-vous interpellés mes frères comme je le suis moi-même ?

Oui mes frères… nous avons dit avec Pilate : « ECCE HOMO ».

Pourquoi ? mais parce que nous n'avons pas changé depuis ce temps !

Depuis ce jour brutal où Le Sauveur nous a tout donné, les peuples n'ont jamais arrêté de condamner et de faire souffrir leurs semblables…

Il y eut des condamnations injustes, infâmes… qui conduisaient au bûcher ! Certains parleront d'erreurs, mais celles-ci nous ont entaché l'Ame, toutes nos Ames !

Il y eut des guerres si longues, si effroyables, que l'on se demandait quand l'homme pourrait encore semer... tellement la terre en était meurtrie, dépossédée de sa substance nourricière.

Il y eut des délations entre frères...
Il y eut des génocides, et au nom de quelle philosophie raciale, qui conduisaient à l'extermination en masse...
Il y eut les prisons... des enfermements si longs dans le noir... où seuls les rats pouvaient s'y complaire...
Il y eut les tortures et les cris de pauvres infortunés... de tous âges confondus !

Oui, je dénonce ici tout cela ; car les peines morales sont des gangrènes épouvantables !

Il y eut des fusillades, des blessures infligées qui faisaient rire les bourreaux !
Il y eut des petits enfants arrachés à leurs mères et qu'elles ne revirent jamais...
Il y eut tellement de malheur enfin, que je ne désire plus que tout cela arrive.... aussi je crie vers vous mes frères de terre !

Je lance un cri retentissent, pour que vous compreniez que vos vies ont du prix, et que celles de vos frères en ont tout autant !

Le Seigneur Couronné nous dit :

« ENFANTS SAUVES ».

Comme la Couronne de la Pénitence est lourde à porter !
Elle est faite de tant d'épines, de tant de péchés douloureux…
mais si Je devais le refaire…
Je La porterai encore pour vous !
Ces blessures étaient nécessaires, Elles devaient Purifier vos penchants à faire le mal, et votre faiblesse vous attira Ma Compassion.

« ENFANTS DE MON AMOUR ».
Je vous envoie soulager les larmes de tout être humain !
Je vous envoie vers le prisonnier si seul, et qui en devient désespéré…
Je vous envoie vers les petits orphelins… parlez-leur de leur PERE ETERNEL !
Je vous envoie vers le blessé, le souffleté, le violenté par la vie… amenez son visage près du Mien… soulagez son Ame tellement triste…
Ouvrez les prisons où les Ames enfermées ne reçoivent aucun réconfort…
Baignez-les par vos Prières de frères et votre Amour.
Apprenez de Moi en ce Mystère… le Don de votre Vie, pour que votre frère vive !
Faites battre vos cœurs ensembles, du même Amour !
Plus de larmes…
LES MIENNES MES ENFANTS VOUS ONT SAUVES !

Le Portement de Croix : L'Acceptation des souffrances
Marche o Mon Peuple… nous redit notre PERE…
Marche et offre avec Mon Fils ta vie !

Marche sur les chemins sinueux et cahoteux… tu tomberas certes… mais tu te relèveras uni à Lui !

Peuple de frères, peuple de Croyants, peuple Transfiguré sur cette route qui mène au Calvaire...

Peuple... Mon peuple... marche sans te retourner, ta route est illuminée par La Lumière elle-même !

Les peurs reculent, les craintes s'évanouissent, la Croix régénère Mon peuple !

Marchez près du Fils de L'Homme qui trace votre route... et portez avec Lui un peu de la Croix du monde...

Le Bois embaume les Ames consentantes, le Bois est leur Salut !

Alors... marche près du Fils o Mon peuple... abaisse-toi... Il te relève !

Humilie-toi... Il t'ouvre Mon Royaume !... ».

ABBA NOTRE PERE... nous marchons en Vérité derrière l'unique Vérité.

Le Salut du monde est à ce prix, car, nous comprenons ici combien nous devons coopérer nous aussi par notre Conversion.

Nous ne pouvons agir sans le Sauveur, Lui-même nous l'a rappelé... et notre orgueil refuse tellement souvent de nous en souvenir.

Mes frères... pour marcher auprès de Jésus, il nous faut être humbles et dociles.

Lui ne dit rien... Il porte la Croix... Il connaît sa Victoire et son Rayonnement sur les Ames !

Pour nous, enfants du PERE ;

nous devons comprendre le Message de Celle-ci ; en portant si bien les nôtres... que nous serons à même de porter du Fruit, et même de rayonner !

Les Croix de chaque jour, offertes avec courage, sont des Grâces de sanctification splendides !

Au bout des Souffrances du Sauveur se trouve notre Pardon, la Voie Royale nous est ouverte.

Au bout de chaque Croix humaine... les Ames sont de plus en plus attirées vers le PERE !
Elles se Sanctifient !
Une vie sur terre est soumise à bon nombre de difficultés, de peines, d'angoisses et de douleurs aussi.
C'est la loi de la vie, et nous devons nous y soumettre patiemment et avec Sagesse.
Bien sûr, personne ne vit le même parcours... et ici Le PERE nous attend !
Soyez vigilants mes frères, attentifs aux Croix des autres !
Il nous est demandé le partage avec Celles-ci !
Il nous est demandé à tous d'avoir le cœur en éveil et de pratiquer la Charité.

Si un frère tombe sous sa Croix... soyez des « Simon » de la terre, portez la avec lui !
Si un frère a le visage creusé de souffrance... et que ses yeux versent des larmes... soyez avec « Véronique », le voile qui rafraîchira cet homme.
Si un frère peine à se tenir debout... s'il tombe... donnez-lui la main, et faites un bout de chemin ensemble... Le Sauveur sera au milieu de vous !

Jésus avance lentement... Ses Forces ne Le soutiennent plus...
Les fenêtres déversent sur Lui des hurlements et des mots grossiers !
Il entend, ne dit rien, PARDONNE...

Les hommes ne sont plus que chair, car leurs Ames s'en évanouissent de honte… et j'entends du milieu des cris le ricane-
ment du Tentateur !

O Peuple de Dieu, Entends-Le te murmurer Son Amour….
Déchire ton vêtement… enfoui ton visage dans la cendre…
écorche-toi aux pierres ensanglantées du Sang qui a déposé
Le Maître.
Deviens créature, le spectre qui se revêt du drap du Pardon…
en expiant près de ton Sauveur ta vie misérable…
Peuple du PERE… Sauvé par le Sang de Son Fils… accueille
avec respect cette Offrande trois fois Sainte.
Appuyée contre un pan de mur… je vois le Visage de Marie
défait, Sa Maternité Douloureusement tuméfiée…
Le voile en Chapelle ardente autour d'Elle… Ses Mains
jointes qui se crispent et en saignent….
Marie n'a plus d'âge… Marie n'a plus de souffle… Marie
entre en Agonie… parce que dépossédée de Lui…   .
Son cri réprimé, Elle s'unit intensément à La REDEMP-
TION !
Ses yeux brûlants veulent tout voir, et garder en eux Son
Image…
L'Image d'un Fils se traînant péniblement sur la terre, pour
absoudre des enfants qui n'ont plus de conscience, et qui
abandonnent leurs repères…

La FOI est piétinée… l'Ame écartelée… l'Espérance, ils n'en
veulent plus….et LA CHARITE est dépassée…
Le Christ rétablit en Son Supplice ces Vertus nécessaires pour
la vie des Ames.

Le Christ… né d'une femme de la terre… a tout vu des désespérances et des navrantes réalités auxquelles les hommes se vouaient !
Il a partagé la vie du monde pour Sauver, restant Lui-même Le très Saint, Le très Pur !

Marie de NAZARETH….Marie de JERUSALEM… Marie consumée avec Le Fils…
Mater Dolorosa torturée… mais soumise….
Elle nous redit en ces moments encore :

« FAITES TOUT CE QU'IL VOUS DIRA »… alors, écoutons Marie du Calvaire…
Faisons pour Jésus naître le Bonheur et la Paix entre nous tous, sur la terre.
Sur la VIA DOLOROSA….imprégnée du Sang du JUSTE…
descend le Chant des Anges :
« Gloire à Dieu au plus haut des cieux, et Paix sur la terre aux hommes qu'Il Aime ».

Le Cœurs de Jésus et de Marie réunis… se fondent dans le même Amour pour les créatures…
et devenant Béatitude Céleste… portent tous deux le monde…

« Je suis sur ce chemin :

« LA VOIE… LA VERITE… LA VIE… ».

« CELUI QUI ME SUIT NE MARCHE PAS DANS LES TENEBRES ».

« Je vous ouvre la Porte embaumée, qui conduit au CŒUR SACRE DU PERE »

« REPENTEZ-VOUS... ET VENEZ A MOI.... JE VOUS CONDUIS A LUI ! »

Mort de Jésus : Amour de Dieu et Salut des âmes

Il fait si noir en cette heure... le ciel descend... sombrement déployé sur le GOLGOTHA...
Sur le sol crevassé, détrempé... des corbeaux croassent... et la montée d'un REQUIEM
fulgurant fait trembler le monde et le cosmos...

Plantée, offerte aux regards, élevée vers les nuées...
La Croix Rédemptrice transpire de l'Amour de Dieu, d'un Amour tellement fou, qu'Il se fond en Sa terre et découvre au peuple épouvanté Sa Suprême Divinité !

Exposé tout en Blessures ouvertes... les Bras écartelés en signe de Sainte Victoire... cloués...
Les Pieds attachés d'un clou si pénétrant, si rouge de Son Sang, que les gorges se sont tues..
tant l'horreur est profonde...
Sa pauvre Tête Couronnée retombe... les yeux mi-clos, entachés, se voilent...
et Son regard fixe annonce... annonce.... annonce la mort.

C'est l'affaire de quelques instants maintenant...
L'eau du ciel descend et coule avec abondance sur Lui, découvrant un Corps dépossédé de Son Sang... un Corps exsangue, blafard... un Corps qui a tout remis au PERE....

Au pied de la CROIX….

un groupe anéanti se laisse aller aux Lamentations… et soutient la Mère qui s'est effondrée…

Marie Madeleine, essuie de ses longs cheveux les pauvres Pieds brisés… et entoure Marie de ses bras…

Jean l'Apôtre… a reçu en son cœur une douleur insurmontable !

Lui, qui avait reposé sa tête sur la Poitrine du Bien-Aimé… est comme jeté à terre, et souffre à en mourir…

Le bruit est énorme, le grondement de l'orage épouvante, les cieux sont zébrés d'éclairs !

C'est le déchaînement total des forces de la nature qui se révoltent devant ce que l'on fait au Créateur de toutes choses.

« PERE… PARDONNE-LEUR… ILS NE SAVENT PAS CE QU'ILS FONT ».

Ce cri d'Amour nous relève mes frères, ce cri d'Amour est d'une Puissance à nulle autre comparable !

Ce cri d'Amour est à Lui seul, la nouvelle Création du monde, le Pardon des Ames !

Ce Cri d'Amour, est le cri de la Vie Elle-même !

O Seigneur… je T'amène les peuples de la terre en ma Prière… pardonne-nous encore aujourd'hui…

« PERE… ENTRE TES MAINS… JE REMETS MON ESPRIT… » dit Le Sauveur dans un souffle à peine audible, tellement l'air Lui manque…

Sa poitrine se gonfle comme Elle peut... Elle s'enfonce au plus profond d'Elle-même...
Ces minutes sont épouvantables !

C'est alors qu'un râle... puis un autre... appelle un cri déchirant, qui bouleverse les hommes et la nature !
Tout se déchaîne, et la Mort pénètre en Le Fils de L'homme...

LA MORT FAIT SIEN... LE SUPPLICIE DE L'ECRITURE... et le soldat lui enfonce la lance jusqu'au Cœur...

La Mort crie vengeance aux peuples, mais Le Divin Seigneur repousse celle-ci, et Son Ame montant au ciel !
FAIT RESPLENDIR LA CROIX !

Son Ame s'offre alors au PERE, et le PERE rachète l'humanité !
C'est Le Sacrifice que Seul Le Dieu du ciel pouvait offrir aux hommes !
C'est le cadeau renouvelé de la vie sur la terre !
C'est le retour des Ames vers un PERE qui ne fait que les Aimer, et avec qui Le Fils a partagé cet Amour.

Mystère de la Création !
Eternité retrouvée !
Paradis ouvert !
Nouvel ADAM !
Nouvelle EVE !

Tout repart, tout peut maintenant se reconstruire !
Le Fils de L'Homme nous a tout donné !

NOUS SOMMES SAUVES !

Sauveur du monde... Jésus Bien-Aimé... Dis-nous encore Ton Amour...

« Enfants Sauvés que Je bénis... ».

Mon Amour pour les hommes n'a pas de prix, Il est INCOM-MENSURABLE !

Je Le donne gratuitement... JE SUIS L'AMOUR !

Je vous demande aujourd'hui :

D'Aimer sans retour !
D'Aimer gratuitement sur cette terre souffrante !
Bien des peuples ne sont pas Aimés, pas compris... et souffrent d'abandon...
Et Moi, Je les Aime tant !

Je désire de vous, que vous donniez Mon Amour aux hommes, vous les disciples de La CROIX !

MA CROIX.... C'EST L'AMOUR !

Par Elle, Je Me suis fait « AGNEAU SACRIFICIEL » pour le rachat des Ames.
Aidez-Moi en ces temps difficiles, à faire entrer en Ma Bergerie les Ames isolées,
les Ames que J'attends sans Me lasser !

MA CROIX EST LE SCEAU DE L'AMOUR !

MA CROIX EST VOTRE ETENDARD, et Moi votre Sauveur Je marche à côté d'Elle, en vous montrant Le Chemin de la Vraie Vie !

MON CŒUR EST A VOUS, ET BAT PUISSAMMENT POUR LE MONDE !

Je vous bénis, avec tout Mon Amour.
Ma PAIX descend en vos Ames... pour les FORTIFIER !

La Résurrection : Foi et conversion

Le chant du monde éveille nos Consciences...
Le chant de la Vie fait qu'une nouvelle Aurore se lève, et que les Ames tressaillent...
Elles Le devine....
Elles ont compris qu'il se passe quelque chose qu'Elles ne peuvent saisir et comprendre...
mais, Elles sentent tout près d'Elles Sa Puissance se révéler !

Il n'est pas question de ressentir avec les sens humains... mais les Ames sentent :
La Révélation de La Résurrection !

Un Sauveur... enfermé en un Tombeau glacé.... dans l'immobilité cadavérique....
Entouré d'un Linceul embaumant, dans le noir de la nuit... La Sainte Dépouille repose...
Les Plaies collées au linge...
Les Mains posées, croisées sur la poitrine...
Le Visage enfin apaisé...
Jésus est allongé sur la pierre froide.

La glas a fait entendre à la terre, que Le Défunt avait accomplit...

Se peut-il mes frères, que nos remords d'aujourd'hui furent entendus alors ?
Le Seigneur à l'écoute par delà la mort, perçoit nos larmes...
Le Pardon de tous nos péchés fut total, Le PERE nous a repris tout contre LUI !
Un Paradis de Paix et de Lumière !
Une Maison retrouvée !
Un PERE qui nous accueille !

Le Sacrifice du Fils... Oblation Sainte... Sacrifice qui nous a redonné Vie !
O mes frères...
Adorons Le PERE qui nous a envoyé Le Fils !
Adorons Le Fils qui S'est Immolé pour les multitudes !
Adorons cet Amour Immortel, qui faisait qu'un Dieu en trois Personnes Sauvait les Ames de l'enfer, et puis...
Du Tombeau perdu au fond de la colline, en un jardin calme... une gerbe d'étincelle a jaillit !

Seuls Les Anges ont pu l'apercevoir.... et, à distance respectueuse... en nombre...
Ils ont attendu que Leur Seigneur leur fasse signe !
Ils ne savaient rien du Miracle... mais Ils étaient là tout près... Ils gardaient leur ROI !
Les Anges
Cour Royale de l'au-delà !
Serviteurs du Très-Haut !

Les Anges, en armée Céleste, se prosternaient autour du Tombeau, et tombaient à genoux
le visage contre terre...

Le bouquet de Lumière arrachait des Ténèbres Le Sépulcre !
La grosse pierre se déplaça sous la Force inconnue qui ordonnait... et l'entrée dégagée,
laissait Le Souffle de la Vie s'introduire dans les régions inférieures...
Miracle, Mystère Divin, Résurrection annoncée qui s'accomplissait avec fracas, mais aussi avec douceur...

On vit dans le Tombeau les linges pliés... et le parfum de la coupe d'albâtre exhaler les soins des Saintes Femmes.
Le Corps n'était plus là !
Seule, une Paix profonde... et une certitude qui s'amplifiait, car Le Maître l'avait annoncé :

« DANS TROIS JOURS....JE RESSUSCITERAI ».

Il l'a promis, et tout s'est réalisé !
La FOI du Disciple s'appuie sur la Communion de l'Ame avec Celle de son Créateur !
Le Disciple croit en la Sainte Résurrection... sa conviction est profonde... et il connaît son avenir...
Grâce à Jésus, le Sauveur Ressuscité, tous les Chrétiens du monde appellent leurs frères à la Conversion, à la découverte d'un au-delà d'Espérance et d'Amour !

Mes frères…

En notre monde bouleversé, qui se laisse porter à droite ou à gauche, qui se prête aux nouvelles idées qui détruisent les Ames…

Un monde affolé et affolant qui s'égare sur des chemins de perditions.

En ce monde… qui ne vit qu'en compagnie du tragique !

Mes frères…

Hâtons-nous, Portons le secours de la FOI aux peuples qui n'ont plus de FOI en Dieu !

Parlons du Tombeau, parlons de la Lumière, parlons des pêches Miraculeuses et des pains bénis en nombre !

Devenons « Pêcheurs d'hommes »…

Nourrissons la terre de la Parole de Vie !

Ressuscitez vos frères !

Le Christ nous demande aujourd'hui de le faire !

Faites que Ses Souffrances soient comprises, et que Sa Sortie Glorieuse du Tombeau éclaire les consciences

Faites mes frères… sur cette terre qui veut se gouverner seule…

Faites devant les peuples, l'offrande de votre CREDO !

Et moi je vous dis !

Que le monde changera, c'est écrit !

Que les fruits de la terre nourriront les multitudes !

Que personne plus jamais, ne pleurera ni ne gémira !

Que les rires des enfants se répandront sur la terre !

Que les hommes aimeront enfin leurs semblables, et

Que la nouvelle JERUSALEM s'installera !

C'EST ECRIT !

Bien-Aimé Ressuscité… Donne s'il-te-plaît aux peuples de ce temps… une nouvelle Confiance en eux… une nouvelle Espérance en TOI !

« Je suis près de vous sur la terre des Vivants, et Je parcours les Chemins des Ames.
Je suis venu rassembler Mes enfants !
Je suis Ressuscité, pour vous donner une FOI forte et une Vie Nouvelle !
Ouvrez vos tombeaux Mes enfants… Laissez-Moi faire la Lumière en vous !
Permettez-Moi d'entrer en vos Ames… Je suis à la Porte de Celles-ci….et JE FRAPPE !
M'entendez-vous ?
Mon peuple… Je t'ai relevé, Je t'ai tout donné !
Marche vers Moi peuple de la terre !
Entends Ton Créateur, Ton PERE, qui te le répète :

« AVEC MOI, MARCHE, O, MON PEUPLE, ».

L'Ascension : L'espérance et le Désir du ciel
Le Seigneur parle au monde :

Mes Brebis… venez au Bon Berger…
Mes Mains s'ouvrent… voyez la marque des clous…
Je marche… voyez Mes Pieds transpercés….

Les Marques de Mes Plaies, Je les offre aux Ames… et Je leur demande de se Purifier…
Ces Stigmates Divines, sont pour les siècles des siècles Les SCEAUX du CRUCIFIE RESSUSCITE !
Les Marques profondes de Mon Amour pour vous… authentifient Ma Crucifixion.

La mort n'a pas de pouvoir sur Ma Puissance Divine !
En ce jour, Je suis RESSUSCITE, et en Gloire auprès de Mon PERE !

Je veux que la terre reprenne ses esprits et son rythme calme…
Je veux en ces temps, que les hommes lèvent les yeux vers le ciel et qu'il s'amendent !
Le PERE est toujours prêt à faire Miséricorde… Il attend votre marche en avant !
Le PERE fait descendre sur les hommes un temps de Grâce exceptionnel !
Il envoie Ma Sainte Mère, pour qu'Elle vous guide et vous rappelle Ma Venue en votre monde…
Le PERE envoie Ses Anges, pour qu'Ils guident les hommes chaque jour…

N'est-ce pas Le PERE qui abreuve et fait grandir, fait renaître une Ame ?
Le PERE dit encore aux hommes, qu'à tout péché il y a une Miséricorde…
Son Amour vous a créés, Son Amour M'a envoyé pour Sauver, Son Amour est infiniment Patient…

Je vous demande, enfants sauvés :
De prier Le Notre Père très souvent, en cette année qui Lui est Consacrée.

« NOTRE PERE qui es aux cieux…
« Que Ton Nom soit Sanctifié, que Ton Règne vienne…
« Que Ta Volonté soit faite, sur la terre comme au ciel…
« Donne-nous aujourd'hui notre pain quotidien…
« Pardonnes-nous nos offenses, comme nous pardonnons aussi à ceux qui nous ont offensé,
« Et ne nous soumet pas à la tentation…
« Mais délivre-nous du mal »
Aimez-vous Mes enfants Prier votre PERE ?
Lui est l'Amour… et Il Aime toutes les Ames.
Rendez-Lui Son Amour, et devenez pour Le PERE des enfants de Lumière et de Paix !

Hier… Je partais… Je M'élevais vers Mon PERE….
Le départ ne fut pas précipité.
Je réconfortais Ma Mère, Mes Apôtres, Mes Disciples en leur donnant l'Espérance de la venue du PARACLET.
Il Me fallait Me détacher de la terre où J'avais pris un Corps d'homme… pour Me revêtir de Ma Gloire Divine !
Je devais M'enlever vers Le Royaume…
Je laissais Mon Église naissante aux mains de mes Apôtres, trois années d'instruction avaient fait d'eux des témoignages vivants et véridiques de Mon Passage parmi vous.

En les mains de PIERRE… J'avais déposé les Clés de Mon Royaume.

Il M'était complètement fidèle, fort, stable. Il était la force de Mon Église du tout début !

En des siècles, s'est transmise sa destinée d'Apôtre, Chef de L'Église, en des hommes en qui Je faisais Confiance.
Ils ont eu la tâche difficile, ont combattu pour certains des penchants humains… mais l'homme est faible, et Je le savais !
Il fallait des Chefs, et Ils ont rempli leur tâche jusqu'à aujourd'hui.

Le PIERRE actuel est usé, ses forces sont soutenues par Les Miennes… Il Me donne tout de
Sa Vie pour diriger Mon Église !

On en voulu à Sa Vie… mais Il est toujours Vivant pour Me servir !
Aimez-Le, Servez-Le, Aidez-Le !
Il est en Communion totale avec les Ames et sans relâche, il parcourt la terre pour Me les ramener !
Ce PAPE rappelle les Principes de Vie, La LOI D'AMOUR !
LES COMMANDEMENTS DIVINS, ET MON EVANGILE !

Priez pour Lui, Il va jusqu'au bout de son Ministère !
Admirez Sa FOI, et Ecoutez-Le !
Je suis formel sur ce point !

Ma terre natale, Je l'aie Aimée tendrement…
Je fus élevé par une Mère incomparable… et le soutien de Joseph, fit de Moi un Homme !

J'ai enseigné… J'avais peu de temps pour cela…

J'ai souffert… Je fus mis en Croix… et le troisième jour, Je ressuscitais, comme Je l'avais annoncé.

En ce Mystère… Je M'élève vers Le PERE…
Je reprends Ma place à Sa Droite !

LA TRINITE DIVINE VEILLE SUR LE MONDE, ET LUI DEMANDE EXPRESSEMENT D'AVOIR UN AUTRE COMPORTEMENT !
Ne sentez-vous pas qu'il en est temps ?
Le globe terrestre se secoue et des populations disparaissent en une fraction de temps…
Que deviennent alors ces Ames parties par surprise, et sans préparation ?

Vous devez, enfants de la terre, être toujours prêts à vous élever vers Mon Royaume.
Préparez-vous chaque jour, en étant le plus possible en état de Grâce… car vous ne savez ni le jour ni l'heure du départ !
Avez-vous bien saisi Ma Demande, Mes enfants ?

Le PERE est à l'écoute de chacun d'entre vous.
Parlez-Lui de votre vie, de vos espoirs, de vos faiblesses… Il est votre PERE.
Dites-LUI aussi que vous l'aimez, petites créatures !
Le PERE ETERNEL aime tant Ses créatures…

Je L'ai rejoint en M'élevant, simplement, miraculeusement aux yeux des hommes… et avec Le PERE et L'ESPRIT D'AMOUR…. nous sommes LA TRINITE, UNE, SAINTE, ET INDIVISIBLE.

Avec l'enfant qui M'écrit ; Priez :

« PERE DU CIEL... INFINIMENT BON ET SECOU-
RABLE...
« INFINIMENT JUSTE ET SAGE...
« Nous voulons travailler ensemble pour T'amener les Ames.
« Nous T'offrons nos mains, nos pieds, tous nos sens ; pour
Ton Service d'Amour
« Ecoute nous T'en supplions les Prières que nous
T'adressons en ce jour !
« pour l'état du monde et celui de nos Ames. AMEN. ».

« MOI, LE FILS DE L'HOMME RESSUSCITE... JE VOUS
BENIS.

« SOYEZ TRES UNIS ENTRE VOUS !

« ET VOUS PORTEREZ BEAUCOUP DE FRUIT, ».

Le Paraclet : La Charité et le Zèle
« JE SUIS LE FEU »...et Je suis ici au milieu de vous en ce
Mystère où Je Me suis manifesté.
« JE SUIS LA CHALEUR »... LA BRÛLURE DES
AMES...
« JE SUIS LE FEU QUI A FAIT BOUGER LE NEANT, En
Lui, la vie est née, par MOI !
« JE SUIS L'ANIMATEUR PUISSANT, qui a fait que la terre
s'est réchauffée, et qu'elle a possédé en elle, le noyau de feu
en qui elle puise sa subsistance !
« JE SUIS LE PARACLET ».... La troisième Personne en
La Trinité Divine.
« J'AI, EN MA DIVINITE... UNE UNIQUE ET EGALE
PUISSANCE AUX DEUX AUTRES !

222

« Je forme autour du monde un anneau, qui lui dispense l'Amour dont il a besoin pour vivre !

« Je M'insinue en toute faille…

« Je suis Présent partout ! et en tout !

« Je suis le FEU du Baptême de l'Ame… Je L'investis pour qu'Elle ait le désir de s'unir aux Volontés du PERE.

« MOI… L'ESPRIT…

« Je suis animé d'un mouvement si ardent, si puissant, que Je sollicite les êtres pour qu'ils brûlent d'Amour !

« La terre aujourd'hui est insipide.

« La terre ne veut plus entendre La Divine LOI qui la régit… elle s'abandonne au gel…

« elle entraîne les créatures au désespoir… et les Ames deviennent rebelles à Dieu le PERE !

« MOI… qui suis le FEU D'AMOUR…

« Je Me suis engagé à la Sauver !

« Je parcours les contrées, J'appelle les enfants de Dieu à reconstruire ce monde !

« Je descends pour souffler sur les Ames, des Forces vives, pour les y aider.

« Je ranime en ces temps, les foyers qui s'éteignent par manque d'Amour….

« Je Me dévoile à ceux qui M'appelle… et Je les nourris d'Espérance ardente en un nouveau monde…

« Enfants… Je M'adresse à vous en ce jour :
Voulez-vous vous laisser brûler par le FEU de l'Amour ?

« Agissez ! en M'offrant librement vos cœurs ; car le monde

et ses habitants se meurt du manque d'Amour !
« D'Ame en Ame… Je Me propose.
Ce temps est Mon temps, c'est celui de la PENTECÔTE !

Hier, Je suis descendu sur la Mère et les enfants Apôtres, l'Église naissante avait besoin de Moi.
Le Christ M'avait annoncé !
Il Me fallait emplir ces hommes-là, de la Force de Mes SEPTS DONS, pour qu'Ils puissent Evangéliser le monde !

A cette époque… Ils sont partis courageusement planter les ceps de la Vigne Eternelle au milieu des peuples !
Il ont porté à ceux-ci, La Bonne Nouvelle du Salut !… et La Vierge Sainte…
L'Epousée de L'ESPRIT… était Elle aussi, remplie de Force !

« En ces jours…
Il vous faut enfants de la terre comprendre les Signes.
Vous ne pouvez vivre en ne regardant que vous-même, vous devez laver vos yeux… et redécouvrir comme la vie est belle !

« Vous aurez à comprendre encore ;
Que vos frères autour de vous en ce monde… sont pour la plupart des abandonnés… des hommes livrés à eux-mêmes… des hommes malheureux….
Vous devez, les ayant aperçus, leur faire découvrir qu'il y a une autre réalité, une autre vie qui les attend, et que pour L'atteindre il faut se préparer, il faut changer !

« EVANGELISEZ Mes enfants !
Allez vers les Ames souffrantes.

Allez vers les Ames qui ignorent encore, que la véritable beauté n'a d'égale que celles de leurs Ames.
Aidez vos frères dans le besoin, portez Mon FEU D'AMOUR à ceux qui Me refusent encore..
Montrez-leur comme il est facile d'Aimer entre soi !
Soyez fidèles aux engagements de votre Baptême !
Appellez-Moi, Je suis tout près de vous !

« Je vous investirai alors, et dans vos entreprises de frères ; avec Moi vous porterez du Fruit.
Travaillez sans relâche… le temps est court… mais l'autre est Eternel, et Il vous attend.
Allez vers les autres en état de Pauvreté et d'Humilité.
L'orgueil et l'activisme ne font pas avancer les choses… bien au contraire… car vous n'avancez que pour vous-même !

« L'autre façon de servir… est celle du renoncement à soi-même pour l'autre… l'abaissement doit être votre désir intérieur.
Entre vous, faites que l'Amour circule !
Faites resplendir vos Ames, créées pour cela uniquement !

PENTECÔTE d'hier pour un début…

PENTECÔTE d'aujourd'hui pour Sauver ce qui fut !
Espérance et Vie, Puissance d'Amour Je suis, et Je dispense Mon FEU actuellement sur la terre.

« Accomplissez les Volontés Divines…
Soyez des Feux nouveaux en ce temps perturbé.
Je suis présent sur la terre, où J'accomplis en Puissance son

renouvellement, et J'y appelle les Ames pour qu'Elles y coopèrent.

Je vous inspirerai la façon de vous y prendre, car J'ai besoin de vous !

Librement… Acceptez d'Aimer en Ma Compagnie !

« Je suis L'ESPRIT-SAINT !
Je désire vous combler !
Je suis Présent… Je vous attends. ».

PERE… nous marchons vers TOI.
Nous ne pouvons rester en-dehors de Ton Amour… nous venons Te crier notre fidélité !
PERE… Toi qui nous dis :

MARCHE O MON PEUPLE, nous sommes ici réunis en Ta Présence.

Nous nous remettons devant Toi, humblement, Te proclamant haut et fort, que nous Croyons en Toi !
Nous allons marcher en fidèles enfants, et nous Te promettons de changer, nous Te promettons d'Aimer en Vérité !
Chacun d'entre nous va Te répondre en lui-même, en toute liberté ; mais j'espère que de tous les cœurs jailliront les « OUI » que Tu attends.
PERE… nous T'Adorons.

L'Assomption de Marie : La Grâce d'une sainte morte

Dans un ciel bleu… des nuages filent et apportent un peu de douceur…

Dans un jardin intérieur, embaument des fleurs somptueuses… ce sont vos Ames qui prient, et que La Sainte Vierge protège.

Le bleu de Sa robe... les flocons qui se glissent sous Ses pieds...
Marie est la Porte du ciel !

Toutes les jolies fleurs que sont les Ames sont autour d'Elle, et son Manteau de Reine se pose en dôme sur Son beau jardin...

Aimés si tendrement par la Reine du ciel mes frères doit nous encourager à devenir meilleurs !
Elle, qui parle avec tant de Bonté en maints endroits sur notre terre, et qui appelle les hommes au retour vers Dieu,
doit être écoutée... on écoute une Mère !...
L'Amour que notre Maman du ciel nous porte est si doux et si Puissant à la fois qu'il doit nous engager à devenir tout autre...
Avec Marie tout devient facile !

Toute jeune... sa simplicité, son humilité, son Amour du PERE, ont donné aux hommes la route du retour vers Celui-ci.

L'Epousée de l'Esprit enfanta le ROI des rois...
Elle s'engageait alors sur une route difficile... et aussi bien éprouvante.

L'épée annoncée par le vieillard SIMEON fut au Calvaire une Blessure terrible en Son Cœur de Mère !
La PIETA enfanta notre Sauveur !
Elle nous a offert Ses Bras pour que l'on s'y repose...
Les Ames qui se réfugient ainsi contre Sa poitrine, sont bercées d'un chant de ciel à nul autre pareil !

Mes frères,

Suivons dans le ciel la merveilleuse étoile qu'est Marie, et invoquons-La en notre vie.

Elle est porteuse de Paix et de Joie !

Elle est infiniment Patiente et Compréhensive !

Elle comprend chaque vie… Elle fut humaine, Elle aussi !

Elle est le Secours du monde agité !

De Ses Mains très douces… descendent sur Ses enfants des rayons de Grâces ! et attirent les nôtres pour que nous formions tous ensemble une ronde autour de la terre !

Une chaîne de frères,

qui auront compris l'urgence de S'AIMER, l'urgence de partager les richesses !

L'urgence de se rassembler sous la houlette du Bon Berger !...

Sans Lui nous ne pouvons rien faire a-t-Il dit, mais en Sa Compagnie nous devenons entreprenants, et nous repoussons l'adversaire !

Le monde, d'un pays à l'autre, ne fait que se battre et envier son voisin !

Des combats entre frères humains de toutes races et convictions DOIVENT CESSER !

Le PERE LE DEMANDE !

Il nous faut Lui obéir, et alors reconstruire.

Il ne s'agit pas pour les hommes d'avoir des élans de cœur de temps à autre, et de brandir des bannières !

Il s'agit de changer du tout au tout, de laisser leurs cœurs s'exprimer enfin, et cela au jour le jour !

La misère du monde est grave, et détruit l'avenir commun !

Alors mes frères…

Tous ensemble, devenons Compassion... devenons des mains secourables !

Pansons les peines de l'Ame, des hommes infortunés et désespérés.

Rebâtissons le monde avec notre Amour partagé !

Le ciel nous le demande et il est temps d'agir !

Notre Mère a quitté ce monde, endormie... emportée Corps et Ame dans les cieux.

Elle a rejoint le Fils de Sa Chair...

Elle a rejoint dans l'Adoration et la Contemplation Son Dieu...

Pour Elle, se mettait alors en place cette nouvelle Maternité confiée sur la Croix par Son Fils Bien-Aimé.

Nous n'étions pas abandonnés puisque nous devenions les enfants de Marie !

Quelle consolation n'est-ce pas mes frères, de se savoir Maternés par la Mère du Christ Elle-même !

Remercions notre Seigneur mes amis, Lui qui nous tout donné !

« Sa Vie... et Sa propre Mère... ».

Et puis : MARCHONS !

« MARCHE O, MON PEUPLE ».

J'entends vos Prières...

J'entends vos élans de cœur qui parviennent jusqu'au Mien.

Je suis prêt à vous donner en ce monde si vous avez la sincérité de cœur.

Présentez-Moi chaque jour, par les Mains Virginales de Ma Mère, toutes vos actions et vos décisions à venir.

Je vous guiderai vers Ma Lumière, et Je prendrai en charge votre désir de Sainteté.

Je fais tourner le monde vers le Bien, quand les hommes Me demandent de l'aide, mais Je n'interviens pas sans votre accord.

Je Me suis soumis depuis votre origine à votre Liberté !

Ce DON qui vous a été fait, est la planche de Salut des créatures, quand elles L'emploie vers le BIEN !

Le Rédempteur du monde vous a ramenés à MOI… mais vous devez aussi Me témoigner votre attachement.

Vous devez monter vers MOI… et puis, redescendre pour Me ramener les créatures qui sont fragiles ;

et cela Je vous le demande chaque jour que Je fais !

Ne craignez pas Ma PATERNITE… Mes enfants ;

Je suis le Créateur de vos vies, et Je ne désire que votre bonheur !

Soyez des enfants obéissants qui savoureront la vie de la Planète, tous réunis en

Mon Amour de PERE.

Pas de frayeur… Je ne suis que brise légère…

Je tiens ce monde entre Mes Mains, Je le réconforte car Je l'Aime…

Traversez ce passage humain Mes Ames, en étant heureux de le connaître et voyez en lui

le chemin que Je vous ai indiqué pour nos Retrouvailles !

Il vous faut donc vous sanctifier !
Vivre de Ma LOI SAINTE !

De Mes COMMANDEMENTS, et être soumis à l'Église du Sauveur !

Et bien entendu, il vous faut vivre en CHARITE !

LE ROYAUME SE GAGNE A CE PRIX !

Continuez à bien prier… Je suis toujours prêt à EXAUCER… ».

PERE ETERNEL… MAÎTRE DE NOS VIES…. NOUS T'ADORONS… nous obéirons à tout ce que Tu demandes.

Nous voulons briller et brûler d'Amour, pour enfin Te rejoindre !

Sois BENI, ADORE, NOTRE PERE, PAR TOUS LES PEUPLES !

Le Couronnement de Marie : Persévérance finale

Mes frères, je viens vous dire ici combien je vous Aime.

Oui, je désire avec force vous témoigner combien nous sommes unis d'Ames !

Si vous m'entendez mes frères… nous vivons alors tous ensemble la Communion des Saints que demande le PERE Eternel !

En notre temps où le mal règne,

je vous invite à vous contempler les uns les autres, et à découvrir combien chacun de vous est le chef-d'œuvre du Créateur !

Nous devons, vous et moi, nous appliquer à offrir ce que nous avons reçu… et mettre tous ces Dons en commun.

Le premières Communautés agissaient de cette façon, et bien sûr il y eut aussi des difficultés !

mais Elles partageaient, Elles mettaient leur Amour de Disciples à la disposition de tous !

Il y régnait alors cet état d'esprit que le Maître désirait pour nous tous !

Un homme est unique et tous les êtres créés doivent s'admirer, découvrir que Dieu les habite et qu'ils ont une Ame de frères !
En mettant au service de l'autre tout ce que nous sommes... nous pouvons changer le monde !
Le PERE Eternel a tout Créé pour la beauté, l'unité, et l'accomplissement de l'Amour entre Ses enfants.

Il nous a offert gratuitement notre Planète magnifique !
Il nous a donné les oiseaux du ciel qui sont sa parure !

Il nous a donné le PERE...
Les mers sagement conquises par le rythme des marées...

Il nous a donné l'air pur que nous respirons, et qui fait battre nos cœurs !

Il nous a donné notre PERE...
Les poissons de toutes sortes qui habitent les mers profondes et les petites rivières...
Il nous a encore donné...

Tous les animaux... du plus grand au plus petit...
Il nous a donné l'herbe des champs et les mousses qui se chauffent entre les pierres...

Il nous a donné...
Les fleurs qui sentent tellement bon... en des prairies de

rêve... aux somptueuses couleurs, et qui s'échappent ensuite des jardins pour escalader les murs !

Il nous a donné le monde entier, qui n'est que Paradis si nous y vivons d'Amour...

Il nous a donné notre PERE...
Le vent du soir qui apaise...

Il nous a donné le soleil qui réchauffe les dépossédés de tout !
Il nous a donné avec la Vie, tous les sens qui nous permettent de l'apprécier !

Le PERE nous a donné un monde de beauté, et qu'en avons-nous fait ?

Il y eut des guerres et des famines !
Il y eut des combats cruels, et des hommes battus et torturés !
Il y eut des désespérances en nombre, et des vies détruites !
Il y eut encore, au Nom du Seigneur, des marées humaines qui se donnaient la mort !

Il y eut tellement de douleurs... tellement de blessures... tellement de fratricides... tellement d'acharnement à faire le mal...
que je me demande mes frères, comment faire aujourd'hui pour que le PERE ne déverse pas Sa Coupe de colère sur la terre ?

Ma conviction profonde... est que nous devons nous amender pour ces péchés-là et pour les nôtres !

Il faut combattre le mal qui rôde, par notre unité et nos Prières !

Rassemblons-nous mes frères, et vous verrez la Lumière briller de nouveau sur le monde, parce que nous aurons tendu nos Ames vers le BIEN !

Respectons-nous les uns les autres !
Donnons à nos frères le pain qui leur manque !
Soutenons-nous les uns les autres en ce monde, et prions de tout notre cœur !
Ne faisons aucune différence entre nous !
Nous venons au monde et nous en repartons de la même façon !
Tout ce qui est autre est installé par l'homme !

Remercions le Seigneur de nous réunir en CENACLE pour la PRIERE.
Tous différents et venant d'horizons très divers !
La seule chose qui importe, c'est notre Amour partagé !
Le PERE ne regarde en nous que cela…

Alors, en ce dernier Mystère où nous sommes appelés à contempler les splendeurs du ROYAUME…
Laissons le ciel descendre vers nous… et nous dire comme l'Eternité est belle !

« JE SUIS JESUS VOTRE SAUVEUR ».

Le ciel, Mes enfants…
Vous le découvrirez, quand vos Ames dégagés de la pesanteur y monteront.

Sachez cependant que le Royaume est très différent de votre monde.

Ne cherchez pas à comprendre ce Mystère, ni à Le situer !

Ce que vous devez savoir, c'est qu'Il existe, et qu'Il est un Royaume de PAIX, D'AMOUR, D'HARMONIE !

Toutes les Ames y sont appelées, et Elles jouissent de la vue de la Sainte Trinité !

Elles sont heureuses !

Mon Royaume est d'Amour… et d'une Grande Félicité…

Je vous demande :

De vous Aimer les uns les autres, comme Je vous ai Aimés !

Tendez-vous la main… Donnez-vous le Baiser de Paix sur la terre… Construisez chaque jour votre Eternité !

Vivez en Mon Église sagement… avec pondération…

Oui, servez Mon Église avec calme et douceur… et vous verrez les bons Fruits !

Soyez Artisans de PAIX !

Semez l'Equité et la Justice entre tous !

Soutenez-vous les uns les autres ; C'EST LE PRINCIPE CHARITABLE !

car ainsi, personne ne versera plus de larmes…

Soyez disponibles à chacun quand vous le pouvez, offrez-vous en Charité !

ALLEZ ME RECEVOIR DANS LE DIVIN SACREMENT QUE J'AI INSTITUE...

LAVEZ VOS AMES DANS CELUI DE LA RECONCILIA-TION...

Aidez de votre mieux à la reconstruction de ce monde qui chavire...

Soyez fidèles au Sacrement de Mariage, et donnez à vos enfants Mon Enseignement.
Conduisez-les à la VERITE QUE JE SUIS !
Qu'ils suivent Mon Chemin... Je les conduirai en leur vie !

JE SUIS LA VIE !

Soyez Mes enfants, les petits Apôtres de ce temps.
J'ai Confiance en vous... et Je vous bénis, vous tous en ce monde !
MA PAIX SOIT AVEC VOUS ».

Nous allons nous quitter mes frères, soyons heureux, La Paix du Seigneur nous enveloppe...

La Prière a entretenu notre Amour de frères, et nous pouvons aller porter du Fruit tous ensemble grâce à Elle.
Avant de partir, remettons au PERE ces trois Chapelets d'Amour partagés avec Lui, et en cette année qui Lui est Consacrée.

A haute voix, tous ensemble :

Prions le « NOTRE PERE ».
QUI ES AUX CIEUX,
QUE TON NOM SOIT SANCTIFIE,
QUE TON REGNE VIENNE,
QUE TA VOLONTE SOIT FAITE SUR LA TERRE
COMME AU CIEL !
DONNE-NOUS AUJOURD'HUI NOTRE PAIN
DE CE JOUR !
PARDONNE-NOUS NOS OFFENSES,
COMME NOUS PARDONNONS AUSSI
A CEUX QUI NOUS ONT OFFENSES
ET NE NOUS SOUMET PAS A LA TENTATION
MAIS DELIVRE-NOUS DU MAL !
CAR C'EST A TOI QU'APPARTIENNENT
LE REGNE LA PUISSANCE ET LA GLOIRE
POUR LES SIECLES DES SIECLES
« BENI SOIT DIEU DANS SES ANGES
ET DANS SES SAINTS ».
AMEN.

Mai 1999

L'APPEL à L'AMOUR

Mes amis en Dieu, je viens à vous... je viens vous aimer, mes frères et sœurs d'humanité.
Puis-je aimer mon Dieu sans vous aimer ?
Peuples que le Père chérit, permettez-moi de vous offrir tout ce que contient mon cœur...

O oui ; permettez-moi tout simplement de venir à votre rencontre, pour partager avec vous nos flammes d'Amour !

Entendez-moi, mes frères, vous interpeller l'âme, et acceptez-moi tout simplement.
Voulez-vous ? J'ai besoin de vous, et vous de moi, devenons « un » !

Nous ne pouvons resplendir ensemble, que si nous sommes en grande Communion de cœur et d'âme.
Ouvrons-nous à la Paix, à la joie intérieure, ouvrons-nous aux Splendeurs Divines que nous allons contempler en cette Prière du Rosaire ; en cet échange si doux qui n'est autre que de vénérer la Puissance d'Amour !

Approchons-nous de ces Mystères Evangéliques, l'âme emplie de quiétude, de compassion et d'allégresse !
Avec FOI, adorons le Christ Jésus qui va nous aider à ouvrir nos âmes.
Prions Notre-Seigneur, avec sincérité et tendresse… je sais Son Amour pour chacun de nous ; dites-Lui avec moi :

« Notre Seigneur Bien-Aimé ».

Nous venons à Toi, Bien-Aimé de nos âmes, nous voulons nous abandonner à l'instruction de Ton Royaume.
Enseigne-nous Jésus notre ROI, notre FRERE, notre AMI intime…
Viens emplir nos cœurs des Vérités contenues en ces quinze Mystères du ROSAIRE ; où nous allons partager Ta Vie !
Viens rayonner en nos âmes !
Seigneur, viens t'asseoir avec nous… apporte-nous la Sainte Connaissance de La Divine Lumière.
Seigneur, nous sommes disposés à écouter avec Toi !
à apprendre avec Toi !
et à aimer avec Toi !

AMEN

L'Annonciation du Verbe ! L'Humilité
L'Annonce faite à la douce Vierge Marie…
L'Annonce faite aux peuples de la terre !

Seigneur Jésus, parle-nous de ce premier Mystère, instruis nos âmes…
Toi Seul a ce Pouvoir !
Toi Seul peut illuminer nos faibles intelligences.

« Enfants de la terre ».

Je Me suis annoncé par la Parole de Mon envoyé. Celui-ci a eu la Mission de préparer
l'Enfant qui allait devenir Mère, Ma Mère !
Ce Mystère est le premier chemin de vos âmes. Il vous annonce à vous aussi Mon INCARNATION en Marie, La Pure Enfant Pré-destinée !

Il fallait aux créatures un soulagement, un espoir de renaître à La lumière Divine.
Je suis descendu en Celle-ci, après qu'Elle M'eut accepté, et qu'Elle eut dit OUI !
Le Père a voulu Ma Descente en l'Enfant de toute Grâce… une Descente sagement, humblement acceptée… malgré les quolibets et les insultes, qui n'allaient manquer d'outrager l'Enfant-Vierge.
Le peuple est malheureusement toujours prêt à insulter ou à apporter une médisance.
L'Enfant a dit OUI à tout !
Elle a dit OUI au Père !
Elle M'a engendré !
L'Enfant a dit OUI aux vilaines questions, aux railleries, et aux moqueries…
Elle fut, l'Enfant, profondément attristée, ne pouvant dévoiler Ma Divine Venue en Elle.

Ce n'était pas encore le temps, ces choses devaient rester secrètes.

Marie a reçu la Mission avec tranquilité et sagesse… Elle était le jeune fille paisible que le Père avait choisie. Elle était soumise, Elle était tout simplement Prière.

Ses parents, prévenus en temps opportun, finirent par comprendre cette Réalité Divine qu'ils croyaient impossible. Leur Piété leur a fait saisir la grandeur de l'accomplissement de Ma Venue !

L'Esprit trois fois Saint, a pris Marie en Son Amour et Je descendais en Elle !

consentante et toute aimante de son Dieu.

Dire OUI à Dieu Mes enfants, c'est accepter qu'Il dépose en vos âmes Son Amour.

Dire OUI à Dieu Mes enfants, c'est désirer votre renouvellement.

Voyez-vous Mes enfants, quand l'Esprit Divin descend en une âme qui L'accueille ;

Il s'incarne encore, encore et toujours.

Il va transformer en une vie nouvelle l'âme consentante, l'âme offerte !

Je désire, en ce Mystère de Mon INCARNATION, vous faire comprendre que le premier acte à poser en vos vies, est l'Acte d'Amour !

Poser un acte d'Amour en ces jours que vous vivez, n'est autre que de M'accepter.

C'est alors que Je vais agir, que Je vais vous aider à vous transformer.

Je vais vous aider à assouplir tout ce qui vous conduit à l'état d'imperfection, et vous verrez qu'auprès de Moi, l'état de Perfection se fera sentir.

Il faut pour cela que vous Me remettiez totalement vos vies, tous vos désirs déréglés, ou que vous pensiez insatisfaits !... car Mes petits, vous n'avez pas encore saisi la vérité de chacun de vos comportements.

Avec Moi, JÉSUS INCARNE !

vous allez vous remettre à marcher avec souplesse, avec tranquilité.

Vos cœurs et le Mien, étroitement unis, vont faire bouger le monde !

Je vais vous apprendre à aimer vos frères en Ma Compagnie, et à leur parler de l'INCARNATION qui leur a été proposée à eux aussi.

Chaque cœur est appelé, chaque cœur est aimé, chaque cœur doit découvrir le bonheur de se laisser transformer par Moi !

Mes enfants,

Le Fruit qui se rattache au Mystère de l'INCARNATION est d'une grande simplicité !

Il vous montrera par Ma Descente, la Descente du VERBE, combien l'humilité est grande, et surtout combien Elle vous prépare en vos souhaits de renouvellement !

Mes enfants,

En Marie Je commençais l'approche de Mes créatures.

Je venais vivre avec elles leurs états de vie. Pas de noirceur pour Moi, l'INCREE !

mais le partage avec Mes enfants, de ce passage de la terre, où tout vous est parfois tellement difficile.

Avec Moi, tout va devenir douceur. Je vais ensemencer la terre, Je vais nourrir Mes âmes par Mon INCARNATION !

Le Fruit du Mystère de l'INCARNATION, Mes enfants, est une petite pousse légère et fragile, que vous allez devoir faire pousser... car l'Humilité y est rattachée.

Voyez-vous, âmes si chères à Mon Cœur, sans l'Humilité il n'y a pas de sincérité, il n'y a pas de cœur fécond.

Mon INCARNATION est pour vous le fondement de votre Amour, car, quand vous mettez en pratique la Vertu qui s'y rattache ;

vous êtes devenus pour vos frères, l'eau fraîche de leurs âmes.

Appliquez-vous alors à aimer humblement, et Le Travail de Ma Grâce, en vous s'accomplira.

Humilité... et vos gestes seront véritables.

Humilité... et vos âmes commenceront à rechercher Mon EAU.

Humilité... ENVERS Celui qui s'est INCARNE, qui descend en Marie et en chacune de vos âmes ;

et qui va vous ré-apprendre à aimer en Sa VERITE.

Avez-vous saisi Mon Appel tendre et affectueux ?
Je suis tout près de la porte de vos cœurs !
Ouvrez-Moi celle-ci !
Dites-Moi OUI Mes âmes… et Je M'établirai chez vous.
Mes créatures… nous serons si bien ensemble !
Je vous bénis, et en ce Mystère,

« PRIEZ AVEC LA VIERGE PURE ».

La Visitation : La Charité
Se déplacer pour aimer… mes frères, c'est agir pour la LOI

Aller vers un ailleurs connu ou inconnu… s'est se mettre en marche pour Aimer !
Appelons notre Maître d'Amour, Lui Seul a le pouvoir de nous y entraîner.

Viens Seigneur Jésus, nous avons besoin de Toi… de Tes Paroles, de Tes Conseils Sages.

« Je suis là, mes enfants »
« Je suis près de vous, et « Je Suis » est partout en votre monde, sur toutes les routes !
Je suis la Lumière qui éclaire chaque destinée humaine.
Je suis le Pasteur de mon troupeau, que Je mène par ma douceur.
Je vais vous montrer en ce mystère, à l'exemple de Ma Mère comment vous devez vous porter au-devant du prochain.

245

Mes petits ;

Croyez-vous que ce monde se porte bien ?

Croyez-vous qu'il n'a pas besoin d'aide ?

Le croyez-vous solide et fort ?

Pensez-vous qu'une terre sèche et froide peut avoir la force de survivre ?

Essayez de Me comprendre, quand Je vous dis :

L'air se charge d'impuretés, et le peuple s'en trouve appauvrit d'Amour.

Pas de fatigue Mes enfants, pas de refus, d'interrogations, de détours quand vous

sentez que vous devez donner de l'Amour à vos frères.

Ce monde affadi attend votre chaleur !

AIMER : C'EST ALLER AU-DEVANT...

AIMER : C'EST TOUT DONNER A L'AUTRE...

AIMER : C'EST OUBLIER SA PROPRE FATIGUE POUR SOULAGER LE CŒUR D'UN FRERE...

AIMER : C'EST S'OFFRIR EN PARTAGE, ET RECOLTER ENSEMBLE LA MOISSON...

AIMER : C'EST MOURIR A SOI-MEME, POUR QUE L'AUTRE VIVE !

AIMER : C'EST DEGAGER LES ROCHES QUI ENCOMBRENT LE CHEMIN DE VOTRE FRERE...

AIMER: C'EST OFFRIR A L'AUTRE CE QUI LUI MANQUE, EN ETANT SOI-MEME, EN ETAT DE MANQUEMENT.

Car en fait, quand on aime on partage tout de sa propre vie ! On donne ! on offre ! on soulage ! on descend vers la peine en oubliant la sienne !

Un être humain doit fusionner avec tous les cœurs ! Vous devez agir avant de penser, vous devez faire avant de raisonner !

C'EST LA LOI D'AMOUR, que de d'abord tout donner sans en chercher
de raison, ni d'explication.
Comprenez-vous Mes petits ?

« Marie enceinte est sur la route. Elle y est allé vivement, joyeusement !

Elle avait le Cœur en activité, et Elle a voulu partager l'Amour avec Elisabeth.
Je suis l'AMOUR, et Je L'habitais. Ma Mère Me portait, débordante de joie intérieure ; et Son Appel vers Sa Cousine fut le partage de Son Petit qui L'habitait, et également le partage avec le monde.
Pour vous Mes enfants, la Charité qui est si profonde, se doit d'être en mouvement dans le peuple d'aujourd'hui. Ne laissez pas s'affadir vos âmes, Faites brûler et s'animer le Feu de la Divine Charité en vous ; et portez à vos frères Mon Amour !

Mes enfants qui sont en ce monde, disséminés en des peuples tellement différents, doivent communiquer pour s'Aimer !

Si vous installez des frontières humaines, des coutumes, des façons de vivre différentes entre les peuples…

ayez dans le cœur d'enlever ces frontières qui empêchent la Diffusion et la propagation de votre Amour.

Mes enfants, c'est par vos cœurs, votre Amour, que Je voyage vers tous les peuples de la terre. Je ne fais rien sans vous.

Quant à l'exemple de Marie, vous vous mettez en route pour aimer ; n'oubliez jamais que vous Me portez également !

Je suis en vous, J'habite tous les cœurs ; et Je vous incite à Me donner à vos frères continuellement.

N'éteignez pas Mon Saint Désir, ne vous renfermez pas avec froideur quand l'autre est en demande.

Agissez en ce monde avec Ma Loi Divine profondément inscrite en vos cœurs !

La Table Sainte de Ma Loi d'Amour est l'EUCHARISTIE, où Je Me donne à tous.

Allez y puiser la Force dont vous avez besoin, en M'y recevant ; ensuite, ne traînez pas votre pas sur les chemins du monde !

Partez, Agissez en frères Chrétiens, qui se doivent à L'Exemple de la Mère de leur Maître d'aller Me porter aux peuples !

Plus de pas qui traînent, mais un pas allègre, qui aura compris que toute vie humaine a une valeur unique.

Je veux Mes enfants, que les peuples se retrouvent et s'aiment!

Ne perdez pas le temps de la terre aux futilités, gagnez le ciel en pratiquant La CHARITE

Louez le ciel de vous avoir donné la Sainte Grâce de comprendre, qu'il faut Aimer pour vivre, et qu'il faut vivre pour Aimer.

Une âme offerte à un frère, lui apporte l'Amour!

Donnez tous vos sentiments à ce seul Souffle, qui entretient la vie dans le cœur de l'autre; c'est-à-dire,

préférez à votre propre existence: celle de votre frère!

L'Amour vous unira tous deux en Ma Brûlure toute aimante.

Je vous dis:

« Vous aimez… et MOI, JE VOUS AIME!

« Vous construisez… et MOI, JE VOUS AIDE!

« Vous embrassez un frère… et c'est MOI QUE VOUS EMBRASSEZ!

« Vous donnez du pain… et MOI, JE ME DONNE A VOUS EN NOURRITURE!

« Vous offrez de l'eau aux lèvres desséchées… ET MOI, JE VOUS DONNE AU CREUX DE MA MAIN DE L'EAU VIVE!

« Vous bercez les âmes… ET MOI, JE VOUS PRENDS EN MON CŒUR!

« Vous pansez toutes les blessures… ET MOI, JE VOUS DONNE UNE NOUVELLE VIE!

Par votre Charité Mes enfants,
vous vous transformez en profondeur, vous vous renouvelez, vous Me faites agir en vous !
et vous devenez Lumière de Ma Vérité.
Avec votre JESUS, soyez fidèle à Mon Enseignement. Je ne vous quitte jamais, Je suis présent en le cœur de l'homme qui a besoin de Mon Aide !

Je ne veux agir en ce monde qu'avec tous Mes enfants !

Cette terre est en soubresauts ! elle fume de désordres en nombreux endroits !

Allez Mes fidèles enfants, vous qui voulez Aimer, Courez au-devant de la multitude !
le temps presse !
Faites que les peuples redécouvrent, que sans Amour ils se perdent...

Montrez, à l'exemple de Ma Mère, que votre fatigue ne compte pas quand vous vous déplacez pour Aimer.

Oubliez-vous, Retrouvez le chemin de l'autre, Donnez-lui Mon AMOUR et la Paix entre les peuples s'installera de nouveau.

Sans Amour, rien ne vit, et tout dépérit.

Une moisson qui se lève, ne se lève que sous la chaleur de l'astre qui la réchauffe !

Il vous faut donc brûler si ardamment, que les hommes se lèveront alors !

pour faire se lever la MOISSON NOUVELLE !

« CELLE DE L'AMOUR »
« CELLE DU PEUPLE DE DIEU ».

Mes enfants,
n'oubliez pas que c'est avec vous que J'agis, AIMEZ !
Je viens aimer tous les hommes !

Bethléem : La Pauvreté

Quand le fruit est mûr, il descend de l'arbre et se donne en nourriture.

Mes amis, en cette joie de Noël que je veux célébrer en ce Mystère avec vous, je vous invite à observer le Fruit de l'Arbre de Vie !

Ce Fruit merveilleux qui descend vers nous maintenant, est l'AMOUR INCARNE !

De l'Arbre de Vie, de la Patrie inconnue mais qui Se laisse pressentir ;

Le Fruit que Le Père nous offre est SON FILS !

De la Vie même du Père Se donne Le Fils !.... et la terre va être secourue.

Marie est sur le point d'offrir au monde Le Sauveur !

Tout est en place par les bons soins de Joseph, le Patriarche attentionné et sensible…

La nuit est belle, tout sent bon, l'AMOUR, en Fruit merveilleux, peut arriver, peut descendre pour les âmes...

Entendez mes amis fidèles, le Cri de la petite Vie qui
s'élève !
et chantez votre joie à DIEU, avec les anges !

Mais, laissons le Seigneur Jésus s'Il le désire, nous en parler :

« Tout petits créés »...
Oui, MOI l'INCREE, Je M'INCARNAIS.
J'ai offert Mon premier cri d'Amour à tous les peuples, et Je
devenais dépendant d'une famille humaine.
Pour Moi, Divinité Eternelle, commençait Ma Vie humaine en
l'abandon d'un Nouveau-Né.
Je sentais la chaleur d'une Mère, et Je voyais les gestes affec-
tionnés de Joseph, Mon Père adoptif.
J'ai bu comme tout être humain le lait maternel, J'ai ressenti
la douce prévenance d'une Mère..
J'ai été bercé entre Ses bras... et Joseph s'attachait à ce que
Ma Mère et Moi, ne manquions de rien.

L'Amour... Je Le voyais se partager et se vivre en ce couple
de la terre, en un couple tellement unique, que Je désire vous
en parler pour que chaque famille en prenne exemple.

Un homme... une femme... un couple uni devant le Père ;
reçoit le Devoir Sacré du Sacrement de mariage.
Entre ces deux êtres, doit circuler le Fleuve de l'Amour !
De cet homme et de cette femme, une cellule vivante s'ani-

mera, quand ceux-ci se prouveront en Amour ; le lien qui les unit.

Que doit faire alors ce couple pour que le courant de l'Amour sincère, circule et soit bien vécu ?

L'homme a le devoir de protéger et de secourir sa famille en tous ses besoins.

La femme doit accomplir son devoir d'état paisiblement, et heureuse de le faire.

La Paix du foyer s'établira alors, quand chaque chose de la vie sera bien effectuée par chacun !

Les époux doivent s'entre-aider mutuellement, mais chacun doit garder la fonction qui lui est propre, c'est-à-dire :

que l'homme, avec Sagesse, sache touver son équilibre, pour qu'il soit une épaule solide pour sa famille,

que l'épouse, avec Sagesse elle aussi, touve son emploi au sein de la famille, qui est de maintenir la Flamme de l'Amour au cœur de tous les siens.

Que chacun reste à la place qui lui est destinée !

L'homme gagne le pain !

La femme fait cuire le pain, et donne une nouvelle vie à la terre ; quand elle lui offre le fruit de l'Amour conjugal.

Il faut Mes enfants, entretenir le Feu de l'Amour continuelle-ment, en étant toujours à l'écoute de l'autre. Il faut au couple uni devant le Père, qu'il fasse brûler entre eux :

« L'AMOUR ETERNEL, ».

Ainsi, le couple peut vivre !

Ne vous ai-Je pas dit, que sans Amour tout se fane, tout se détruit, tout meurt !...

Cest l'AMOUR LUI-MEME qui tient tout en ordonnance !

L'Amour Paternel observe les couples humains sortis de Sa propre Volonté !

Agissez devant la Sainte Volonté du Père, en hommes et femmes dignes de Sa Création !

Commencez votre journée en offrant votre Amour conjugal à Dieu le Père.

Demandez la Grâce du renouvellement de celui-ci. Rien n'est plus beau pour Dieu le Père, que de voir Ses créatures réaliser le Plan pour lequel ils ont été conçus.

« MOI, JESUS NOUVEAU-NE ».

Je vous invite en Ma Tendresse pour vous...

à vous bénir les uns les autres, du cœur et du geste, de la parole aussi !

L'Amour en famille doit se prouver, il y a mille et une manières de le faire !

L'attention soutenue, l'encouragement que l'on doit porter à chacun quand une décision doit être prise, un service sera rendu à la mère par l'enfant attentif... c'est cela aussi prouver son Amour !

Ne pas donner au père d'autres soucis, que celui de mener à bien sa tâche familiale.

Respectez-vous, les uns les autres... et Je vous bénirai pour cela.

Un couple humain est un champ fertile, d'où les semences de vie fertiliseront la terre.

Que celui-ci s'applique à faire lever toutes ces gerbes, fruits de leur Amour, en respectant le mouvement du corps et de l'âme de chacun.

Ne pas brusquer les cœurs, Parents, entendez cela!.... mais faites, que chacun de vos enfants s'épanouisse, en entité unique et individuelle.

Tous réunis en une famille, mais tous différents!

Le lien qui les réunit, est le lien du sang! le lien de l'Amour!

Soyez fidèles entre vous à cet Amour qui vous unit, si vous rompez le Lien Sacré, vous savez bien que le Père vous demandera pourquoi vous avez agit ainsi.

Faites que la beauté de la vie soit reconnue et respectée!

Faites à Ma Naissance en ce monde, le promesse de bien vous conduire et de vous aimer sincèrement entre vous.

Familles de la terre!

vous avez investi d'êtres humains ce monde, comme le voulait votre Créateur!

Il a voulu celui-ci, beau, propre, jouissant de tous ses fruits.

Reformez de belles et Saintes familles Mes enfants, le monde en a besoin!

Des familles qui seront la beauté des peuples, car elles ne vivront qu'en se donnant et se prouvant l'Amour.

Sans Amour... les couleurs de la vie s'appauvrissent...

Sans Amour... il n'y a pas de fruit qui demeure!

Alors Mes petits enfants,
vous voyez que vous devez faire vivre l'Amour en famille, Celles-ci régénereront la terre par leur joie d'Aimer !

A Bethléem… La pauvreté du lieu était grande, mais la richesse des cœurs de Marie et de Joseph faisait brûler l'endroit Sacré !
Je suis descendu allumer un Feu sur la terre !
Aujourd'hui, Je désire que vous l'entreteniez avec Moi.

Familles !
Soyez à l'exemple de la Famille de Nazareth, et bénissez le lieu Saint où Je pris Naissance sur la terre…. la paille d'une Crèche…
Imitez la pauvreté du Lieu en vos vies… et entendez-Moi vous exprimer Mon Amour, par Mon Cri de Premier-Né.

« JE VOUS BENIS ».

La Présentation au Temple : Obéissance et Pureté
Le Seigneur nous dit :

« O, Mes âmes si douces… Mes temples… ».

Que de temps… que d'heures… que de vies, que d'âmes isolées de Mon Saint Parvis !
Terre si souvent ingrate, pourquoi ne M'entends- tu pas t'appeler de tous Mes Sanctuaires ?

Je gis... Seul... en une solitude si profonde en Mes Tabernacles...

J'attends Mon peuple affectionné, Je veux Me donner à lui !...si peu de Mes âmes ont compris Ma Présence en ces Lieux Sacrés... et pourtant, Mes âmes bénies...

Mon Visage les regarde, et Mon Cœur irradie, quand Mes fidèles, devant Mes Portes Sacrées s'agenouillent.

Peuple de Dieu, peuple de la terre !

regarde la forme de celle-ci, elle est ronde, parce qu'elle est soumise à l'Hostie Divine !

Au cœur de ce monde brûle l'Amour en son magma... et cette terre s'y régénère et en vit.

Pour vous Mes enfants, il n'est pas difficile de comprendre ;

« Que Moi Jésus-Hostie, Je brûle, et que Je régénère l'âme de tous ceux qui se nourrissent de Moi.

L'Amour est ainsi fait, qu'Il recherche tous les moyens pour l'homme, de Se faire comprendre et aimer

J'ai choisi alors, l'infime Parcelle du Pain Sacré, pour que vous puissiez M'approcher sans crainte.

Je M'abaisse en cette Hostie pour Mes enfants que J'aime.

Mes Sanctuaires, disséminés à travers le monde ; se proposent aux hommes continuellement !

Mes Consacrés en ouvrent les Portes pour accueillir le peuple en recherche de Vérité.

Faites le premier pas vers Mes Tabernacles... là où brûle la lampe rouge d'Amour.

Venez au bas des marches... N'AYEZ PAS PEUR...

Je Me suis proposé aux âmes en Pain Béni, pour qu'elles M'accueillent vraiment sans crainte.

Je suis votre Dieu, et Je vous aime d'un Amour infiniment secourable.

Au bas des marches, tendez vers Moi vos mains, pour que Je puisse y déposer les Grâces que vous Me demandez.

Je ne peux refuser à une créature Mon Amour, quand celle-ci M'offre le sien de cette façon !

Agenouillés en Ma Présence, Mes âmes seront régénérées.

Elles recevront de Ma Puissance Divine, ce Fleuve d'Amour qui coule de la Plaie de Mon Cœur.

Ce sera alors, un courant ininterrompu d'Amour entre l'âme et Moi. Nous serons en union de cœur, voyez-vous, Mes enfants, et c'est cela le Don de Dieu :

Du Cœur Divin qui Se donne aux âmes, coulera alors sur le monde par celles-ci :
une nouvelle Grâce de Vie !

Le Tabernacle où Je réside doit être visible en Mes Sanctuaires, pour que chaque créature qui Me recherche puisse Me trouver aisément.

Moi, Sainte Hostie Divine… J'attends sans Me lasser tous les peuples !

Venez adorer Mon Cœur toujours offert, toujours disponible pour l'homme créé.

Le Père Créateur a mis celui-ci sur la terre par Amour, et par Moi, Il désire le contact avec Son enfant.

Il est si bon d'aimer le Visage du Père en Me disant votre Amour, quand vous venez Me visiter au TABERNACLE.

Vous réjouissez votre Dieu, vous Le comblez de bonheur !
A ce moment-là Mes enfants, « JE SUIS « est si près de vous… c'est une Grande Grâce d'union avec la Trinité Divine et Sacrée !

La puissance de l'Amour se manifestera à vous, en cette démarche intime de nos deux cœurs.

Je vous demande :
de Me présenter sans honte, tout ce qui ne va pas en vos vies… car,
Je vais vous régénérer !

Je vous demande :
de Me présenter toute la brutalité du monde, par votre offrande de celui-ci…
Je vais le régénérer !

Je vous demande :
de Me présenter toutes les âmes humaines, celles de vos familles, et celles de Mon peuple qui souffre en ce temps…
Je vais les régénérer !

Je vous demande :
de Me présenter Mon Église qui a tant besoin de chaleur !
Je vais la faire brûler, La régénérer !

Je vous demande :
de Me présenter votre pays, vous qui M'écoutez, ou que Mes Paroles soient envoyées et, voyant ses blessures et ses difficultés….

Je l'en aimerai encore plus!
et, Je le régénèrerai!

Voulez-vous Me faire confiance toutes Mes âmes, où que vous soyez?
Je suis avec vous...

.

Oui, il y a toujours un Sanctuaire en vos pays qui Me présente en l'OSTENSOIR.
Je vous attends, venez près de Moi!

Un peu de temps offert à Ma Divinité, sera pour vous un temps de Grâce infini!
J'attacherai Mon Pas au vôtre, et Mon Secours sera grand pour chaque âme qui Me le demandera.

Respectez le silence en ces Lieux, qui seul est propice à l'intériorité, et à notre fusion.

Louez tous ensemble la joie d'appartenir à Dieu!

Je vous aime en Mon HOSTIE, Parcelle CONSACREE, offerte continuellement aux âmes!

Venez y puiser la Vie de l'AMOUR, par la PUISSANCE du MIEN,
et par l'amour LUI-MEME!

Je vous attends... VENEZ A MOI MES AMES!

« Monde perturbé, dit Le Seigneur… RECHERCHE-MOI ».

Monde agité par toutes sortes de tremblements, de convulsions, RECHERCHE-MOI !

Monde qui s'agite pour rien, monde qui hurle par endroits, monde qui se perd, RECHERCHE -MOI !

Monde, monde, que Moi Son Sauveur Je recherche sans Me lasser, RECHERCHE-MOI !
il n'est pas trop tard…

Monde créé pour rayonner de Lumière, et qui se revêt du manteau de la Géhenne…
RECHERCHE-MOI, Je suis présent en toi !

Mes enfants, entendez le chant de la création, sage et heureux, quand celle-ci se dispose à ME RECHERCHER, et, à écouter Mon Enseignement pour Le mettre en pratique !

En ce temps-là… au milieu des Docteurs…
Ma Sagesse Infinie coulait comme l'eau du fleuve en l'esprit des Sages Docteurs.

A l'écoute, ceux-ci comblaient leur recherche, des Mots qu'ils entendaient de Ma BOUCHE.
Des Rouleaux Sacrés, Je traduisais pour eux ce qui était obscur en leur intelligence.
J'étais le Principe Enfant… et Je travaillais auprès de ces hommes attentifs, à traduire le pourquoi, contenu dans les Saintes Ecritures.

Les Docteurs étaient en Paix… ils se laissaient nourrir, eux, qui étaient constamment en recherche de l'ETERNEL !

Moi, RECHERCHE !
Je m'investissais alors aux affaires de Mon Père. Je le devais, car la créature attendait que Je parle, que J'explique !...
J'étais la Recherche de ces hommes. Comme J'aimerais aujourd'hui que vous fassiez de même Mes enfants.
Il vous faut aller voyez-vous, entendre les Paroles Sacrées du Livre.
Vous devez vous en approcher, en écoutant le Prêtre de Dieu vous en expliquer le sens… il parle en Mon Nom !
Déroulez avec lui le Parchemin Sacré ; c'est-à-dire Mes enfants,
qu'il vous faut, près de l'homme de Dieu, M'ouvrir vos cœurs, Me rechercher avec lui, écouter l'enseignement de la Sainte Ecriture qu'il vous dispensera en Mon Nom.

Sa bouche M'annonce !
Sa bouche proclame Ma Vérité !
Sa bouche nourrit le peuple, des Mots contenus dans le Livre Saint !

Recherchez donc Mon Église et son Enseignement qui est le Mien, vos âmes seront nourries de Mes Paroles Saintes.

Mes enfants, recherchez le ciel et la vraie Vie qui se propose aux âmes !
Recherchez-Moi, Je vous recherche sans cesse !

L'Amour recherche Ses brebis, entrez sur terre en Mes Pâturages auprès de Mes Apôtres des derniers temps.
Mon Église travaille à Me ramener Mes brebis perdues, Elle a une grande tâche actuellement !
Bon nombre de celles-ci ne marchent plus sur Mon Chemin, mais, sur l'autre… qui leur fait tant de mal !

Pour Me rechercher, demandez aux Prêtres de l'aide.
Il y a un unique Chemin… et toutes vos petites routes si différentes Le rejoignent… si vous recherchez le Bien Eternel !
Seuls, vous aurez bien du mal à trouver la route, aussi Je vous le demande encore !
Faites confiance en cette Recherche, à Mon Église, Elle détient les clés de Mon Royaume !

Elle vous portera avec Sagesse !
vous conduira sans précipitation !
Elle allègera vos pas, en vous aidant à demander le Pardon de vos fautes ; dans le Sacrement de la Réconciliation.

Tout cela vous conduit vers Moi, en sérénité et joie !
Recherchez votre Seigneur partout sur la terre, car « JE SUIS » est également en tout !
Recherchez votre frère que J'aime, recherchez-Moi ensemble, et vous Me découvrirez !
car vous aurez appliqué la Charité ; et Celle-ci est la Clé qui ouvre la Porte de Ma Bergerie.

RECHERCHEZ la VERITE !
RECHERCHEZ le véritable Chemin du ciel, c'est Celui qui vous conduit jusqu'à l'Eternité Bienheureuse !

Recherchez sur terre les moyens d'y parvenir, en vous donnant la main pour les découvrir ensemble !
Cette Recherche du Dieu Vivant, doit être universelle !

Plus de cloisonnements dans le vécu de la FOI !

C'est une Grâce unique, donnée au monde entier, ne vous séparez pas !

Je suis le DIEU de la terre entière, Je Me donne à tous, et en votre temps,
Je recherche ardamment toutes Les âmes !
Venez à MOI !
Soyez, vous aussi génération, A MA RECHERCHE !...

Gethsémani : Pardon des fautes

Très chères âmes… bénissez cette route qui va vous sauver…
Adorez votre DIEU, qui vient Se donner en une Célébration Sainte….

C'est Le MYSTERE DE L'AGONIE….
et je vous invite mes âmes à y entrer en compagnie de l'Ange qui s'attache à vos pas.
Il faut pour se faire lui dire :

« Très Saint Ange de DIEU, mon Protecteur en cette vie ;
accompagne-moi à l'entrée du Jardin des oliviers, où Notre-Seigneur est accablé et souffre l'AGONIE…
Très Saint Ange…
pousse la grille, et conduis-moi tout près de Mon-Bien-Aimé… AMEN. »

C'est alors, que moi votre sœur en Dieu, je peux vous dire ; combien celui-ci s'empressera de satisfaire votre demande ; et qu'Il vous mènera près de Jésus en cette nuit sombre.

Laissez-Le faire… et sentez mes amis votre cœur battre quand Il va vous prendre la main.

La nuit est descendue sur le mont des oliviers… et la nature s'assoupit.

Les oliviers se devinent à peine car ils sont trapus ; seules les branches lourdes offrent une niche pour la nuit aux petits oiseaux.

Des formes sont allongées… pesantes… assoupies…

Les évènements de la jounée ont fatigué les Apôtres, Ils sombrent en un profond sommeil qui rassure…

Et pourtant,

n'ont-Ils pas compris la douleur de l'instant ?

n'ont-Ils pas compris que quand la souffrance est si lugubre, il leur faut veiller ?

Ils n'entendent pas le glas qui sonne… ils dorment… et LE MAITRE EST SEUL…

Si vos âmes le désirent

approchez-vous de la Roche Sacrée, et voyez !

Voyez Sa Douleur…

Voyez Sa lourde Peine…

Entendez Ses Plaintes pour nous tous…

Voyez-vous Son Corps ?…. approchez-vous encore...

Le Maître Jésus est à genoux, prostré.
Il étreint la roche, les Mains jointes, suppliantes !

« PERE,
QUE TA VOLONTE SOIT FAITE,
ET NON LA MIENNE, ».

C'est l'abandon extrême d'une Douleur infiniment atroce !

Le Seigneur Jésus porte une robe claire. Sa peine, cruelle, Le fait tressaillir, et toute Sa Peau devient Souffrance !
La robe s'empourpre, la robe s'entache de sang !

Sang… Sueur… Larmes abondantes… tout n'est que Compassion pour le genre humain !

Jésus, le Souverain Bien-aimé, se remet totalement au Père pour le Salut du monde !

Un instant, Il se relève, et Se dirige vers Ses Apôtres.
Le sommeil Les prend toujours… et le Maître du monde retourne s'appuyer sur la roche.

Chères âmes de Dieu ;
Frappez avec moi vos poitrines, nous faisons subir au Seigneur Jésus, l'abominable Souffrance de l'état de nos âmes.

Demandons ensemble le Pardon de Dieu, et portons cet instant douloureux auprès de Jésus, en devenant près de Lui ;
les âmes qu'Il souhaite nous voir devenir par Son Agonie.

Des âmes Saintes, qui voudront Lui plaire en s'amendant, en changeant leurs vies tellement déréglées, absurdes !.... parce que, non fixées sur LUI !

Laissons le Seigneur nous interpeller en cet instant, et écoutons Ses Paroles, faisons mes amis qu'Elles atteignent notre cœur.

« MES AMES ».

Au cœur de l'indicible Souffrance de Mon Agonie morale,
Je vous voyais toutes !

Temps de tous les âges confondus, en une seule coulée nauséabonde !
Le péché voyez-vous sent la tombe, et Je me sentais si mal sous son poids !

Je M'écroulais…
Je sentais la peur Me saisir, et l'Ange m'apporta la Coupe.
Allais-Je la boire ?
Allais-Je dire oui pour le secours des âmes ?

J'oubliais Mon humanité qui souffrait, et Je réagis alors en CHRIST -SAUVEUR !
Je dis oui pour votre secours, et Je voyais alors le cortège des âmes en route vers le PERE !

Ma Mission était Mission d'Amour !
J'ai transcendé Ma douloureuse Agonie, en Baume pour le monde !

Mon Cœur alors vous aima d'un Amour jamais égalé, et Mon bonheur fut alors de vous porter !

L'Agonie morale est si cruelle, elle mine complètement toutes les forces humaines, elle conduit à l'abattement le plus total, si elle n'est pas offerte à DIEU !

Je Me remis donc à Mon PERE et à Sa Sainte et si Sage Volonté.
Pour l'Amour des âmes, Je Lui abandonnais Mon humanité.

Mes Apôtres n'ont pas su veiller…
Je subissais alors l'isolement le plus totalement douloureux !
J'étais Seul !…. en face à face avec la   mort de la Croix qui se profilait…

Calvaire de Mon humanité !
Calvaire de la Croix qui allait tout sublimer, tout Sauver !

Aujourd'hui Je désire vous faire comprendre,
combien chaque souffrance bien supportée… est Amour qui sauve !

Le passage du Disciple sur la terre, est bien entendu un passage d'union avec son Maître !
Le Maître a souffert pour le Disciple !
Le Disciple alors, doit porter un peu de souffrance lui aussi, pour sa propre Sanctification, et Celle du monde !

Le Maître a offert au PERE son Agonie…
Le Disciple doit lui aussi comprendre le sens de l'Offrande douloureuse.

Mes chers enfants,

une Croix est toujours difficile à porter, mais le moyen pour vous d'en être soulagé; est de Me l'offrir en union avec Ma propre Souffrance.

Ainsi votre Croix ne sera pas perdue!

Elle vous régénérera l'âme!

Elle vous purifiera!

Une Croix acceptée devient Amour!

Offerte, Elle déverse sur le monde… ce courant qui transforme…. qui réchauffe!

Sachez veiller Mes enfants,

En ce monde, Mes âmes pleurent… Mes âmes souffrent…

Mes âmes sont si seules parfois!...

Votre souci doit être, l'état constant de veille, qui vous conduira à aller vers Mes enfants qui souffrent.

Je vous demande Mes petits,

de donner à votre frère d'humanité, une goutte de Sang que J'ai versé pour lui à GETHSEMANI.

Cette goutte de Sang n'est autre, que l'Amour que vous lui offrirez, comme si vous Me l'offriez à Moi!

Ma sœur de Sang vous baignera le cœur, et celui-ci agira avec Moi.

Donnez, Mes Disciples, l'Amour à ceux qui souffrent, et qui ne reçoivent rien du peuple en ce temps.

Il ne s'agit pas de donner le Baiser de Paix, si celui-ci ne sort pas du cœur, car alors, il est insipide, ne passe pas, ne se donne pas en Vérité.

Entourez vos frères de la chaleur de vos bras... Je vous étreignais à GETHSEMANI!
Portez sur votre dos un frère épuisé... Je M'écroulais sous le poids des péchés à GETHSEMANI...
Buvez la Coupe!
Soulagez la misère criante de Mes créatures, en aimant, à vous écrouler de fatigue!

Agissez avec MOI, en grande Communion!
Portez Ma Divine Compassion aux populations qui souffrent, de l'esclavage du corps et de l'âme!
Protégez les enfants qui pleurent de ne pas être aimés, en leur donnant l'Amour de vos
cœurs comme bouclier devant l'adversaire!

Mes légions d'Amour rassemblez-vous, La Puissance de cet Amour, peut arrêter toutes les guerrres!

« IL SUFFIT D'AIMER ».

Les armes appellent les armes, et les guerres n'en finissent pas de meurtrir les peuples!
Ecoutez votre Sauveur!
Combattez le mal installé, par l'Amour!
Ne criez plus votre haine... ne péchez plus devant la LOI DIVINE!

« TU NE TUERAS PAS, a dit le PERE ETERNEL, ».

Ne l'offensez plus, Osez la Paix !

Il suffit à chacun de faire un pas, et tout se rétablira en ce monde.

Plus de division, plus de larmes... GETHSEMANI a tout porté des péchés qui vous font agoniser.

Rejoignez-Moi... Priez avec Moi sur la roche... Offrez vos souffrances, même les plus petites
au PERE... et la Paix reviendra.

Faites allégeance à l'Amour Eternel, car, tout LUI appartient, et tout LUI revient !

L'Amour est comme une rosée qui descend sur la terre, quand celle-ci est asséchée et en a besoin.

L'Amour Mes enfants descendra sur vos frères, quand vous Me porterez à ceux-ci pour les réconforter.

Asséchés, ils reprendront des forces grâce à votre Amour, et le monde s'illuminera !

En ce moment, il est tristement sombre... mais ayez confiance !

GETHSEMANI a tout porté !

« JE VOUS AIMAIS ».

La Flagellation : Pardon des sensualités

Bien-aimés frères et sœurs, osez regarder avec moi l'état épouvantable où nos péchés ont conduit Le Seigneur !

Si nous avions entendu les cris de Jésus qui nous demandait d'Aimer, peut-être en souffrirait-Il moins en ce Mystère de la Sainte Colonne ?

Tous nos péchés de sensualité l'ont livré, l'ont attaché, l'ont abandonné au supplice...

Chaque coup de fouet ouvre une plaie qui saigne fortement...
par endroit on y voit les os !
Je pleure de honte voyez-vous, car je me rends compte combien le péché est cruel, et qu'il blesse en profondeur la chair de Jésus !
Quand nous le commettons ce péché de sensualité, notre chair devient sale...

O mes amis, courons à l'Église du Sauveur demander pardon, ne laissons pas le malin prendre possession de nos faiblesses !

Le Christ-Jésus, Le Saint des Saints est parmi nous, et par ce Mystère désire nous faire comprendre l'éclat de la pureté de l'âme et du corps.

Soyons attentives chères âmes, écoutez Le Bien-Aimé avec moi ; et mettons nos âmes en état de prière, osez entendre avec moi Les Paroles de Notre-Seigneur :

« La Colonne est tellement froide, enfants »... dit Le Seigneur ;
Froide en son cœur... elle est comme les âmes sous le poids du péché.
Chaude en son cœur... car Je fais corps avec elle, Je la réchauffe !
Je transmets en elle Mon Pardon pour les âmes...

L'homme M'a brutalisé, attaché, ligoté fortement à elle !
Je suis soudé à la colonne... J'expie pour vous... Je prends sur Mon Divin Corps les blessures extrêmes que vous inflige

le Malin ; quand vous succombez aux péchés de la chair qui sont si nombreux !

L'Ange déchu essaie de vous arracher à Moi, mais entre lui et vous, il y a votre Dieu Sauveur élevé !

Mon Amour brûle tout, consume tout, Mon Amour fait vivre et revivre !

Les vociférations et les blasphèmes n'atteignent que ceux qui les profèrent...

Moi, JE SAUVE !

Je suis... attaché, souffrant à la colonne... La REDEMPTION !

Rien ne va arrêter Mon Amour et Sa Puissance en action.

Je sauve Mes enfants, en portant sur Moi leurs terribles blessures, leurs péchés.

Je vous demande avec insistance Mes enfants, de tout Me remettre en vos vies quand vous êtes sur le point de succomber ! Je vais vous soutenir, ne suis-Je pas le Maître de toutes choses ?

Tout d'abord ;

Je vous réclame de vous consacrer à l'Amour que Je suis. Vous et Moi, nous renverserons les forces mauvaises qui jalousent Ma Royauté Suprême, et qui pour M'outrager essaient de vous entraîner vers le gouffre !

Le péché voile les yeux, il salit une âme, parce qu'il n'est que le fruit du mauvais !

Vous devez Mes enfants, penser à agir ; en élevant vos pensées et vos désirs troublés ; vers le haut, là où réside la clarté de vos âmes…
et non vers le bas, où ne réside que de la boue infernale !

Je suis le Maître de toutes choses !
Je combats pour vous quand vous M'appellez !…. votre faiblesse appelle Ma Miséricorde… alors, Mon Cœur vous couvre de Compassion.

Quand vous sentez cette odeur de mort autour de vous, occasionnée par le péché ;
remettez-vous tout de suite à la Force qui est en vous et qui s'appelle :

« LUMIERE DIVINE ».
qui s'appelle : « L'AMOUR ».

Faites reculer toutes ces tentations mauvaises en vous unissant à cet Amour !
en vous unissant à Moi Mes enfants.

L'homme doit être en constant souci de bien faire, car le Malin est rusé et le sollicite constamment.
L'homme doit d'abord prier en toutes circonstances. Dès qu'il sent que le mal veut l'entraîner il doit s'unir à Moi dans le Force de la Prière.
Appelez-Moi, Criez Mon Saint Nom : JESUS ! et le mal reculera.

N'outragez plus la Pureté Mes enfants… vous faites pleurer la Reine du ciel !

Sur terre, les occasions de tomber sont si nombreuses… que Mon Cœur souffre quand Je vous vois en ces combats ! N'oubliez pas Mes enfants !

« JE SUIS LA…. PRES DE VOUS, N'AYEZ PAS PEUR, ».

Avec Mon Secours, vous protégerez l'état de vos âmes !…. et si par malheur vous succombez, courez à Mon Église pour y retrouver la blancheur de votre Baptême !

Mes Douleurs étaient Fleuve d'Amour pour les hommes, aussi Je vous demande aujourd'hui :

– de secourir toutes personnes qui tombent sous le poids des péchés commis contre la Divine Pureté…

Je vous demande aujourd'hui :

– de faire découvrir à ces âmes, combien le corps qui donne la vie doit être respecté, qu'ils soient hommes ou femmes

Je veux la Pureté pour chacun, car ils sont créés à l'Image de Divine !

AIMER, c'est partager en profondeur Le Feu Divin !
alors, n'abîmez pas l'AMOUR !
Il vient de DIEU TOUT-PUISSANT !

Quand l'homme salit l'Amour véritable, il s'enchaîne au mal, et ne peut accéder à son éternité.

Le ciel du Père attend les âmes qui se seront mortifiées sur la terre, des âmes qui auront compris le véritable chemin pour y parvenir.

Ce Chemin est le Mien !

Mon Exemple !

Mes Paroles !

Par le FILS, la route vers le Père est ouverte ; rappelez-vous cela !

Ayez une bonne conduite… Aimez-vous les uns les autres dans Ma Vérité !

Allez vers vos frères qui n'ont plus de force, parce que blessés au plus profond d'eux-mêmes, de leur conduite déréglées. Montrez-leur qu'avec Moi, il n'y a jamais de vies perdues !

Ramenez-Moi Mes enfants, Mes brebis aux corps déchirés, et aux âmes entachées…

Je vais leur donner Mon Pardon… par la main du Prêtre Consacré.

Qu'ils consentent à cette approche du dépouillement, de l'humilité.

Quand ils Me diront :

« PERE… j'ai besoin de TOI, j'ai grandement péché… »
« PARDONNE-moi… ».

LE PARDON de la DIVINE et SAINTE TRINITE descendra alors en leurs âmes, elles seront purifiées !
« N'AYEZ PAS PEUR DE MOI ».

« JE SUIS UN DIEU TENDRE ET BON, TOUJOURS ENCLIN A LA « MISERICORDE ET AU PARDON ».

« TOUT SIMPLEMENT,
PARCE QUE J'AIME TOUS LES HOMMES »
« JE VOUS BENIS TOUS ».

Le Couronnement d'épines : Pardon de nos mauvaises pensées

Ecoutons le Seigneur Jésus :

« Ma Couronne embaume le parfum des fleurs, Mes enfants ». Pourquoi ? mais parce que Je ne pense pas aux épines qui Me blessent… puisque Je les arrache de vos âmes par elles !
Cette Parure, déposée sur Mon Chef douloureux, bien sûr, par le péché des hommes ;
Je dois La subir et La supporter avec Amour… Je vous aime tant !
Elle Me voile les yeux, Mon Sang coule, Il purifie. Par ce Sang, le voile descendu sur vos consciences, va pouvoir tomber, et votre âme comprendra le sens de ce Mystère d'Amour !

L'esprit humain est toujours troublé… et pourtant, s'il se laissait conduire, il comprendrait le Royaume et sa Beauté !

Mes enfants terriens…
Je suis venu sauver ce monde !
Je suis venu réparer les outrages commis par lui devant le Père…

Une pensée humaine peut tout transformer, en bien comme en mal !

La Force de cette pensée est régénératrice quand elle agit en Amour, elle peut transformer votre monde en un éclair !

Alors, unissez-vous, rassemblez vos pensées en les dirigeant en Amour aux quatre coins de la terre !

La pulsion de la pensée d'Amour se transmettra par vous tous Mes enfants, en tous les cœurs qui s'ouvriront pour la recevoir, et cela s'appelle :

« ENERGIE DIVINE ».

C'est Mon Energie qui transforme, Elle vient de l'Amour Lui-même !

Quand d'un point à l'autre du globe on se fait la guerre, Mes enfants… c'est outrager l'AMOUR !

Vous avez en vous le pouvoir de transformer tout cela par la Puissance de l'Amour que vos esprits enverront sur la terre.

Par la Prière, celle-ci parcourra le monde à la vitesse de la lumière, de Ma Lumière !

La pensée est une grande force !

Servez-vous de Celle-ci en priant, et en envoyant vos cœurs et vos pulsions d'Amour autour du globe terrestre : il se régénèrera, et également les cœurs de vos frères ; en particulier les cœurs qui détruisent !

Vous pouvez transformer le monde Mes enfants, Je vous le redis encore.

Priez avec MOI, unissez vos esprits, vos intelligences, A MOI !

et J'agirai avec vous en ce monde.

Tout peut redevenir Lumière, il suffit de le vouloir sincèrement.

Le monde doit changer rapidement, le mal doit cesser sinon vous blessez Le PERE, et toute Sa création en souffre.

Les blessures de l'esprit peuvent se guérir par l'Amour !

Il vous faut alors, Mes enfants ; ne plus attendre aujourd'hui, Bon nombre d'êtres humains sont perturbés, blessés, meurtris, par toutes sortes d'accablements !

La vie actuelle est rude, et les faibles sont écrasés.

Pourquoi ne donnez-vous pas l'Amour à vos frères si seuls parfois ?

Je vous commande d'aller vers Mes petits tellement séparés de leurs frères, qu'ils n'en ont plus la force de vivre... souriez-leur pour Moi.

Je vous habite, et Je l'habite également. Nourrissez son cœur vide... il ouvrira alors ses yeux surpris, et si vous le regardez bien, c'est Mon Regard que vous rencontrerez.

Mes enfants, les blessures de l'esprit sont tellement lourdes à porter... apportez-les Moi en ce Mystère.

Je les fixerai à la Couronne de l'Amour !

Je veux que Mes enfants de la terre ne voient en ce Mystère douloureux, que la façon pour Moi de leur montrer combien Je les aime !

En ce temps-là…

le Romain obéissait aux ordres, et aujourd'hui bon nombre de soldats obéissent encore aux ordres.

Je fus raillé, souffleté, on rit de Moi en jetant sur Mes épaules une couverture rouge.

Elle Me brûla le corps blessé… en Mes Mains, Je reçus un roseau.

Temps d'hier… temps présent… les mêmes sous le Regard du Père.

On enferme, on frappe, on torture, on se moque, on jette dans les cachots de pauvres infortunés… on maltraite toujours, et l'on salit et l'on abrutit l'homme… Mon enfant !

Tout cela doit cesser rapidement !

Je lance cette demande à la terre entière, Ne blessez plus une seule créature de Dieu !

Le PERE vous en demandera compte !

Les légions du ciel sont multitude, et si le PERE le décidait, l'ordre pourrait revenir rapidement en votre monde !

Aussi, écoutez-Moi encore Mes enfants ;

Je suis venu sauver ce qui se perdait !

Je vous ai ouvert les Portes du Royaume, en M'offrant à la Croix d'Amour…

Redevenez des êtres sensibles et aimants entre vous !

CE CRI EST POUR TOUTE LA TERRE !

Optez pour le Bien, devenez des hommes et des femmes qui agiront en Amour, pour L'AMOUR !

Reconstruisez, n'abîmez plus le corps et l'esprit de vos frères...

Peuple, regardez-Moi Couronné...
c'est tout Mon Amour que Je donnais au monde en ce Mystère !
et, J'aimerais tellement vous voir vous aimer entre vous aujourd'hui...

Voulez-vous essayer ?

PRIEZ, PRIEZ,
EN UNION AVEC MON VISAGE COURONNE !

Le Portement de Croix : l'Acceptation des souffrances
Mes frères et sœurs en Dieu...

Ces Mystères Douloureux se doivent d'être compris en VERITE.
Ces Mystères, conduits par Jésus LUI-MEME, ne sont que des Grâces de Son Amour infini, qui coulent sur les âmes.
Le Maître désire qu'Ils soient priés ainsi :

Sans larmes, sans accablement, car LUI-MEME S'offrait !
et dans une offrande muette, toute d'Amour.

Oui, Le Seigneur Jésus n'était que Don et Prière pour l'humanité.

Il nous faut alors L'accompagner en nous unissant à Sa Sainte Démarche ;

et cela sans peur, sans accablement sans rébellion de notre part ; quand nous ne pensons qu'à nous-même et à nos propres Croix.

Nous devons confier nos âmes à Jésus, et nous blottir tout contre Lui avec confiance !

Nous devons accepter tous les chemins de nos vies, si différents pour chacun de nous, mais en fin de compte tellement semblables.

Semblables, mais oui chères âmes, parce que l'esprit humain est semblable pour chacun, et que devant une difficulté que l'homme appelle Croix ; les créatures réagissent toutes de la même façon.

Mais… il y a Croix et Croix !

Il faut faire une différence voyez-vous, entre un conflit passager, futile en soi, et un conflit qui n'est que haine et mort d'homme, mort de l'âme !

Une petite souffrance n'est qu'une parcelle de la Croix du Maître… et nous pouvons la porter avec courage !

Une grande souffrance est plus facile à supporter, en la confiant au Seigneur ; qui porte, Lui !

toutes les Croix !

Cette grande souffrance est, elle aussi, une parcelle de la Croix !

Seul, le Divin Sauveur a porté la totalité de celles-ci.

Toutes les Croix humaines associées au CHRIST-SAUVEUR, seront plus douces pour vous.

Sans Jésus, il n'y a aucun remède…

Sans Jésus, nous sommes des enfants tellement impuissants !

Le Christ porte toutes les faiblesses en ce Mystère, toutes nos désespérances, tous nos refus de changement.
Il transforme les plaies de nos âmes, en les unissant aux siennes.

Peuples de la terre,
voulez-vous essayer le combat contre les forces du mal ?
Avec Jésus sur la VIA DOLOROSA, les légions de la Lumière Eternelle vont combattre pour vous, si vous acceptez leur aide !

Rendez vos routes claires, en mettant vos pas dans ceux de votre Divin Maître…
et priez de Le voir tellement accablé…
Sur le Chemin de L'AMOUR, nous avons un Maître unique, écoutons Sa Voix :

« Mes Pas… l'un après l'autre… imprègnent de leurs Plaies la terre ».

Ô Jérusalem, Ma ville Sainte, qu'as-Tu contre MOI ?
N'as-Tu pas reconnu Ton MESSIE ?
Tu condamnes TON SAUVEUR !

Je suis la Brebis qui Se laisse conduire au Sacrifice sans Se plaindre…
Je vois autour de Moi, les routes de vos vies Mes enfants…
une à une illuminée par Mon Sang versé, et par Ma lassitude extrême en ce jour d'expiation Sainte.

La CROIX... Le fardeau d'Amour, m'est de plus en plus léger...

Je Me consume... Je fais corps avec Elle... Je descends au plus profond des abîmes...

Je descends au cœur de la souffrance humaine, universelle !

Mes entrailles se tordent de chagrin, Mes yeux pleurent les outrages commis contre Le Suprême et Divin Créateur...

Mon Cœur bat à se rompre, à se rompre d'Amour pour les âmes...

Entrailles blessées... Vision obscurcie de larmes... Cœur à qui le souffle manque...

Mon Dos se courbe... Je trébuche...

Mes Lèvres appuient un Baiser d'Amour quand Mon corps s'écrase sur la poussière terreuse...

la poussière des âmes...

O, Ames, dont le péché fait en elles sa demeure, plongez sur le sol près de MOI...

Je vous ferai Miennes, car, Je vous souderai au Sacrifice.

Vous viendrez recevoir le Pardon de vos fautes, par Mon Amour offert, sur l'Autel du Sacrifice !

Le Brasier est allumé, et la Brebis va être liée...

Entendez Mes âmes, Ma longue Plainte pour celles-ci !

Actuellement, Je suis toujours en recherche des âmes !

Sur la terre, l'homme ne se reconnaît plus créature de DIEU !

Sur tous les chemins… DES ENTRAILLES SE TORDENT DE FAIM !
Sur tous les chemins… DES YEUX SONT RAVAGES PAR LE CHAGRIN !
Sur tous les chemins… LES CŒURS MANQUENT D'AMOUR !
Sur tous les chemins… LES DOS COURBES DE MES ENFANTS CRIENT JUSTICE !
Sur tous les chemins… LES APPELS DE CEUX QUI SOUFFRENT MONTENT VERS LE CIEL, ET LE PERE ECOUTE !

LEURS PLAINTES A PERCE LA VOÛTE !

Alors Mes enfants, Je lance Mon Cri à la terre des hommes !
Portez secours à vos frères, partout où le besoin d'être aimé se fera sentir.
Donnez Mon Cœur à vos frères !

De par le monde, il y a beaucoup de Jérusalem actuellement !
Cela veut dire que beaucoup de villes se rebellent contre Dieu, et qu'elles outragent Sa Divinité !

J'ai parcouru la ville Sainte pour toutes les autre villes qui ont oublié Ma Sainteté !
J'ai souffert par Amour, pour tous les peuples de la terre…
J'ai tout donné de Mon humanité, Le PERE attendait cela du FILS !...et l'AMOUR sauvait le monde et ses âmes noircies.

JERUSALEM, Ma ville qui reçu Mon Sang… ne sois plus divisée !

Toutes les âmes, Mes enfants, n'aspirent qu'à la vue de leur Dieu !
Alors donnez-vous la main, peuples qui dites Me connaitre et M'aimer !

JE NE SUIS QU'AMOUR !
DIEU EST AMOUR, et demande aux hommes d'être Amour eux aussi.

JERUSALEM, n'oublie pas
que Je ne suis pas venu ABOLIR LA LOI, mais L'ACCOM-PLIR, et de vous demander à tous :

« DE VOUS AIMER LES UNS LES AUTRES ».

Poussières, sorties de la poussière où vous retournerez !
mais âmes sauvées, toutes sans distinction de race ou de religion !

Oui, âme, attirée par le Père à tout instant… sois une âme accomplie… sois une âme qui aime.

Ne mettez plus aujourd'hui de séparation entre :

LE PEUPLE DE L'ANCIENNE ALLIANCE ET CELUI DE LA NOUVELLE ALLIANCE !

Tous ensemble, vous êtes le Peuple de Dieu sauvés par le Fils de L'Homme !
Le PERE qui vous a ramenés à LUI par Mon Sacrifice, n'a pas mis de différences entre les âmes.

Venez toutes à LUI âmes sauvées, Louez Le PERE ensemble, et construisez le monde nouveau !
Construisez, peuples de la nouvelle ère :

« Le Royaume d'Amour sur la terre ».

Je vous bénirai en toutes vos entreprises, et le PERE qui vous a ouvert les Bras aura un grand bonheur de voir Ses créatures vivre en Sa VERITE !

Ce chemin de Croix est parsemé de fleurs… ce sont vos âmes que Je suis venu sauver !
Une âme blanche est tellement belle devant Son Créateur…

« JE VOUS AIME ».

Mort de Jésus : Amour de Dieu et Salut des âmes
Mes amis… mes doux frères en Dieu…
Avançons ensemble en ce Mystère au pied de La Croix Glorieuse.

Un faisceau de lumière a troué le ciel, et se pose sur le Christ Jésus.
C'est l'apothéose de l'Amour !
L'illumination de la terre par le PERE LUI-MÊME !
Le Fils très Saint se rend à la Volonté Divine… Il accomplit en cette Minute… et nous remet à Notre PERE, Son PERE.

La terre est noire, le ciel éclaté de lueurs orageuses, la pluie tombe… c'est la désolation.
Seule la Sainte Croix répand Sa Lumière Sainte autour d'Elle….et sauve l'humanité.

Sur le Bois Sacré, Le Seigneur donne tout de Sa Vie d'ici-bas…

Il est l'AGNEAU SACRIFICIEL offert au PERE !

Son Corps qui a tellement souffert, qui a tellement été battu, martyrisé… a perdu tout son Sang.
Celui-ci nous a offert la Naissance à notre Nouvelle Vie, en tombant sur chacun de nous…
Une goutte de Sang pour chaque âme, tout Son Sang pour chaque âme !

Pauvre Corps du Seigneur exposé en CROIX !…. et dont les Dignitaires se moquent encore !

Sainte Face abîmée… membres tirés… cloués… poitrine Divine qui bat jusqu'au bout, sans plainte…
sauf ce CRI, qui rassemble toutes les âmes et qui consomme !
Ce CRI qui nous appelle avec intensité aujourd'hui, entendez mes frères ce Pardon dont Il est chargé !

« PERE…
PARDONNE-LEUR,
ILS NE SAVENT PAS CE QU'ILS FONT ».

O, Notre Bien-Aimé… notre Secours de chaque instant… pardonne encore en ce jour à Tes enfants…
Pardon Notre Seigneur… Toi qui ouvre la route… prends-nous tout contre Toi...

« MES ENFANTS ».

Si Je vous dis: vous êtes sauvés… Je sais que vous le croyez!
Si Je vous dis: tout est accomplit… Je sais que vous le croyez!
Si Je vous dis: qu'il fallait que le grain de blé tombe en terre, pour qu'IL lève ensuite!

« JE SAIS QUE VOUS LE CROYEZ ».

Alors votre Sauveur vous dit encore:

« JE SUIS VENU ALLUMER UN FEU SUR LA TERRE, ».
Mes enfants, entretenez-Le ce Feu d'AMOUR!

« JE SUIS LA LUMIERE DU MONDE, CEUX QUI ME SUIVENT NE MARCHENT PAS DANS LES TENEBRES ».

Ayez la FOI!
Ayez le désir profond d'aimer Ma Lumière qui vous fait vivre, qui vous anime!

« JE SUIS LE PAIN VIVANT DESCENDU DU CIEL « Mes enfants, mangez de ce Pain pour avoir la Vie en vous!

« JE SUIS LA COUPE DIVINE » Buvez à cette Coupe qui vous nourrit l'âme, qui l'abreuve, qui purifie !

« JE SUIS LE CHEMIN, LA VERITE ET LA VIE ».
Marchez avec Moi, Ecoutez Ma Voix, Vivez en Moi !

« AMEN, JE VOUS LE DIS :
NUL NE VA AU PERE SANS PASSER PAR MOI ».
Ayez une vie de Charité, et le PERE vous accueillera !

« AMEN, JE VOUS LE DIS :
VENEZ LES BENIS DE MON PERE, RECEVEZ VOTRE VIE ETERNELLE ».
Mais, Mes bénis...
Pas de passage sur la terre sans un total abandon à l'AMOUR !

« C'EST LA LOI ».
Vous devez vivre, et en vivre ; et réchauffer le monde par vos cœurs enflammés !
Je suis Jésus... Le Sauveur de toutes les âmes... Je vous ai tout donné en Mon passage ici sur la terre des hommes !

Suivez Mon Église !
Obéissez aux Commandements Divins !

Servez cette Église, en respectant les conseils avisés et aimants de PIERRE, le Pape actuel,
JEAN-PAUL II.

Approchez-vous de Mes Sacrements, petites brebis sauvées…
entrez toutes en Mon Pâturage.

« AMEN, JE VOUS LE DIS :
Le PERE vous aime !
Le FILS vous aime !
Le PARACLET vous aime !

La Sainte TRINITE protège le monde et ses habitants.
Venez à ELLE humblement, saintement, avec le profond désir
de bien faire.

Offrez-LUI vos vies, et soyez de bons enfants !

Je vous ai sauvés par AMOUR DIVIN, Vivez pour Lui, et
répandez-Le sur la terre !

Je vous demande :
qu'aucune contrée ne soit isolée de Moi !
Allez partout où la Charité vous appelle, et dites aux hommes
que la Sainte TRINITE se donne à chacun.
Faites brûler la terre !
Faites lever les épis dorés, et mangez la récolte tous
réunis, sous la houlette du BON BERGER !

Que pas une âme ne manque à l'Appel !
Je vous demande d'Aimer, d'AIMER SANS VOUS LAS-
SER, Mes enfants !
Mon AMOUR pour vous est infini…

Donnez gratuitement comme Je le fis Moi-même...
J'ai confiance en l'homme, et Je le bénis, lui qui va commencer à :

« VIVRE D'AMOUR ».

La Résurrection : Foi et Conversion
La terre froide, inhumaine, se crevasse, mes frères...
Les âmes aspirent à sortir de leurs tombeaux froids !
Que sont ces tombeaux ?

C'est tout simplement le silence glacé de leurs jardins intérieurs.
Ces âmes affadies, ne sont pas encore en situation de départ...
Alors, mes amis, prions très fort pour les y aider.
Nous ferons trembler et s'ouvrir ces tombes et avec le Seigneur RESSUSCITE, ces âmes délivrées pourront monter vers le PERE.

En ces Mystères glorieux,
nous allons pressentir le sens de la beauté du ciel et des corps glorieux !
Pour cela, il nous faut repartir 2000 ans en arrière... et mettons-nous, vous et moi, en situation de comprendre.

C'est un Mystère Divin, Sacré !
C'est le Mystère de la Victoire de la Vie sur la mort !
C'est le Mystère de la Victoire de la Lumière sur les ténèbres !
et nous ne pouvons qu'en saisir peu de chose... nous sommes créés limités !

Nous ne pouvons aborder ce rivage secret... nous devons simplement :

ADORER, VENERER, LOUER

Il est un jardin d'alors... tout-à-fait serein où seuls les pépiements des petits oiseaux font chanter la nature feuillue où les tombeaux scellés par d'énormes pierres roulées, protégeaient les dépouilles des défunts.

Il est un jardin d'alors... où les femmes et les Disciples, accompagnant la Mère des Douleurs...
ensevelirent le Corps du Maître et Seigneur.

Il est un jardin d'alors... où Il repose... allongé sur la dalle froide... dans le silence des régions inférieures.

Il est un jardin d'alors... une tombe neuve offerte au Christ, un nouveau Palais !

Et c'est alors, chères âmes, que ce jardin d'alors fut le théâtre de la splendeur de la Gloire de Dieu !

En la nuit profonde... tout-au-fond de la roche...
Le Maître de toutes choses a réalisé sur le Fils Bien-Aimé, Son Accomplissement d'AMOUR !

Personne n'a vu, les soldats dormaient... Tout n'était que silence... et pourtant !
Personne encore, le lendemain, n'a compris comment la lourde pierre s'était déplacée sans faire aucun bruit !

Personne n'a compris, comment de quelle façon le Suaire qui enveloppait la Dépouille… s'était plié, et comment tous les linges de l'ensevelissement s'étaient rangés, proprement, dans un coin.

Personne ne pouvait comprendre humainement.

Venues pour oindre Le Seigneur Jésus, les Saintes Femmes rencontrèrent deux Anges à l'entrée du Sépulcre, qui disaient :

« POURQUOI CHERCHER ICI
CELUI QUI EST VIVANT ? »

Oui mes frères, Le VIVANT ne peut être que VIVANT !

Le PERE voulait ce Passage, Le Fils l'a accepté ; c'était le seul moyen pour sauver les âmes, mais Le VIVANT ne pouvait rester enseveli dans le manteau de la mort !

Le VIVANT s'est alors redressé, redressé en Son Tombeau !

La Main de Dieu, Fulgurante, Explosive, a revêtu le Seigneur bien-aimé de Sa Gloire !
Dieu le PERE a posé Sa Main sur Le FILS !
Jésus, le Divin Jésus, est RESSUSCITE par la Force du PERE ETERNEL !

ALLELUIA, ALLELUIA, ALLELUIA !

Les Femmes coururent prévenir les Apôtres.

Elles annoncèrent que Le Maître était ressuscité, ne L'avait-Il pas annoncé ?

Ces Femmes ont cru et Pierre également ; les autres voulaient des preuves.

La FOI, Ce Don magnifique que chacun d'entre nous reçoit s'il a le cœur ouvert ; cette FOI nous dit :
« Je crois Mon Dieu, en Ton Fils Ressuscité, MERCI, ».

Plus de souffrance pour le Seigneur !

Il est ressuscité le Bien-Aimé des âmes !

Croyons, mes frères, et adorons en notre cœur la Lumière éternelle !

Mes agneaux

JE SUIS LE VIVANT, LE PREMIER ET LE DERNIER !

JE SUIS LE TEMPS !

JE SUIS L'ESPACE !

JE SUIS LA VIE ELLE -MÊME !

JE SUIS L'EAU PURE !

JE SUIS LE FEU, LE BRASIER !

JE SUIS DIEU ! ».

Ressuscité par le PERE TROIS FOIS SAINT, Mon Corps s'est revêtu de Sa Gloire !

J'allais bientôt Le rejoindre et reprendre Ma Place à Sa Droite.

Je suis venu de par Sa Volonté !

Je suis venu sauver le monde qui s'acharnait à faire le mal !
Je suis venu réparer, rendre la vie aux âmes !
Je suis venu renouer le Lien d'Amour qui se détériorait entre le ciel et vous !
Je suis descendu pour porter les péchés du monde, et Je vous ai tous sauvés, Je vous ai tous ramenés au PERE !

La route de l'éternité est de nouveau largement ouverte, et le PERE attend toutes les âmes.
Les âmes sont froides... Elles ne veulent pas essayer la Sainteté... Ces âmes se glacent elles-mêmes !
Ne suis-Je pas venu les sauver par Amour ?

Mes enfants... priez pour elles... réchauffez les âmes par votre Amour, le souffle leur reviendra, elles tiédiront, et elles brûleront ensuite grâce à vous !
A la fin de leur vie humaine, elles monteront vers Moi, parce qu'elles auront compris qu'elles devaient vivre d'Amour.

Le Palais du ciel est aux âmes brûlantes, et l'on n'y vit que dans la douceur et la Paix.

Avec Moi, votre Sauveur Ressuscité,
Faites se fendre toutes les pierres froides, aidez les âmes à sortir de leurs isolements, soyez des buissons ardents !

Avançez, Travaillez pour le Saint Royaume !

Aidez vos frères à accepter le Don de la FOI toujours offert à l'homme.

Accomplissez un total renouvellement de ce monde agité et trop centré sur lui-même !

Faites-lui lever les yeux vers les réalités célestes, et leurs Beautés !

Un jour, vous aborderez au rivage des Saints, et vous serez revêtus de Lumière !

Avec Moi, vous devez ressusciter à la Vie Nouvelle, en consentant à Aimer.

Je restais trois jours dans les régions inférieures...
et ensuite, Je suis sorti Victorieux du Tombeau !

« Je suis Jésus, LE VIVANT, ».

Derrière Mes Pas... aucune âme n'est dans l'ombre.
Derrière Mes Pas... aucune âme ne se trouble.

Je suis le Berger qui rassemble Ses agneaux !
Venez à Moi MES enfants...

Rappelez-vous Mon Enseignement, et soyez à l'exemple de votre Maître, des enfants doux et humbles de cœur.

La terre est sauvée, mais ses habitants doivent s'aimer !
Ils doivent ressusciter des tombeaux où le mal les plonge parfois.

Unies à Moi, toutes les âmes du PERE monteront vers LUI, mais n'oubliez jamais que la vie sur la terre ne doit être vécue qu'en Amour partagé !

« C'EST LA LOI ».

Soyez des flammes crépitantes, soyez des brasiers, soyez vigilants en tous points, ne restez pas seuls !

Allez à Mon Église, Elle est votre soutien, Je L'aie instituée pour tous les hommes !

Ne perdez pas le temps donné… le sablier coule…

Faites de vos cœurs aimants des symboles pour le monde !

RESSUSCITE JE SUIS !… et Je vous conduis.

Entendez-Moi vous redire, Mes enfants, combien Je vous aime…

L'Ascension : Espérance et Désir du ciel

Une joie indicible monte en mon âme… je sais le départ de Notre-Seigneur imminent… mais la liesse de Son Paradis descend sur moi.

Oui, un jour vous et moi mes frères, nous aurons ce bonheur de partager avec le Maître, la douceur et la PAIX de la Sainte Demeure.

Pour gagner le ciel, il faut nous alléger n'est-ce pas de tout ce qui encombre nos âmes…

Nos vies si courtes ne doivent être vécues qu'en nous appliquant à les vivre dans l'Amour véritable et la Paix de DIEU.

Nos corps sont pesants… si pesants parfois, pouquoi alors ne pas tourner nos âmes vers l'essentiel ?

Apprendre à être légers…

Apprendre à Aimer avec le Seigneur qui en ce Mystère s'élève…

298

Apprendre auprès de Lui, à monter les marches de l'échelle qui conduit au Saint des Saints !
à l'Amour Lui-même.

Je suis certaine, mes amis, qu'il vous arrive parfois de ressentir l'attrait du Royaume.
Cest une Grâce offerte de temps à autre aux âmes par le PERE Lui-même, quand ces âmes ne désirent plus que de vivre en Sa Présence !

Alors, permettez-moi de vous dire :
Donnez la main à Jésus, donnez-Lui vos personnes, et montez en Sa Compagnie dans les nuées !
C'est tellement facile de dire oui à Dieu !

La vie et ses nombreux tracas vous accablent parfois, mais le Cœur du Seigneur est immense, et Il vous attend tous !
Blottissez-vous tout contre Sa Poitrine, chères âmes... vous entendrez alors Ses battements d'Amour...

En ce jour où le départ de Jésus est arrivé, toute la foule de Ses Disciples est présente.
Il y a beaucoup de monde sur cette colline pour l'au revoir !

Sa Bien-Aimée Mère, toute envoilée de blanc... et les Apôtres fidèles... tout le monde est là.
Les petits enfants s'égaient un peu partout, la nature sent bon, on est si bien tous ensemble...
comme en notre Prière d'aujourd'hui n'est-ce pas mes frères ?
Le Maître parle... enseigne encore... Il annonce la venue de l'Esprit Saint.

La nature est replendissante de couleurs pour son Dieu
Les oliviers ont tendu le vert de leurs petites feuilles sous le
soleil, et ils sont tout courbés devant le Seigneur ; en une gra-
cieuse révérence... Çà et là, de l'herbe... parfumée par des
feuille tombées d'arbustes aux couleurs chatoyantes.
Des pichets d'eau circulent de main en main, on a si chaud en
cette journée !
Des bébés serrés contre leurs mères s'endorment, d'autres à
l'écart têtent celles-ci.

Ce spectacle d'un peuple qui aime le Maître et Seigneur est
infiniment beau !

Mes amis, soyons aujourd'hui, nous les Disciples de ce
temps,
des frères et sœurs qui partagent,
des frères et sœurs qui se donnent la main, des frères et sœurs
qui prient ensemble !
et nous verrons nous aussi, la Gloire du Seigneur s'élever au-
dessus de nous !

Jésus Notre Bien-Aimé se manifeste à l'homme qui aime, Son
Amour descend alors en nos cœurs !

Faisons plaisir à Jésus qui s'élève en ce Mystère, montrons-
Lui notre Amour de frères !
Quand nous Lui offrirons la dizaine de Prière,
levons-nous, et sous Son Divin Regard, formons un cercle
autour du Maître qui s'élève... mais qui descend en notre
âme.
Donnons-nous la main, Il sera tellement content Jésus !

Sur la colline… le Maître sourit… le Maître étend la main et
bénit… puis, l'air Le porte, et Jésus le Sauveur Ressuscité
s'élève !

Mes frères,
soyons comme cette foule d'alors, levons nous aussi les
yeux, cherchons Jésus en nos vies !
Le Maître ne disparaît pas, Il s'élève seulement !
Le Seigneur va reprendre Sa Place en Son Royaume… et Il a
promis de nous y préparer une place, Quel bonheur !

Dites au PERE :
　　　Merci mon PERE, de m'avoir créée
　　　Merci d'avoir eu cette vie pour apprendre à Aimer
　　　Merci PERE de m'Aimer.

Vous Lui ferez tellement plaisir !

Le Seigneur en ce temps-là disparaissait un peu à la fois dans
le ciel !
Quel grand Mystère pour nous !
Les Anges dirent à la foule :

« Ne soyez pas tristes !
Ce Jésus que vous avez vu s'élever au ciel reviendra de la
même manière, en Puissante Gloire !

Oui mes amis !
Du Royaume de la vie, le Maître ne nous abandonne pas !
Il voit, Il observe, et Il aide chacun des hommes sur cette
terre.

Tout se construit ici-bas, quand tout s'accomplit en Amour !

Marie, la Sainte Mère, partit alors chez Jean l'Apôtre, et la Prière les rassemblait tous.
L'Église prenait Corps !
Marie était la Mère qui guidait et rassemblait les Apôtres.

Demandons au Seigneur Jésus, si vous le désirez comme moi, Sa parole.
« Bien-Aimé Jésus Notre-Seigneur, nos âmes se tournent vers Toi en ce jour ; guide-nous, Notre Maître d'Amour, ».

« Mes colombes ».
Je viens à vous…
Soyez colombes, soyez petits oiseaux, déployez vos ailes, volez vers Moi, Je suis tout près de vous !
Mes enfants… n'ayez aucune crainte… Je veux combler vos âmes…
Croyez-vous votre Seigneur au loin ? Lui qui est toujours près de Ses enfants pour rassembler ?

Quand une âme M'exprime son ardent souhait de s'élever vers Moi, Je l'élève !
Quand une âme M'appelle avec grande Foi, Je l'enlève !
Quand une âme s'unit à Moi en un profond désir d'union, alors oui, Je la prépare à monter avec Moi vers Mon PERE, son PERE !
Ma Main se tend vers vous, Mes colombes…

Devenez légers… aspirez à vous élever vers Mon Royaume !
Je ne vous laisse jamais orphelins, comme en ce temps-là Je
l'avais annoncé ; mais Je vous prépare chaque jour à la venue
de Mon Esprit Saint en vous.

Le PARACLET annoncé sera la Force de Mes Apôtres d'au-
jourd'hui,
comme Il le fut pour ceux d'alors.
Mon Elévation vous prépare ainsi à Sa douce venue en vos
âmes.
Aspirez à la Demeure des Saints, en Mon Royaume trois fois
Saint !
Aspirez à vous élever pour rencontrer le visage du PERE…

En cette génération troublée et heurtée, il faut à l'homme un
sang neuf, un feu nouveau, un départ vrai et sincèrerement
vécu, et il obtiendra cet état en fixant ses yeux de l'âme, vers
les beautés du Royaume.

La Sainteté s'obtient dans le dépouillement à soi-même.
La Sainteté s'obtient dans l'oubli du monde.
La Sainteté s'obtient, quand une âme humble élève vers Moi
tous ses désirs, toutes ses volontés propres,
et qu'elle désire profondément ne faire plus qu'un avec Ma
Divinité.
La Sainteté est douce et légère… Elle sort d'une âme en
rosée… et Elle plaît à Dieu le PERE ainsi.
Cette âme est alors devenue Eau Fructifiante, Eau Sainte !
Elle rejoint alors le cours d'eau, qui tout doucement la fera se
couler dans l'EAU VIVE qui sort de Mon Cœur.
C'est ainsi qu'une âme s'élève, et c'est ainsi que Je l'enlève
et l'introduit à la Demeure de Mon Cœur Sacré.

L'Elévation est pure… Elle transmet aux âmes les Vérités essentielles qui descendent du PERE vers celles-ci.

MOI, LE CHRIST JESUS QUI S'ELEVE EN CE MYSTERE !
Je fais descendre des nuées des Grâces uniques, pour que les hommes se transforment par Elles !
Oui, Mes colombes…
Mes Grâces vous attirent vers Moi…

Sentez Mes enfants cette brise d'Amour qui descend sur vous tous !
Acceptez-La… laissez-vous emporter par Elle vers Moi !

J'élève ce temps vers les cieux, le monde a tellement soif de Paix, et ne sait pas comment s'y prendre pour l'installer !

Le remède est donc celui-ci :

Travaillez sur vous-même…
Transformez vos états de vie, de consciences…
Devenez doux, devenez Amour… devenez légers… tellement aériens, que vos corps dégagés de la pesanteur, se soulèveront et se détacheront des lourdeurs de la terre.
Attachés à devenir des Saints,
vous commencerez alors, Mes colombes, votre Ascension vers votre unique Patrie.

Quand Je Me suis élevé, Je vous voyais, Mes enfants.
Tout le temps… tout l'espace… tout fut réuni en Ma Main !

Je suis venu sur la terre pour sauver le monde entier, en M'élevant Je voyais celui-ci !
Je vous voyais tous !
Je vous aimais tous !

Aujourd'hui le monde est toujours en Ma Main...
Je vous vois toujours !
Je vous aime toujours autant, et cet Amour vous élève vers Lui !

Acceptez-Moi... Elevez-vous vers Moi... Acceptez Mes colombes !

Je vous bénis... Je Vous aime...de toute la Force de mon Cœur !

Le Paraclet : La Charité et le Zèle

Divin Esprit Saint !... Consolateur des âmes !...

Divin Esprit Saint !... Brûlure secrète en nos âmes !...

Divin Esprit Saint !... Régénérateur de nos vies !...

Divin Esprit Saint !... Nourriture de l'âme et de l'esprit !...

Divin Esprit Saint !...qui transforme et purifie !....

Divin Esprit Saint !.... Feu, Amour et Vérité qui accomplit !...

Divin Esprit Saint... nous T'adorons... Viens en nous...

Sans Ton Feu, Seigneur, Esprit Saint, nos âmes demeurent inertes et refroidissent !
Viens, Seigneur, Esprit Saint épouser notre temps qui s'égare loin de Toi...

Viens, Seigneur, Esprit Saint, Souffle sur le monde Ton Haleine en Brasier d'Amour !
Fais que notre humanité se décide à écouter, à changer de comportement !
Fais qu'elle entame sa convertion !
Fais qu'elle retoune au PERE humblement… le pardon sur les lèvres.

Bien-Aimé Souffle Divin, souffle sur nous en notre Prière…
nous nous offrons à Toi !
nous T'adorons !

En ce temps-là, la terre était désolée… comme celle d'aujourd'hui.
Les peuples étaient païens, ils n'avaient pas encore entendu que DIEU les aimait !
Il fallait alors une conversion universelle, mais par qui ? Et par quoi ?

Dieu le PERE avait un Plan d'Amour pour les âmes !

Après la Crucifixtion de Son Fils, Sa Résurrection et Son Elévation,
Le PERE allait encore montrer Son Grand Amour pour Son humanité !

Jésus avait annoncé la venue du PARACLET… et tout allait s'accomplir.
La pauvreté des esprits devait avoir un secours, et celui-ci allait se manifester par la venue de la Troisième Personne de la Sainte Trinité.

La Sainte Mère et les Apôtres priaient. Ils aimaient se retrouver ainsi tous ensemble.
Ils se soutenaient les uns les autres en cette communion de frères.

Mais le monde attendait son évangélisation... et le PERE ETERNEL envoya alors Son Divin Esprit sur Marie très Sainte et les Apôtres du Seigneur.
Ils reçurent l'Onction Divine !
Ils reçurent les Dons de l'Esprit-Saint, et Ils devenaient alors actifs, missionnaires !
Ils reçurent le Don des langues, Ils comprenaient tous les idiomes et les dialectes si nombreux et si différents !
La porte était alors ouverte, Ils pouvaient partir, et Ils le firent !

Mes amis... que ce Mystère est grandiose !

Pouvoir saisir ce que dit l'étranger, pouvoir communiquer, pouvoir lui parler de la Bonne-Nouvelle apportée par le Sauveur !

Le monde et ses habitants allaient commencer à entendre, le monde allait être nourri des Paroles de L'EVANGILE !

Ayons dans le cœur mes frères, de nourrir une âme en recherche !
Demandons l'Aide de L'Esprit Saint qui viendra nous aider !
Nous ne pouvons rien faire seuls... mais avec le Souffle d'AMOUR, nous aurons en nous une flamme qui ne demandera qu'à se communiquer !

Une main desséchée reprendra vie quand vous lui donnerez la vôtre mes frères !

Un dos voûté se redressera quand vos bras le soulagera !

Des pieds fourbus pourront continuer leur marche quand vous placerez les vôtres sur la même route et que vous partagerez l'Amour !

Et puis, chères âmes du Seigneur

Un cœur fatigué de vivre se remettra à battre quand des vôtres sortiront des Louanges !

Il faut, voyez-vous, en ce monde être continuellement à l'écoute de nos frères !

Les pulsions d'Amour que le Saint-Esprit nous envoie, sont à distribuer !

Les Charismes reçus doivent se donner pour le bonheur de tous !

Tous différents, les Dons du Saint-Esprit que nous partagerons entre tous les hommes feront se lever une multitude de frères engagés prêts à se donner pour la vie du monde !

L'Aube nouvelle tant attendue se dessine, mes amis !

Vos désirs de changement, votre volonté de servir, et votre disponibilité à l'Evangélisation, tout cela est l'Aube Nouvelle !

Le Seigneur Tout-Puissant s'engagera avec vous, puisqu'Il vous dispensera son Divin Esprit !

La Sainte Force Sacrée va renouveller tous les cœurs de bonne volonté, car vos cœurs je le sens bien,

sont prêts pour le Service de Dieu en ce monde !

Pas une terre ne craquera sauf d'Amour !

Pas une terre ne sera engloutie, ses récoltes saccagées, car Le Feu Ardent de L'Esprit va l'ensemencer, elle sera protégée !

Pas un homme ne sera perdu, pas une âme ne sera esseulée, car l'Eprit d'Amour en Sa grande Bonté, en aura eu pitié...

Il aura envoyé vers l'affolé, le désespéré de ce monde, un frère qui le portera.

Oui, l'Esprit Saint se laissera emporter vers tous les hommes, par ceux qui Lui offriront un Service d'Amour pour leurs frères !

L'Esprit est descendu pour Se donner
et en notre temps Il attend de nous, mes frères, une véritable marche en avant !

Décidons-nous pour la Vie en Esprit, cela ne nous demande pas de courage ; il nous demande seulement de répondre présents !.... et Le Feu Divin descendra en nos âmes.

Mes amis, nous allons alors en Compagnie du Souffle Divin œuvrer pour Dieu Lui-même !

Oui, Le PERE a besoin de tous les cœurs de ce monde pour que celui-ci change et redevienne le champ fertile du tout début.

Quelle joie, mes amis, de travailler pour notre PERE
vous verrez, si vous l'avez décidé, que vous accomplirez facilement les gestes d'Amour sollicités par vos frères.

Un cœur blessé... vous le panserez par des paroles douces ; et vous ferez encore bien d'autres choses.

Tous les moyens seront bons en vérité, quand vous les soumettrez d'abord aux volontés de l'Esprit.

Ensuite, AGISSEZ, Le Seigneur vous le demande !

Ne pas reculer, oser entreprendre, mais le faire toujours en compagnie du Feu Sacré !

Divin Esprit Saint.

Viens nous donner la Force d'en-haut !

Nous voulons partir dans le monde pour Te faire connaître et Aimer.

Viens nous parler.

Viens en nos cœurs.

Nous T'aimons.

« Petites flammes ».

Je viens en vous...

N'ayez pas peur de la Vie Divine qui Se propose.

Le monde en ce temps est trop agité, il est secoué, il se brutalise lui-même, car il déploie aux quatre horizons des forces mauvaises, et celles-ci détruisent tout sur leur parcours.

Le Bien est pourtant présent, mais Il ne peut agir sans le consentement de la créature.

Ames Divines...

Rendez-vous au seul Principe qui fait vivre !

Le Dieu Unique en trois Personnes distinctes !

Dites à votre Créateur le OUI qu'Il attend de vous !

Offrez toutes vos puissances intérieures et extérieures à Sa Puissance de Vérité, et vous deviendrez hommes de ce temps, des Lumières qui combattront pour le Bien, et le mal reculera, et retombera dans l'abîme d'où il ne sortira plus.

C'est un grand combat eschatologique que vous aller remporter avec Le Seigneur Lui-même,
quand vous Lui aurez tout donné de vous-même !

Le Christ-Jésus comblera vos cœurs, et vous entamerez un chemin d'AMOUR et de PAIX
derrière Lui.

« MOI, L'ESPRIT QUI ANIME ET FAIS VIVRE TOUTES CHOSES !

Je brûlerai les âmes consentantes pour qu'elles soient des Anges sur la terre, pour le Service du Roi du ciel !

Une âme qui est à Dieu et qui prie… est Lumière ! Elle est un flambeau pour les peuples !

Transmettez Flammes de Dieu, le Divin Message de l'Amour.

Dites aux nations qu'il n'est plus remps de se prélasser mais de réagir !

Dites aux nations que les guerres néfastes détruisent l'Ordre créé. Il faut qu'elles cessent et que la Paix refleurisse en ce monde.

Quand l'Amour circulera entre tous les hommes de toutes races partout sur le monde,
Le PERE fera descendre une Ere de Paix…
Tout sera pour l'homme joie et sérénité !

Voyez, âmes de Dieu, l'Aube Nouvelle va descendre sur l'homme, et Je désire qu'en l'attendant
vous prépariez la terre à Celle-ci.

Je désire que vous donniez aux peuples l'Amour de Dieu !
Je suis l'Esprit d'Amour !
Je descends en chaque âme qui M'appelle ! N'hésitez pas à le faire…
Je vais vous emplir de SAGESSE et de FORCE, de DISCERNEMENT, D'ABANDON !
de PIETE FILIALE, de CONSEIL et de CRAINTE DU SEIGNEUR !

Tous les Dons Divins vous aideront à vous transformer et à bien agir.
Allez de par le monde porter la Bonne Nouvelle du Salut !
Soyez attentifs, Mes enfants… Tout près de vous se tient un frère qui a besoin d'Amour !

Faites se lever la Moisson pour Dieu !

« ALLEZ ».

La Dormition : Sainte Mort
Priez avec moi, chères âmes…

Ma joie c'est de t'Aimer… O Marie, ma Mère !
Ma vie, je Te la donne
Mon cœur, je Te le consacre !
O Mère Bénie entre toutes les femmes, Tu es le soleil dans nos nuits, Tu es la brise en un temps de chaleur, Tu es l'Eau qui assouplit les cœurs desséchés.

O Douce Mère Marie… Je Te prie en ce jour en compagnie de mes frères pour toutes les intentions des hommes déposées à Tes Pieds.

Mère de l'Amour, prie avec nous. Le peuple de Dieu est en grande misère. Accorde aux hommes les Grâces qu'ils espèrent…

Mère nous nous abritons sous Ton Manteau de Grâces dont Tu es revêtue ; nous prions avec Toi.

La Dormition de la Mère du Seigneur est un instant de Paix incomparable.
Il nous apprend que si nous nous endormons dans l'Amour de Dieu…
nous nous réveillerons en Son Divin Séjour.
Marie préservée… Marie toute habitée par Dieu fut en ce temps-là endormie en Lui.
La Mère du Seigneur Jésus n'allait pas souffrir de la corruption du corps… Celui-ci étant pur, sans aucune tâche…

La tâche originelle ne L'avait pas salie, le PERE ETERNEL avait formé la Mère de Son Fils intacte de toutes salissures !
Marie était le Vase Sacré, le Berceau blanc de l'Enfant-Dieu !
Elle fut tout au long de Sa vie Bienheureuse d'appartenir à Dieu, qu'Elle servit de toute Son Ame.
A Son dernier jour, Elle fut donc enlevée au ciel.
Elle fut ravie en Esprit. Elle prit Sa Place au Royaume.

Elevée dans les hauteurs, Son Regard se pose sur chacun d'entre nous.

Elle encourage le monde à choisir la voie droite. Elle descend pour parler et faire prier. Elle est active.

Oui, La Mère du Seigneur est Mère de l'humanité et Mère de l'Église de Son Fils.

Elle protège les Consacrés dans leur ministère, et Elle invite les peuples à se convertir et à vivre en Paix.

Nous devons alors nous mettre à Son écoute, et apprendre à vivre saintement à coté d'Elle.

Avec la Vierge-Mère, tout est simple. Accueillons-La chez nous.

Faisons d'Elle la Reine de nos foyers, et Elle bénira ceux-ci.

Il faut Lui consacrer nos vies, et Marie portera avec nous les charges de celles-ci que nous pensons parfois trop lourdes.

La Mère du Verbe Incarné écoute toutes les supplications du peuple de Dieu.

Elle intervient pour le bien des âmes à tout moment, quand l'homme sollicite Son Aide.

Elle descend sur la terre envoyée par Le PERE, en maints endroits.

Sachons écouter Ses Messages d'Amour, ces Messages qui ramènent les enfants du Seigneur dans la Voie droite et évangélique.

On ne peut se tromper quand Marie délivre un Messsage. Celui-ci ne parle que de conversion, d'amour, de retour à la prière, et à l'adoration dûe au PERE ETERNEL.

Marie parle aussi de Paix.

Marie, Fille du PERE, Epouse de l'Esprit, Mère du Sauveur ; est l'étoile lumineuse en nos vies.

Donnons-Lui la main et écoutons Ses Demandes.

Prions en Sa douce compagnie, pour notre monde qui se débat dans des difficultés nombreuses !

La Porte du ciel qu'est la Sainte Vierge nous ouvrira avec nos Prières, la route de Lumière !
Ne laissons pas la Vierge Marie prier toute seule… prions avec Elle !

« Une âme, dit le Seigneur Jésus ».
est un parterre de roses au parfum qui Me séduit.
Elle embaume par ses élans d'Amour, et grâce à son état de Prière.
Une âme qui s'offre à Moi pour son Salut et celui du monde ; est pour Moi très chère…
Une âme qui se purifie tout au long de son passage sur la terre ; est une âme de Bien qui s'endormira dans Ma Paix !
Une âme qui vit de Sainteté… Je veille sur elle… je la plonge en Mon Cœur.
Une âme qui se baigne en Mon Eau vive, est pour Moi une coulée d'Amour que Je reçois avec bonheur !
Une âme qui désire Mon Parvis, Je l'emporte en Mes Béatitudes…
Je l'enlève… elle s'endort avec Moi… Je suis son soutien.

Mes agneaux…
Je vous invite à méditer sur votre fin dernière. Il ne faut pas que vous en ayez de la crainte… il faut faire confiance au Plan de Dieu sur chacun de vous.
Tout ce que le PERE veut pour une âme est grande Sagesse, grande Lumière.

Mes enfants, le PERE aime toutes les âmes… et Il les attirent à Lui avec Amour, Patience,
Miséricorde et Compassion.
Mon PERE en Son Royaume est le Divin Rassembleur, Il attend toutes Ses créatures !

A votre fin dernière, appellez Mon PERE… Il entendra vos soupirs vers Lui et vous prendra chez Lui… car vous Lui aurez dit votre Amour.

Les âmes ne sont pas de la terre, elles retournent d'où elles sont sorties, elles retournent vers Celui qui les a créées.

Alors Je vous dis Mes âmes…
Vivez en Paix, soyez vigilants car le mal règne !
Soyez des âmes d'élite, des flambeaux, qui porteront Mon Evangile au peuple tout entier !

Je veille sur Mes agneaux… Je les attend en Ma Bergerie…

Je suis la Lumière du monde !
Venez à Moi vous tous, et Je vous conduirai au Royaume de l'Amour !

Le temps humain est poussière, il coule très vite, mais il ne se perd pas dans la nuit des temps, quand il est vécu Saintement.

Le grain de sable tombe en terre….et l'âme s'endort… et se réveille !
Elle s'élève vers son éternité cette âme qui aura Aimé et recherché la Vérité ; elle retrouvera Celui qui l'a créée !

Je vous aime Mes agneaux… Venez à Moi, Je suis la Porte !

Je suis le Chemin, La Vérité, Je suis la Vie, Je suis votre vie !.…

Le Couronnement de Jésus : Persévérance finale
Mon peuple, dit le Seigneur…

Reviens à Moi, en toute liberté !
Reviens au seul Juste, à l'unique Vérité !

Le Royaume Eternel est Saint et attend les âmes, qu'elles s'appliquent donc à le devenir !

Mon peuple, Reviens au Dieu de la Paix !

Je t'en conjure Mon peuple, toi que J'ai sauvé par Mon Sacrifice sur la Croix !
Reviens à la raison !
Je suis désolé Mon peuple car en ce temps tu n'écoutes plus la LOI DIVINE !
Que va-t-il advenir de toi ? Reprends-toi !

Tu ne dois pas tuer, arrête les guerres !
Tu ne dois pas asservir, arrête de soumettre les peuples !
Tu ne dois pas adorer Mammon, tu dois choisir DIEU !

O, Mon peuple,

Relis les Saints Commandements, imprègne-toi des TABLES de la LOI DIVINE !

O, Mon peuple,

Obéis aux Commandements de Mon Église, Elle applique l'Amour !
Respecte Ses Digniaires !
Observe le jour très Saint de la semaine : le septième jour, Repose-toi et Prie !
Ne sois pas désobéissant au Créateur !

O, peuple ingrat,

qui ne vit que pour les plaisirs futiles, Pense à ton éternité !
Reprends-toi, redeviens petit, redeviens pauvre, quête le Pardon, quête l'Eau Vive !
Redeviens soumis...
Redeviens la goutte d'eau de l'infini...
Resoude-toi aux origines Sacrées...
Reprends le goût de ta vie initialement pure...
Peuple aimé,

Si tu reviens à Moi... Je te comblerai de nouveau !
Si tu reviens à Moi... Je t'offrirai ta Demeure éternelle !
Si tu reviens à Moi... Je t'ouvrirai Mon Jardin !

Peuple tendrement aimé,

Si tu t'attaches à Moi... Je te lierai par des Liens très doux...
Si tu t'attaches à Moi... J'unirai Mes Mains aux tiennes... et
Je te bénirai.

Mon doux peuple tendrement porté,

Approche-toi de La Vérité, tu es sauvé !
Approche-toi... viens... partage avec ton Sauveur les Mérites
de Sa Croix !.

Peuple,

J'ai triomphé de toutes les forces du mal au sommet du
Calvaire, n'aie plus peur de ta vie !
Si tu es en grande communion de cœur et d'âme avec ton
Rédempteur,
peuple de la terre ; NE CRAINS RIEN !
Il te suffit de Me suivre, et tu verras de nouveau la Divine
Lumière descendre sur le monde et l'illuminer !

SH'MA ISRAEL ».

Entends peuple d'aujourd'hui Mon Appel d'alors !

Peuple,

LE SEIGNEUR EST TON DIEU,
LE SEUL, L'UNIQUE, L'ETERNEL, LE VIVANT !

Peuple,

TON SEIGNEUR EST « UN «… ne l'oublie jamais, et grave
en ton cœur cette Adoration de l'Ecriture Sainte.

ADORE TON DIEU, peuple créé !

NE PRONONCE PAS SON SAINT NOM SANS GRAND
RESPECT !

SANCTIFIE LE JOUR DE TON DIEU !

HONORE LE PERE ET LA MERE, DE QUI TU DETIENS
LA VIE SUR LA TERRE !

PAS DE MEURTRE, PAS DE GUERRE, TOUTE VIE EST
SACREE !

GARDE TON ÂME ET TON CORPS QUI LA PROTEGE
DE TOUTES SORTES D'IMPURETES !

NE PRENDS PAS CE QUI APPARTIENT A L'AUTRE !
NE TROUBLE PAS TON ÂME PAR DES MENSONGES
QUI LA SALISSENT !

SOIS PUR DE TOUT DESIR MALSAIN !

NE CONVOITE PAS CE QUI NE T'APPARTIENT PAS !

Graves les Tables de la Sainte LOI en ton cœur, et vis sur la terre en enfant de Lumière !
Combat le mal par le BIEN !
Donne ta vie pour que ton frère vive, c'est-à-dire, partage avec lui ce que tu as reçu de Dieu gratuitement...

Peuple d'aujourd'hui,

Comme hier, les pleurs et les cris des malheureux montent-vers Moi !
C'est un vacarme qui attriste le Cœur du PERE, et fait trembler le monde !

Je vous demande avec insistance Mes enfants,
De revenir à Dieu de tout votre cœur, et la Paix descendra sur le monde.

Je vous demande,
De cesser tous les combats qui assombrissent le soleil de la FOI, ceux des armes et ceux des esprits !
et le calme de l'infini prendra place sur la terre...
Je vous demande,
De ne plus vous séparer, vous peuples qui avez installé des Religions qui vous opposent... et qui ne vous rendent pas heureux...

La FOI AU DIEU UNIQUE !

LA FOI EN SON FILS, LE REDEMPTEUR !

LA FOI EN L'ESPRIT DE VERITE !

Voilà chers enfants le véritable bonheur pour vous tous !

Mes enfants, apprenez que vivre la vie Sainte proposée ; est source de grande joie !
Vous avez été créés pour Aimer, et non pour détruire.
Entendez Mon Commandement hommes de ce temps !

« AIMEZ-VOUS LES UNS LES AUTRES !
COMME JE VOUS AI AIMES, ».

Sur la terre… tout se meut sous la Main du PERE…
Le monde et l'univers sont en perpétuelle Création…
L'univers infini grandit toujours, ce ballet merveilleux est le
Grand-Oeuvre de votre Créateur !

Sur la terre, l'être humain a tout reçu de son Dieu pour vivre
en Paix et bien adapté à la nature.
L'homme a toute puissance sur elle, qu'il agisse en Bien !

Il sème les récoltes en jettant en terre les semences…
Il peut étancher sa soif au courant des rivières qui abondent en
ce monde !
Il a le pouvoir de domestiquer l'animal, et celui-ci le lui rend
bien en l'aidant aux travaux de la terre…

L'homme a tout reçu pour Louer, danser et rire !
S'il chante son Amour au Créateur, Celui-ci bénira toutes ses
entreprises !

322

L'homme terrien doit être appliqué, il doit aussi réfléchir !
Il n'est pas seulement chair, il est également Esprit.

« Alors Je vous dis ».

Elevez vos Esprits, en priant de tout votre être votre DIEU et PERE ; qui est tout Amour pour les hommes.

Mes enfants,
n'abîmez plus le monde !

Mes enfants,
Reconstruisez celui-ci, il est temps !

Pourquoi faire couler les larmes des enfants, quand vous tuez père et père ?
Pourquoi affamer Mes petits ?
Pourquoi soumettez-vous des peuples innocents à des Lois barbares ?
Pourquoi ne respectez-vous plus le Lien Sacré du mariage ?
Pourquoi faites-vous des différences entre vous, quand vous n'aimez que ceux qui vous ressemblent ?
Pourquoi n'accueillez-vous pas en votre demeure, l'être qui demande seulement un peu d'attention, un peu d'Amour ?

Mes enfants,
La liste des péchés actuels est grande !
Il faut Mon peuple que tu remédies à cela !
Ouvre tes bras à tous tes frères, comme Je le fais Moi-même !
Sois miséricordieux, comme Je le suis pour toi !

Ne fais pas à l'autre, ce que tu ne voudrais pas que l'on te fasse

N'accable pas, O, Mon peuple, pour que le ciel ne t'accable pas !
Donne le baiser à ton frère, ce sera le Mien... c'est le baiser de la Paix !
Réchauffe le monde que J'ai sauvé, en Me suivant sur la route du Bonheur Eternel !

« Peuple ».

Sois présent en tout lieu !
Tiens ta lampe allumée !
Sois comme les Vierges sages...

Il est un monde que tu ne connais pas encore, mais que tu peux sentir en étant Amour sur la terre.
Vois-tu peuple aimé, tu n'es pas de celle-ci...
Tu es d'un Pays où coule le lait et le miel... tu es de la Cité du PERE !
En bas, en ce monde ;
Travaille sur toi, produis un bon Fruit, pour que Celui-ci demeure.

Fais se pencher le plateau de la balance vers le Bien, et tu seras inscrit au Livre des Justes !
Confie-toi à ton Ange, le fidèle Gardien de ton âme... et laisse-Le te conduire.
Il agit pour toi sans bruit... en eau calme... Il te protège et agit.

« Peuple ».

Va au-devant de Ma Mère très Sainte,
Sois un bon enfant devant ta Souveraine Mère… ne L'attriste
plus…
Laisse-toi guider par Elle !
n'oublie pas qu'Elle M'a donné vie humaine, qu'Elle M'a
nourrit et élevé,.

Elle fut partout présente, délicate, Me soutenant par le Flot
d'Amour de Son Cœur Immaculé jusqu'au Calvaire.
Abandonnez-vous à Ma Mère comme Je le fis Moi-même…
Elle vous mêne à Dieu !

« Peuples de la terre ».

Tu sais ce que tu dois faire pour parvenir en Mon ROYAUME !
Sois fidèle à Mon Église, et reçois d'Elle le Pain de Vie que
Je t'ai laissé pour ta force !
En ce Pain Consacré, Moi ton Sauveur… Je viens à toi !
Reçois-Moi Saintement et en état de Grâce… n'aie pas peur
de m'abandonner tes fautes en remettant celles-ci au Prêtre.
Redeviens tout petit… car Moi ton Dieu, Je Me donne à toi :
TOUT PETIT…..

Une âme est sur le chemin de la Sainteté, quand elle s'abandonne au Feu de l'Amour en toute humilité : Elle est brûlée.

Soyez calmes, soyez paisibles… et vous entendrez Ma Voix !

Nul ne va au PERE, sans passer par Moi !

Alors peuples de la terre : Suis-Moi !
Je suis Jésus, le Berger des âmes, que J'aime d'un Amour
Puissant, Eternel, et Ma Miséricorde vous purifie !

« Peuple ».

Un jour tu viendras rejoindre la Couronne de Mes Saints !
Jette aujourd'hui des fleurs sur ce monde qui souffre…

Je t'aime, Je suis ton Seigneur, et Je te bénis.

« MA PAIX SOIT SUR TOI »
« MON PEUPLE…
FAIS BRILLER LA TERRE PAR TON AMOUR, »
« EN UNION AVEC LE MIEN « AMEN ».

AU NOM DE YAHVE

C'est un parfum envoûtant... c'est un chemin de l'espoir...
C'est une brise caressante qui descend et qui m'unit à Lui...

J'ouvre avec joie mon cœur aux souffles du monde qui me
parviennent.
Déferlent alors sur mon âme les respirations qui animent notre
planète, et que le Seigneur veut faire découvrir à Son peuple.

Mon esprit s'ouvre... j'attends leur contact. Je suis âme
consentante... je deviens écoute...
elles peuvent me dire... et moi je veux vous les dire.

En sa bulle transparente, le souffle d'air emprisonné s'offre à
mes désirs me prend mes facultés et j'apprends ainsi près de
Lui qu'il est source de vie, et que la vraie Vie prend naissance en Lui.

Comme une cascade bleue qui se jette d'une falaise, le souffle des eaux en Grâce ; me baigne le cœur… et j'apprends ainsi qu'en Lui tout s'éclaicit et se purifie.

Comme un sillon bien préparé en terre meuble, le souffle de terre y déposant les semences…
j'apprends ainsi de Lui ; ce qu'est le Pain de Vie !

Comme une braise dévorante… le souffle ardent m'apprend qu'en Lui… toute vie brûle et se consûme en Feu d'Amour !

Venus en ma conscience d'âme, ces Souffles que mon ABBA me fait découvrir, me font Aimer, me font me Parfaire !
Cristaux vivants, clapotis dansants, airs embaumés qui se coulent sur les âmes… et qui les fait chanter !
Chaleur incandescente qui rougeoit les cœurs ouverts… glaise nouricière… livre ouvert sur la Sagesse… Connaissance Sacrée de la Cité Sainte !

En ce jour béni,
je fais l'apprentissage docile du monde bleu et de ses merveilles, cette pierre précieuse offerte aux hommes.

Je vous invite alors mes frères de toutes races à écouter avec moi, ce vibrant Appel que le Divin Créateur nous adresse en ce temps.
Laissons-nous captiver, laissons-nous instruire !

Oui frères et sœurs en Dieu,
soyons des cœurs avides de l'Instruction du Royaume !

Le PERE veut Se communiquer au monde, par tous les éléments de Sa Création !

Ne refusons pas cette approche qui va nous unir aux Volontés Divines.

Ouvrons-nous à la Vraie Vie en LUI notre PERE, nous allons être vous et moi totalement immergés en La Sagesse infinie.

Approchons-nous mes amis, du Cœur du PERE du ciel et de la terre.

« PERE… BIEN-AIME CREATEUR ».

Nous nous unissons à Tes Souffles pour atteindre Le Tien !

Tu es en chacun d'Eux !

PERE de douce Bonté… fais-nous découvrir leurs Beautés, instruis-nous Sagesse Amour !

Façonne-nous de terre…

Façonne-nous du Feu qui nourrit l'âme…

Façonne-nous d'air pur, enveloppe nos âmes de brises légères…

Façonne-nous en Tes Saints Vouloirs !

Façonne-nous PERE… que nous puissions Te rejoindre, Te découvrir !

Anime - nous ABBA, Souffle sur Tes créatures… Souffle sur toutes les âmes !

PERE… j'entends en mon âme Ton Soupir… Ton Appel….

« VIENS ».

« Mon enfant… tu es misère… et Moi Ton PERE, Je t'aime.

« Créée et façonnée par Mon Souffle Puissant, tu M'appartient toute entière.

« Ton âme est unie à Mon Amour, Je l'en ai imprégnée en la modelant.

« Ecoute Ton PERE Mon enfant… sois tellement petite, qu'en Mon Souffle tu pourras

« produire un bon fruit d'Amour !

« Donne cet Amour à Mes enfants…

« Tous créés et façonnés, tous identiques d'âmes… ils sont à Moi !

« Je veux que tu partage avec eux l'Amour que Je te porte.

« Lavez-vous tous en la même Eau Sainte !

« Soyez de vrais frères, unissez vos âmes et Je vous instruirai.

« Entendez ces Textes !

« Ma façon de vous exprimer Mon grand Amour, hommes de bonne volonté ; y est donnée en eux !

« Ouvrez vos âmes en la Prière d'unité, Ma Sagesse est à leurs portes Mes enfants !

« Petite… écoute…. transmet… Aime !

« Dis au monde combien le PERE est Sagesse… et combien Il l'Aime, ».

Mon PERE… notre PERE… nous t'aimons et nous savons que Tu es Présent auprès de
chacun de nous… nous ouvrons à Ton Amour nos âmes, GLOIRE A TOI !

L'Annonciation : L'Humilité

Que Ton Souffle descende en moi Mon Seigneur…
je veux Te glorifier !

Souffle… qui contient toutes les vertus !
Souffle… qui surgit à l'improviste pour soulager… pour Aimer…
Souffle de l'ETERNEL qui purifie mes entrailles !
Souffle qui m'appelle à dire « oui ».

Divin Souffle… Mets en mon cœur le transport aimant qui Te ravira, et donne à mes frères l'ouverture d'Amour pour accueillir Tes Divines Sollicitations !

L'union des créatures ne peut se faire si celles-ci ne Te rencontrent pas, et Toi, Tu Te proposes toujours…

Oui, j'appelle mes frères à vivre de Ta Vie !
J'appelle toute l'humanité à Te répondre !

Bien-Aimé de nos âmes… entends Tes enfants disséminés aux quatre coins du monde !
Entends leurs cris d'Amour et aussi de détresses !

En ce Mystère de Ton Annonciation Sainte, Doux Jésus…
Fais que ceux-ci entendent eux aussi la Voix de l'Ange…
ouvre leurs âmes à Ta Sainteté…
annonce à mes frères Ta Venue…
Dis-leur Ton Amour…
Dis- leur combien Tu as besoin d'eux…
Dis- leur que nous sommes tous « un » en Toi, en ce Mystère si grand, contenu en Ton Essence, en Ton pur Amour !

Bien-Aimé, Secours des âmes, Cœur Adorable,
Entends-moi en ce jour !
Souffle Divin… Souffle sur nos âmes…

« Mon enfant a crié, et J'ai répondu ».

Combien de fois Ma fille… n'aie-Je pas donné à l'homme
tout Mon Amour ?
Je l'ai donné sans M'arrêter…
J'ai pressé Mon Divin Cœur pour que l'Eau Bienfaisante
jaillisse en Puissance !
Je donne Mon Amour aux êtres sans Me lasser !
Ils bénéficient en ce Mystère, par l'Acceptation de Ma Mère
Marie, de la Loi d'Amour
Elle-même, car quand on dit oui au PERE on s'engage, et l'on
entre en approfondissement
du grand Mystère Divin ; qui est de comprendre en Vérité ce
qu'est l'Amour.

Du « oui « de Marie… Mon Cœur a fait s'écouler des fleuves
d'Eau Vive sur toutes les générations !
La Fleur très pure a accepté que le PERE s'engage…. et par
Celle-ci, le Fils a pris Lui aussi
l'Engagement de descendre sur terre pour Sauver.
L'Amour ne pouvait se résoudre à abandonner ce qu'Il avait
créé !
Il s'est investi, Il est descendu pour faire renaître les âmes,
leur redonner Vie !
Essayez de comprendre, essayez d'accepter vous aussi de partager le « OUI » de l'Acceptation de la Maternité créatrice.

En votre temps Mes enfants,
le monde a besoin de vos OUI, car l'Église attend des Forces vives, de nouveaux Souffles !
de nouvelles Energies !
L'Église a en ces temps, un besoin urgent d'un Amour neuf et Véritable, d'un nouvel ensemencement des cœurs.
Beaucoup de Mes enfants blessés sont multitudes de par le monde !
Répondez à la Vocation de Mon Église !
Faites comme Marie, dites OUI à Dieu !
Soufflez sur les âmes attiédies, l'AMOUR VOUS LE DEMANDE !
Je n'agis pas sans vous, votre liberté est Grâce… répondez-y Mes enfants, en vous offrant avec Amour…
Le cœur de l'homme sera un réservoir d'Eau Bienfaisante, quand il aura déposé tous ses fardeaux aux Pieds de Ma Mère… et qu'il aura dit OUI avec Elle.

« JE SUIS LA SERVANTE DU SEIGNEUR ».

Dites aussi à votre Dieu :
    Je veux être Serviteur pour Toi mon Dieu !

Le PERE a besoin de tous, Chacun a une place en ce monde pour agir, et Le PERE donne Puissance d'action à une Ame qui désire agir !
Pureté d'intention… et Le Souffle Divin prendra possession de vous et vous animera. Pureté de vie… et Le Souffle Divin vous enverra pour produire un bon Fruit et que Celui-ci demeure.

Laissez-vous attendrir par Marie Ma Mère… et devenez près d'Elle des enfants de combat, mais comprenez que Ce Combat est Celui de L'Amour !

J'AI DIT, ET JE FERAI !…

FAITES ET JE FERAI !...

Mes enfants…
soyez des envolées joyeuses aux 4 coins du monde, La joie d'Aimer est communicative !
Quand vous exulterez, les hommes se redresseront, Quand vous offrirez, quand vous donnerez L'AMOUR, l'humanité se réveillera, et dira OUI avec vous.

Le partage, la Paix, le courage d'entreprendre, la volonté de servir Mon Église ; tout cela est Grâce et portera un bon Fruit !

Dites-Moi OUI, soyez à Mon Ecoute, Soyez à Mon Ecole
L'Instruction du Royaume est à vous, mais agissez en Vérité, et surtout Mes enfants,
Je désire un OUI pur, sincère, et vrai !

La Céleste et Divine Famille vous bénit.

La Visitation : La Charité
C'est le Mystère de l'envolée…
C'est le Mystère de liberté…
C'est le Mystère de l'acceptation qui conduit à la célébration Sainte…
C'est le Mystère qui ouvre la Porte Divine du Saint des Saints…

C'EST LE MYSTERE DE LA CHARITE ».

C'est le Mystère qui engage l'âme pour l'éternité !
C'est le Vouloir de Dieu pour Sa créature…
En Sa Sagesse, notre Créateur a conçu la Charité en La mettant à notre portée.

La Charité est Dieu Lui-même, puisque Dieu est Amour, et que la Charité est l'AMOUR LUI-MÊME !

Pour accéder à ce transport Divin, le saisir, le comprendre ; il fallait le Doigt du PERE.
Le PERE a donc fait émaner de Sa propre Essence, cette chaleur qui est contenue en Son intime Substance Divine.
Il a fait que l'homme, si petit soit-il, ait toujours la recherche de la Charité en son cœur !
Parce que Celle-ci donne la Vie, LA VRAIE VIE !

La créature a reçu l'Impulsion Divine d'accourir à la Divine Charité, pourquoi ? mais
parce que l'homme ne peut vivre qu'en cette Manne et ne se nourrir que d'Elle.
La Charité est donc Nourriture de Vie !
Par Elle, c'est Dieu Lui-même qui SE MANIFESTE, qui inspire l'homme, Elle donne Vie à l'âme.
Pour accéder aux Parvis très Saints, et y voir la Porte s'ouvrir après une vie bien remplie ;
La Charité nous sera alors comptée, en tous nos actes et nos façons de donner.

Mes amis en Dieu… nous pouvons tomber, faillir certes, mais si nous pratiquons La Charité,
nos cœurs seront nourris par Dieu Lui-même ;
de Grâces de Miséricorde, de Compassion, et d'Amour ; incommensurables !
de Grâces de Vie !
par une éternelle et Sainte Offrande d'un Créateur à l'âme qui se sera retrouvée… convertie :
l'offrande du Paradis.

La Charité, l'aliment de l'âme… est le soleil qui fait se lever les moissons !
La Charité est Cœur Divin !

Sans le Charité, la créature dépérit et s'offre en sa faiblesse aus légions mauvaises.
La Charité est Force vive, quand Elle est pratiquée, le malin détale… car en Elle, celui-ci y voit la Divine Présence.

Voilà pourquoi l'Église du Christ nous appelle à :

« LA FOI, L'ESPERANCE, et à la CHARITE ».

Tournons nos âmes vers le Cœur de Jésus :
Doux Bien-Aimé… Adorable Cœur… entends nos soupirs… viens nous enseigner… viens nous parler de Ta Charité.

« Mes brebis ».

Tant que Mon troupeau ne sera pas entré tout entier en Mon Pâturage,

Je serai toujours à vos côtés pour vous attirer et vous enseigner.

Mon Royaume de Paix et d'Amour où coule le lait et le miel sur les âmes… les attend toutes !

Il faut à chaque instant du jour n'en perdre aucun et se convertir Mes enfants.

Les pierres crieront, si vos cœurs sont froids…

Les mers s'affoleront, si vos cœurs ne changent pas…

Les oiseaux ne chanteront plus, si vos cœurs ne chantent pas…

La Divine Charité est un Fleuve ardent… Laissez-La vous envahir !

Mes enfants, son contact est si doux… ne savez-vous plus que Celle-ci ne se rencontre que quand les cœurs sont apaisés ?

Dieu ne se rencontre que dans la Paix intérieure vous le savez !

Votre Maître vous invite en ce Mystère, à pratiquer la Vie intérieure.

Je désire que Mes enfants retrouvent la Rencontre avec Moi en leur jardin secret ; en leur âme.

Je serai à la Porte de Celle-ci, et J'entrerai festoyer à votre table.

Préparez Mes enfants, le Festin des Noces avec l'Agneau !

Je suis à vos côtés… et J'attends… Mon Divin Cœur veut répandre sur les vôtres Son infinie Mansuétude.

Je veux donner à l'homme, Je donne, J'encourage les créatures à se transformer !

Je désire voir vos déserts refleurir…

Je désire faire couler de Mon Cœur l'Eau qui apaisera la brûlure que vous occasionne le

péché.

Remettez-Moi ceux-ci par Mon Église, remettez-Moi ceux-ci pour revivre !

Venez à Moi… et Je vous soulagerai de toute peine…

J'ai le monde en Mon Cœur… et Je M'offre aux hommes qui recherchent Ma Vérité.

Soyez doux et humbles de cœur, comme Je le suis Moi-même…

Les loups font barrage aux brebis du Maître, mais le combat du Disciple est l'AMOUR, en tout, pour tous !

« VENEZ A MOI VOUS TOUS QUI TOMBEZ SOUS LE POIDS DES FARDEAUX ».

Venez en Ma Bergerie… Je suis le Consolateur des âmes… Je suis leur Vie !

Suivez Mon Chemin…

Demandez-Moi l'Aide Divine, et vous La recevrez, car votre chemin doit être Mien !

Je suis l'Instructeur Divin !

Je suis Paix Divine !

Je suis le Fleuve qui coule et purifie toute âme qui Me recherche avec droiture.

Je rassemble Mes brebis… venez à Moi sans crainte… Je suis le Berger des âmes.

J'ai Prié pour elles Mon PERE avant de les sauver !

Je L'ai prié de les garder en Mon Cœur pour le Royaume, alors,
Je vous invite à croire, à Me faire confiance en tout, et à suivre Mon Chemin d'Amour.

Mes petits… descendez en vous-même… faites votre examen de conscience… demandez-vous pourquoi la tristesse parfois prend le pas sur la joie en votre âme ?

MOI, JE VOUS DIS :
En Vérité Mes âmes, vous ne regardez que vous-même !
Si vous Aimiez davantage le prochain, l'Amour vous soula-gerai… L'Amour est léger comme l'aile de la colombe… Il ne pèse pas… Il se propose avec délicatese.
L'Ame l'entendra si Elle fait le calme en Elle.
Repoussez au loin les écueils qui vous empèchent de naviguer sur Mon Eau, laissez-vous conduire par Moi.
J'attire les cœurs par touches sensibles, et sans précipitation, sans heurt.
Votre Maître ne brusque pas les cœurs, Il les investit d'AMOUR !

Si vous avez bien écouté, mettez alors en pratique tout ceci !

Je saute par-dessus les montagnes !
Je parcoure les chemins du monde !
Je M'insinue en toute pensée d'Amour, et dans le silence Je transforme et fait accéder les âmes à des Degrés encore incon-nus d'Elles-mêmes.

En aimant, on gravit ces degrés qui mènent au ciel !

Toute vie a du prix et est attendue, Bien sûr la créature doit s'améliorer d'elle-même... mais quand Je vois l'effort et la bonne Volonté d'une âme !
Je l'enlève Moi-même en des Degrés d'Amour qu'elle ne soupçonnait pas !
Je vous Aime tant Mes brebis...

En terre Sainte et Biblique,
Ma Mère a été chez Sa cousine Elisabeth Me porter, Me faire découvrir.
L'attente fut longue pour Israël, Jean-Baptiste en tressaillit de joie !

Faites alors comme le Saint Précurseur !
Tressaillez de joie, d'Amour, d'être Mes Disciples !
Ayez le cœur dilaté, et allez vers les autres Me porter !

Avec la Charité en vos cœurs, vous pourrez parler de Moi, votre visage sera rayonnant, il portera la Lumière et La communiquera au monde !

Je termine en vous disant ceci :

Le monde brûlera d'Amour, quand chaque homme sera Feu, et qu'il agira pour Le communiquer.

Ma Charité est offerte au monde !

Ma Charité est vôtre, ramenez-Moi Mes petits en La pratiquant.
Ma Bergerie est vaste... Elle attend encore... Elle est patiente...

« Elle est le Cœur de DIEU ».

« JE VOUS BENIS ».

Bethléem : La Pauvreté

Chères âmes, il me faut maintenant vous faire ressentir Le Souffle de Vie !

Celui-ci, en Sa Bulle Sacrée… descend vers la terre… investit les entrailles de notre monde.
Le Souffle Divin Se véhicule… Le Souffle Divin S'approche de nos âmes..
O, Entendez-vous Son doux murmure ?
Entendez-vous le Message de Paix qui s'offre à l'homme ?

La jolie bulle dorée se pose en la Cité de DAVID, et Le Souffle de Vie se répand sur la terre.

« BETHLEEM », Accueille ton Dieu, ne sois pas indifférente, ne rejette pas Celui qui t'aime et qu'au fond de toi, ton âme recherche.

« BETHLEEM », petite bourgade agitée, pauvre, je t'invite aujourd'hui encore à écouter ton cœur.
Ton Dieu te recherche et attend ton appel vers Lui…
Pourquoi attends-tu encore alors que le temps humain est si court ?
Viens à ton Dieu, Il t'aime, et je sais que tu L'aime toi aussi !

Le souffle de ton désir… Dieu l'entend !
Le souffle de ta vie qui recherche son avenir ; Dieu l'entend.
Dans ta nuit… O, BETHLEEM, Dieu te voit et t'attend.

En ce temps-là… terre de la Promesse, tu n'as pas su
L'accueillir ?
Feras-tu le geste aujourd'hui ?
Ouvre les bras à L'Enfant-Dieu !
Il t'aime… O, peuple !
Il vient vivre en ta race, RECONNAIS-LE !

Le Souffle Sacré, échappé de la bulle ; prend possession de la
Crèche, et le Cri de la Vie se fait entendre en l'Enfant-
Nouveau Né.
Les hommes ne sont plus seuls, c'est Dieu Lui-même qui
S'est déplacé vers eux… vers nous !
Quel AMOUR dans cet abaissement Divin !
Comprendrons-nous un jour ce grand Cadeau que le PERE a
fait à l'homme ?

Mes chers amis,
Devenons petits et humbles… La Vie Elle-même S'est remise entre nos mains…
Posons-nous alors la question de savoir, ce que nous faisons
pour remercier notre Dieu
d'AMOUR !
Car enfin… c'est Dieu-Lui-même qui est descendu vers
l'homme, alors que celui-ci L'abandonnait !
Si l'AMOUR n'était pas decendu, que serait devenu l'homme ? sinon qu'un être perdu, à l'âme en désordre.

Pas d'Eternité pour les cœurs fermés…

Notre Dieu est venu pour nous enseigner de nouveau, qu'il nous faut vivre sur terre totalement immergés en l'AMOUR !

Sans l'AMOUR…. tout est fade et stérile, et les ceurs endurcis ne produisent rien de bon.

Alors voyez-vous âme de Dieu, la seule façon de gagner le ciel n'est autre que d'instaurer

l'Ere de Paix et d'AMOUR que demande le Seigneur.

Tout peut changer sur la terre, quand les cœurs brûlent et se communiquent cette Flamme.

La Mère de toutes Grâces a accepté d'offrir au monde le Salut, par le Venue du Petit Roi Jésus.

C'est une Mère admirable, c'est la Mère des mères…

Tout est simple en Elle, tout est apaisant… La Vierge est la Protection de l'humanité !

Elle Prie pour nous…

Le bon Joseph est le secours des âmes… Il est le Protecteur de l'Enfant-Dieu, et également le nôtre.

N'ayons pas de crainte, allons vers Saint Joseph Il prendra soin de nous ; Il est si Bon !

« Seigneur, Notre Roi Bien-Aimé… ».

Nous venons à Toi en toute simplicité. Viens à nous Jésus…

viens nous apprendre à devenir des petits pauvres…

Viens illuminer nos crèches intérieures, Viens nous redonner Vie ! ».

« Mes enfants ».

Vous M'appelez… Je viens…
Vous savez bien que l'AMOUR ne vous quitte pas !
Quand vous criez, Je suis là… au milieu de vous…
Quand vous Priez d'un seul ceur… Je suis avec Mes
enfants…

« Chères âmes de la terre, »
Venez à Moi sans crainte, Je veux tout vous donner !

Je veux clarifier vos doutes…
Je veux aplanir vos chemins…
Je veux laver vos incertitudes en Mon Eau Pure…
Je veux bénir vos actes, quand ceux-ci sont orientés vers le
Bien…

Je suis venu donner Ma Chair et Mon Sang pour que le monde
vive !
Je suis descendu en Souffle fragile, et sur le Sein de Ma Mère ;
Je commençais Ma Mission.

« Mes enfants, l'Enseignement est simple. Mon
Enseignement peut être compris par tous !
Lisez Mon Evangile, écoutez l'Apôtre Pierre de votre temps ;
Le Pape Jean-Paul II.
Sa voix est Ma Parole !
Je l'investis de tous Mes Vouloirs !
Je le charge de vous soutenir en tout, et partout en votre
monde !
Observez-le Mes enfants, son corps est offrande pour ses frères !

Ce Serviteur unique de Mon Église, doit être soutenu par vos Prières, il a besoin de vous pour continuer sa Mission aujourd'hui.

Alors Je vous demande avec insistance :

Servez Mon Église, Servez Ses Ministres !
Sans vos Prières, ils ne peuvent assurer une tâche devenue bien lourde pour certains d'eux très fatigués.
En ce temps, Je veux que tous les fidèles s'unissent et entreprennent ensemble d'agir pour le monde !
Seuls, isolés ; vous ne ferez rien de bon !
Réunis et mains dans la main, votre Force sera la bouée de vos frères.

Descendez en vous-même en la Prière… et partagez l'AMOUR entre vous…
Regardez-Moi Enfant Nouveau-Né vous tendre les mains, les bras, tout Mon petit Corps de chair !
Faites ainsi !

Donnez vos mains à vos frères…
Ouvrez vos bras vers vos frères malheureux…
Offrez-vous tout entier, pour être de vérirables Flammes d'AMOUR !

En vos cœurs, Louez le PERE avec les Anges !
Oui Mes âmes, chantez le Gloria des armées célestes !
Sachez Aimer chaque instant de votre vie… elle passe vite…
mais Je vous attendrai sur l'autre rive.

L'Eternité est un endroit de Délices... un Havre d'AMOUR....un Royaume Fastueux... où tout est harmonie et mélodie.

Mes enfants... Le Royaume attend les âmes; mais des âmes qui se seront appliquées à devenir toutes petites, toutes simples.
J'aime les âmes enfantines...
J'aime les cœurs purs...
J'aime la simplicité et les visages rayonnant de joie intérieure...

J'AIME LES ÂMES

Priez Moi, avec les bergers de BETHLEEM ;
de vous donner l'Esprit de Pauvreté ; qui vous fera comprendre qu'en Lui, tout est simple et facile.
Ne vous compliquez pas la Vie que le PERE vous a donnée, Il a voulu le Bien pour Sa créature.

Alors MOI JE VOUS DIS :

AIMEZ, DEVENEZ SEMBLABLES AUX ENFANTS, ET LES PORTES DE MON ROYAUME S'OUVRIRONT POUR VOUS !

JE VOUS CONDUIS MES BREBIS....

Votre Pasteur vous bénit.

La Présentation au Temple : Obéissance et Pureté

Le Cœur de Dieu est vaste, Le Cœur de contient la Création toute entière !
Le Souffle du PERE est notre vie !

Pour accéder à Sa Contemplation, il nous faut gravir les Degrés de la Sainte Perfection.
C'est difficile, mais avec application nous pouvons y arriver.
Tout d'abord, il nous faut nous appuyer sur l'Ange qui nous guide. Il nous donne la main, et Il nous aidera à gravir les échelons de la Vie Intérieure.

Mes amis, en ce Mystère ; il nous est proposé l'accès au Temple Saint avec la Sainte Famille.
Notre disposition intérieure, notre pureté d'intention ; vont nous y aider.

Toute âme est appellée, mais combien en ont le désir ?
Bien sûr, pour tenter cette Ascension ; il faut aux âmes entreprendre un chemin de Conversion et se mettre l'âme à nu devant l'Eternel.

Les Degrés qui mènent aux Parvis, sont des états de Purification en un immense Amour offert à Dieu.
Le PERE, CREATEUR des âmes ; rejoint celles-ci quand elles entament ce chemin vers Lui.
Il aide, sans Lui rien ne peut se faire !

Le marches du Temple nous incitent à vivre l'état Evangélique de Sainte Perfection, et nous vivrons cet état en nous appuyant sur l'Amour Divin.
La Vierge Mère, auréolée de Pureté et de Grâces infinies… nous entraine à Sa suite.

Elle est la Porte du ciel, La PORTAÏTISSIA, Elle conduit les enfants du PERE à Le rencontrer, Elle nous précède sur les marches.

L'Oraison... la Méditation... le Silence... l'Offrande de nos vies... tout cela nous prédispose...

L'Oraison nous fera devenir Battement de cœur !
La Méditation nous fera parler à Dieu, d'âme à AME, avec son Créateur !
L'Offrande de nos vies, fera que la chair s'allègera et que l'esprit prendra tout son espace !
Les étapes à franchir doivent s'accomplir en état de soumission et d'abandon, à la Force Divine qui va tout transformer.

Il faut apprendre à baisser les paupières sur le regard humain, et apprendre ensuite à les relever sur le Château intérieur... notre âme...
Nous devons redécouvrir notre état premier, celui du tout début de la Création. Cet état où rien n'avait troublé l'âme.
Etat de blancheur, de fraicheur, état de Sainte Vie en Dieu !
L'âme, créée originellement pure, peut retrouver une partie de cette Vie intime avec son Créateur ; mais bien sûr une ombre planera toujours sur sa blancheur...

Alors très chers amis que j'aime...
Je vous invite où que vous soyez, où que vous viviez, sans avoir peur !

Allez vers le PERE...
Montez les Degrés de Son Temple !

DIEU VOUS ATTEND, IL VOUS AIME !

Tentez l'approche du Temple, en vous dépouillant du vieil homme ; redevenez des Lumières de Vie !

« O, Jésus, notre Divin Secours… notre Amour, entends nos désirs… nos faiblesses, nous les déposons à Tes pieds !
Accorde-nous la Grâce de Ta bénédiction sur nos vies, nous allons vers Toi, vers les marches de Ton Temple !

« AMEN, ME VOICI ».

Petits enfants… Je bénis les âmes qui recherchent la Vérité !
Celle-ci Se découvre quand ces âmes montent les Degrés vers Moi !
Tout changement de vie, de comportement, est un Bien ; quand ceux-ci Me sont offerts.
Une âme qui s'amende, qui se dépouille, est devenue légère… et monte aisément les Degrès de la Sainteté.
Chaque marche qui mène à Mon Temple, apporte aux âmes une nouvelle Perfection, une nouvelle Blancheur !
Les Degrés du Temple sont des étapes de vie intérieure qui sont gagnées par la Prière.
Votre Dieu n'est pas dans le bruit du monde… Il est en vous.
Il faut aux créature comprendre ce chemin, qui va les conduire à se retrouver et à pouvoir Me comtempler !

Ces marches du Temple Mes enfants, certains les monteront vite, d'autres y mettront leur temps de poussière…
Ce qui compte voyez-vous, c'est le Désir du Perfectionnement.

J'affectionne tout particulièrement, une âme qui accomplit toute démarche, tout effort, tout sacrifice, en s'unissant à Moi !

Je la fais alors parvenir très vite à la Porte des Lumières !

Mes enfants...

Le trouble s'installe si vite en vous... pourquoi ?

Détournez-vous de celui-ci, de la tristesse et des combats inutiles... venez à Moi, et tout deviendra tellement simple...

Je suis dans le cœur de chaque créature... J'attends toutes les bonnes volontés pour les transformer !

Je veux offrir aux âmes leur vie nouvelle, en gravissant avec celles-ci les marches de Mon Temple Saint.

Enfant Nouveau-Né ; Je fus porté par Marie et Joseph au Temple.

J'ai rejoint le PERE en M'offrant à Lui par Marie. Je Lui fus par Elle Consacré, comme tous les premiers-nés mâles.

Enfant Nouveau-Né, J'étais déjà Mission Divine !

J'appelle aujourd'hui toutes les mères de ce temps à Me consacrer leurs enfants, pas seulement les premiers-nés, mais tous les enfants !

Ceux-ci sont l'avenir du monde, et Ma Bénédiction descendra sur eux...

En offrant vos enfants mères, vous Me comblez, car Je vois l'Amour que vous Me portez !

La jeunesse sera plus forte, en union avec Moi, elle produira une belle Récolte !

Faites comme Marie et Joseph, vous les parents d'aujourd'hui :

FAITES-MOI CONFIANCE !

Dans le Baptème, les petits enfants reçoivent le Baiser du Créateur.
La Famille de Nazareth est votre Exemple !
Les Degrés du Temple vous attendent tous, venez en Mon Parvis, Je vous attends.
J'ai le Cœur débordant d'Amour pour les âmes !
Venez à Moi sans crainte… Je suis un Dieu d'Amour…
Venez Me rencontrer, Venez !

Les marches sont faciles à monter…
Une par une, elles dévoileront la Beauté de Mon Royaume aux âmes qui L'auront recherchée.
Ne perdez pas ce temps précieux de la découverte de Celui-ci…
Venez à Moi… Appuyez-vous sur Moi… Je vous conduis à la Porte des Lumières Eternelles !

Enfants, JE VOUS AIME !
Agissez !
Faites confiance à l'Amour de votre Dieu !

Ma Main se pose sur chacun de vous et vous bénit.

Le Recouvrement de Jésus : La recherche de Jésus
Au mileu des sables, au milieu du désert aride, brûlant… je La retrouve, oui je La retrouve pour vous !

« LA FLEUR DE LA VIE ».

Comprenez avec moi âmes de Dieu, ce que je cherche à vous faire découvrir.

La vie, difficile, est un combat perpétuel.
La vie agresse bien souvent les êtres… la vie parfois conduit au désespoir…. et le malheur n'est pas loin !
Mais, la vie est aussi prairie verte, la vie est aussi désert fou, affolant de misère…
Malgré la pluie des larmes, malgré les chemins cahoteux, malgré la brûlure de la souffrance, du chagrin… il y a au milieu du désert, une lueur, un espoir, des retrouvailles enfin !
Oui… toutes les vies ont une histoire…. mais toutes les vies sont appelées à retrouver Dieu !
L'Amour !
L'Amour transforme, L'Amour accomplit en l'homme la salutaire transformation !
L'Amour mes amis se doit d'être Recherché…

Au milieu du désert… recherchez la Fleur des sables, la Fleur qui donne joie et Espérance en vos vies !
Cette Fleur de Vie n'est autre que JESUS !
Aucune tempête de sable ne peut vous empêcher de La découvrir cette douce Fleur…
Aucun sentier boueux ne peut vous La cacher, car en chaque vie Le Seigneur Se propose.

Laissez Jésus disposer de vous frères et sœurs…

Allez-vous Le retrouver ? malgré vos vies dissipées, vos tumultes ?

Allez-vous Le retrouver? malgré vos fatigues, vos essoufflements?

Allez-vous Le retrouver? vous qui avez fait de vos vies des déserts?

Allez-vous Le retrouver? vous qui avez fermé les portes de vos cœurs?

Allez-vous Le retrouver? vous les assoiffés perdus au désert… qui ne désirez plus boire L'EAU VIVE?

Mes amis, entendez-moi vous interpellez l'âme!
Laissez-moi vous dire, combien la Fleur de toutes vies est présente en chacune d'elles…

Toutes les blessures seront pansées… si vous recherchez le Médecin des âmes…
Tous vos refus, vos combats, vos remords…. tout cela vous sera redonné en Grâces…
quand vous rechercherez la Fleur au désert!
Au cœur de celui-ci,
Elle brûle, animée par le Feu du Soleil des âmes!

Dites-vous bien, qu'il n'y a jamais de véritables déserts, de véritables cassures!
Il n'y a que des âmes fragilisées par le péché, et qui n'osent plus avancer vers Celui qui ne fait que les aimer, les absoudre!
Toute vie a du prix, et la Fleur de Vie en vos déserts; S'offre à tous!
Il suffit de La rechercher, de Lui dire que vous L'Aimer, et croyez-moi âmes de Dieu… vous serez baignées dans le Fleuve de la Vie Elle-même!

La Fleur au désert... n'est autre que la SOURCE DIVINE, vers Laquelle les âmes sont appellées à revivre quand Elles sont assoiffées.

Bien-heureuse es-tu, toi l'âme qui écoute, qui entends... tu deviens fleur auprès de Lui !

Jésus Recherché va faire revivre l'âme égarée dans les sables...
Il va l'accueillir sans lui demander le pourquoi de son mal !
Jésus Le Bien-Aimé sait tout par avance...
Il va alors soigner, nourrir, et guérir toutes situations.
Recherchez votre Seigneur chers amis... recherchez votre Vie !

Voulez-vous demander au Seigneur Jésus Sa Parole avec moi ?

« Bien-Aimé de nos âmes... ENTENDS Tes enfants qui sollicitent de Toi une Parole de Vie !
O, Seigneur Jésus... VIENS en notre Prière nous conforter...
Nous Te Recherchons MAITRE D'AMOUR, ».

« Mes fleurs ».

Ne savez-vous plus... qu'il n'y a aucune crainte, aucune détresse, aucune larme, que Je ne veuille soulager !
Chaque enfant qui vient à Moi... Je le réconforte ; car Je ne veux pour lui que la Paix intérieure... et Je vous encourage à M'offrir vos cœurs simplementt...
Dites-Moi Mes fleurs :

« Seigneur… me voici… Donne-moi Ton EAU VIVE, ».
et Moi, fleurs asséchées…

JE VOUS ABREUVERAI !

Mes enfants… approchez-vous de Moi… ne savez-vous plus qui vous donne à boire ?
Assez-vous sur le rebord du puit, donnez-Moi vos mains… Je vais y déverser Mon EAU PURE.
Au milieu de tous les déserts, il y a toujours une oasis où Je Me trouve !

Je suis la Rose des sables, Je suis la Fleur Vivante, Je suis le Secours de l'homme perdu en ces contrées inhospitalières…

Si vous recherchez la Vie !…. LA VIE ELLE-MEME VIEN-DRA A VOUS !

Sur la terre, les créatures se débattent et s'enlisent bien souvent….elles subissent l'enlisement du péché !
Celui-ci ne peut leur montrer la véritable route qui mène vers Moi.
Débarassez-vous de celui-ci, en confessant tous ces vilains désordres auprès de Mon Église…
et puis Mes fleurs…
Recherchez-Moi, car Je suis toujours à la recherche de Mes âmes.

J'appelle le monde entier à Me Rechercher pour vivre !

Créées lumineuses, créées douces et Angéliques, les âmes
doivent se tourner vers la LUMIERE
qui émane de leur DIEU, pour retrouver leur Essence
Première…

Vous êtes des fleurs vivantes et J'ai besoin de vous !
car Mon Cœur veut répandre Son Grand Feu d'AMOUR sur
le monde !
Soyez des fleurs agissantes, recherchez la Vérité !
Mes fleurs… La VERITE VOUS RECHERCHE ELLE
AUSSI !

Je vous offre Ma Main… Buvez… Mon Torrent d'AMOUR
se déverse sur vos âmes...

« JE VOUS BENIS MES FLEURS ».

« Merci O, Jésus…. O, notre Divine Recherche…
« Merci Fleur de la Vie Eternelle, nous Te bénissons ».

Gethsémani : Le Pardon des fautes
Son Gémissement… plaintif… douloureux… je Le reçois en
mon âme… et celle-ci pleure de le voir en cet état…
Il est une nuit… une affolante nuit… qui me bouscule, qui
met en éveil ma conscience…
L'hier et l'aujourd'hui se confondent… le loup égorge toujours la brebis !
Nuages lugubres sur GETHSEMANI… nuages lugubres sur
le monde en agonie… car oui mes frères, la terre pleure…
souffre encore en ce jour de la maltraitance infligée aux êtres !
L'Agonie du Rédempteur n'a pas suffit à l'humain pour qu'il
se reprenne, l'agonie des peuples est actuelle…

La Souffrance morale du Maître est ce soir au JARDIN DE GETHSEMANI… intolérable !

Le Sauveur voit le péché en activité, ces tas d'immondices qui engloutissent les âmes qui s'en repaissent.

Alors mes frères… Jésus est en peine….pour l'hier et pour l'aujourd'hui…

Torrent de larme et de misère… cris d'effroi au cœur des peuples que l'on abrutit de chagrin…

oui… aujourd'hui, la terre devient GETHSEMANI…

Le Seigneur qui est Pardon, reçoit les brûlures et les griffes des innombrables péchés commis par Ses enfants… péchés de tous les temps confondus

Jésus a le vêtement qui s'entache du sang des pauvres victimes blessées de par le monde.

Jésus a les yeux rougis par les larmes de Ses enfants, qui subissent tant de misère en notre temps.

Jésus… s'écroule… fatigué… sans forces… Il est sur la pierre… la Souffrance-même, en Offertoire…

Les péchés tellement nombreux, se présentent à Lui en faces hideuses, en monstres arrogants et vicieux.

Tout ce que le mal suggère de faire à la créature est ici à GETHSEMANI… et Le Seigneur supplie le PERE de pardonner à l'homme pécheur.

L'orgueil, l'avarice, la luxure, le mensonge, la gourmandise, la cupidité, la mort infligée…

les jugements, les rejets, les médisances, les délations, les envies, la morale bafouée, les vices, les serments abandonnés, et tant d'autres !

C'est une armée infâme, un marécage nauséeux, un bourbier, c'est le mal, c'est la rébellion devant le Créateur !

Le RABOUNI Bien-Aimé ne refuse pas de boire la Coupe des Douleurs… Il s'y abandonne…
Il dit oui au PERE pour sauver le genre humain.
Son Cœur si doux soupire… et de ce Divin Cœur, des Flammes consûment le mal !

Dieu d'Amour, infiniment Bon et Secourable !
O, Jésus Sauveur du monde, Entends le cri désespéré que je Te lance !

« JESUS DE GETHSEMANI ».
Soulage mes frères qui souffrent de par le monde encore aujourd'hui…
Il y a des peuples qui font souffrir leurs frères, qui brutalisent, qui exterminent, qui torturent avec raffinement !...

« JESUS DE GETHSEMANI ».
Essuie les visages des mères qui portent contre elles un enfant mort au cœur d'un conflit.
Ces femmes n'ont plus de vie propre… la chair de leur chair s'en est allée, emportant leur souffle !
Elles demandent réparation, Oui j'entends ces cris et ces sanglots de mes sœurs, qui me parviennent de contrées lointaines ;
Seigneur, Essuie les larmes de mes sœurs…

« JESUS DE GETHSEMANI ».
Par Ta Souffrance offerte pour le Rachat des peuples…
Donne de Ton Pain Sacré à celui qui tend une main…
qui a faim !
Donne-Toi mon Jésus en Nourriture

« JESUS DE GETHSEMANI ».
Fais descendre la Paix sur la terre…
Fais que nous sachions veiller près de Toi, pour que nous pre-
nions conscience que nous avons une âme à purifier…
Fais qu'au cœur de Ta Souffrance… nous venions La partager
pour revivre…
Notre humanité est compliquée, mes frères sont affaiblis…
et les cœurs se rebellent au lieu d'Aimer !

« SEIGNEUR DE GETHSEMANI ».
Parle à Ton peuple qui vient près de Toi, pour reprendre le
courage de se transformer ;
Parle à Tes enfants Mon Jésus !

« Mes petits ».

J'écoute toutes les plaintes de Mon peuple.
Je prends sur Moi tous les péchés du monde en ce Mystère.
Je vous invite, vous qui partagez la Prière ; à Prier avec le
cœur, L'Energie d'Amour, par Celle-ci, se répandra partout
dans le monde !
Le mal reculera devant votre Amour partagé !
Envoyez cet Amour vers la souffrance de Mon peuple. La
Puissance de la Prière fortifiera le monde, sa chaleur fera se

lever les épis de blé… ces épis qui ne sont autre, que les hommes et les femmes de votre temps qui se cherchent, et qui se lèveront pour agir pour le Bien, pour la Paix !

J'ai porté au Jardin de GETHSEMANI, tous les cœurs qui se dérobaient à Mon Amour !
J'ai consûmé en Mon Ardente Flamme, toutes les noirceurs qui anéantissaient les Conversions,
tous les péchés qui entrainaient les âmes vers l'abîme d'où l'on ne revient pas.

Soyez heureux en votre temps Mes enfants, J'ai vaincu le mal, et vous avez en vous une Force d'Amour qui combat celui-ci quand vous optez pour la Vie Véritable.
Ne vous laissez pas abattre quand vous pensez ne plus savoir conduire votre vie…
Je suis, depuis GETHSEMANI ; le Baume et le Sauveur des âmes.
Agissez, et Je vous aiderai.
Redevenez purs et humbles… vous êtes nés de la Divine Lumière !

« MOI, JE SUIS LA LUMIERE DU MONDE ».

« GETHSEMANI A TRANSFIGURE LES AMES, ».

Brûlez Mes enfants au cœur de ce monde… Brûlez pour vos frères l'encens de votre Amour…

Les peuples seront en Paix quand ils se rappelleront qu'ils sont issus de Moi !

S'ils tournent leur regard de l'âme vers leur Dieu, l'Ere de Sagesse et de Paix s'installera sur tous les peuples.

Il faut faire des efforts pour cela, il faut que l'homme se reprenne, il faut que l'homme s'anéantisse devant son Dieu, c'est-à-dire :

Qu'il se soumette aux Volontés Divines qui ne désirent que le Bien pour lui.

Ainsi remise à son Créateur, la créature se redressera, et elle agira pour le Bien de tous, en union avec son PERE.

« GETHSEMANI EST LE JARDIN DE L'AMOUR ».
Je Me suis abandonné pour le Salut de l'humanité…
Rendez-Moi cet Amour aujourd'hui, en devenant meilleur, et en Aimant tous vos frères.

« NE PLEURE PLUS MON AME ».
Je suis toujours à ton côté… Je suis Ton Sauveur…

Je vous bénis toutes !

La Flagellation : Pardon de nos sensualités

O, Lâcheté….d'où le péché de sensualité englue tout ce qu'il touche, et qui pose sa main visqueuse sur nos âmes !

Bizarrerie de l'être qui repousse l'infamie du péché, et qui de l'autre l'attire et le fait sien…

La créature, parfaite et imparfaite ; est sous l'emprise du mal en ce Mystère…

Va-t-elle le repousser ?

Va-t-elle s'y abandonner ?

Va-t-elle lâcher prise ?

Va-t-elle offenser son Créateur ?

Les péchés de la chair enlisent….les péchés de la chair avilissent…

Combien de fois, la face cornue du tentateur a-t-elle détourné du PERE; des enfants qui pourtant Adore Celui-ci!

Chers enfants de Dieu...
Rappellez-vous ce que le Maître nous disait... quand Il nous rappellait que la chair était faible!
Notre inconstance à faire le Bien... nos faiblesses... nos lâchetés... nos indifférences... tout cela nous voile les yeux... et alors mes frères, oui, notre chair est faible, car elle ne s'appuie pas sur l'essentiel, sur les Vertus de l'âme... et bien entendu sur Le Seigneur Lui-même!

Que devient une créature qui ne respecte plus le corps de l'âme? elle s'abaisse... elle descend dans le gouffre... vers les régions inférieures, et Le Divin Maître en cet instant, désire lui rappeller qu'elle et unie à Sa Lumière qui lui a donné vie humaine, et que cette Lumière est une partie de Lui-même.

Le Bien-Aimé désire rappeller à cette créature affaiblie, qu'elle doit se reprendre!
qu'elle doit se respecter!
Dieu l'habite, Dieu l'Aime!

Créature façonnée à l'Image Divine, Reprends-toi, Redresse-toi!
Ton PERE attend de toi une prise de conscience de l'état d'impureté dans lequel tu as plongé ton âme!.... et moi, ta sœur;
J'ose te dire que tu peux le faire!
Fais agir ta pensée en droiture!

Fais agir tout ton être vers la seule attirance, Celle qui fait vivre !
L'Attirance vers la Beauté Eternelle !
Elle va te faire resplendir, Elle va redonner à ton corps blessé ; une nouvelle parure !

Va te remettre tout simplement avec grande « humilité »…
devant Le Seigneur.
Demande Son Pardon par Son ministre, en Son Église ; et tu entendras celui-ci te dire :
« Va en Paix… Le Seigneur te pardonne ».

N'ayez pas peur de cet examen de conscience, il est nécessaire pour bien se connaître.

Il me semble maintenant, qu'il nous faut appeller Jésus de tout notre cœur…
Lui Seul a le Pouvoir de nous apaiser…
Lui Seul a le Pouvoir de nous offrir Sa Paix…

« Bien-Aimé Seigneur… Ecoute-moi… Ecoute-nous… ».
Nous avons besoin de tes Paroles pour notre vie…
Sans Elles… pas de secours !
Sans Elles… pas de chemin ni d'Enseignement…
Sans Elles… pas de Force…
Viens Jésus souffler sur nos âmes sans courage et sans avenir… parce que le péché les éloigne de Ta Divine Face… ».

« JE SUIS MISERICORDIEUX... JE SUIS VOTRE SECOURS... ».

Je suis à vous quand vous criez vers Moi pour demander de l'aide !

Mon Cœur saigne quand une seule de Mes âmes pêche... et J'attends d'elle un cri !

Son appel angoissé tire de Ma Poitrine des langues de Feu, qui s'échappent et se précipitent pour l'aider à se purifier !

Ayez le courage Mes enfants de tout m'abandonner, de tout Me remettre.

J'ai toute Puissance pour faire vivre les âmes !

J'ai tout Pouvoir sur elles et sur la Création toute entière.

Une âme flétrie est semblable à une fleur qui s'est desséchée, parce que le soleil ne l'atteint plus !

Les péchés, en nuages lourds obscurcissent son ciel... et Moi, Son Sauveur, J'en ai grande tristesse...

Cette fleur a refusé l'Eau Bienfaisante de Son Dieu... et pourtant Je suis toujours prêt à La lui offrir !

Mes enfants si fragiles, aux pensées tellement contradictoires, ne Me regardent plus...

Sans Moi vous ne pouvez rien faire ; Je vous l'ai dit !...

Sans Moi vous tombez, vous succombez sous la violence du vent mauvais qui veut vous prendre à Moi !

Mais, JE SUIS LA, à tous moments de votre vie !

Quand tout va mal... J'ai le Cœur oppressé pour vous...

Quand vous succombez... Mon Cœur saigne...

Oui…. Je suis tout contre les âmes… Je frappe à leurs portes, Je veux entrer chez elles !

Mes enfants, voulez-vous Me laisser prendre Mon Repas chez vous ?
Voulez-vous boire et manger avec votre Seigneur ?

En ce temps-là… Je souffrais pour vous à la Colonne…
J'étais la Brebis de Mon PERE.
J'offrais Mon Corps à la brutalité, à la férocité des soldats.
J'avais le Cœur oppressé, J'avais le Cœur meurtri… J'avais le poids de tous les péchés de sensualités, qui M'ouvrait des Blessures Douloureuses…

Sous la chaleur du soleil, dénudé, attaché par des cordes… Je sentais Mes Forces M'abandonner…
Mon Visage était si brûlant sous la chaleur de l'astre que Ma Tête tournait…
Les vertiges Me faisaient si mal, que Je M'affaissais de tout Mon poids vers la pierre du sol.
et Mes liens Me déchiraient les poignets.
Les coups de fouet M'arrachaient des lambeaux de chair… et l'on pouvait voir Mes os !
Je ne criais pas… Mon Cœur seul pleurait… car Je ressentais l'horreur de tous les péchés de la chair en ce Mystère de torture.
On mit sur Mes Epaules tout le poids des péchés du monde ; et J'acceptais par Amour pour les âmes…

Mes enfants ; Je désire par-dessus tout ceci !

« L'AMOUR, L'UNITE,
LE RESPECT MUTUEL ET LA TOLERANCE ».

Sans amour… vous ne construirez que sur du sable !
Sans unité… vous ne ferez rien de bon, rien de durable !
Sans respect mutuel… vous blessez les âmes en qui Je réside !
Sans tolérance… vous n'acceptez pas les différences voulues
par le Créateur !

Alors voyez-vous Mes enfants,
L'Amour seul conduit à tout cela !

L'Amour enseigne à tous les êtres ; l'unité, le respect et la
tolérance !
Si vous désirez que le monde devienne plus beau, vous devez
vous servir les uns les autres…
en vous oubliant vous-même.

La chair de votre frère est peut-être blessée par l'un de vos
péchés ?
Le cœur de votre frère est peut-être en larmes à cause de vos
péchés ?
L'âme de votre frère est peut-être en souffrance, à cause de
vos mépris ou de vos indifférences ?

Mes enfants… il y a de nombreuses façons de faire souffrir
une âme !
Que de blessures en celle-ci, que de larmes, que de cicatrices
affreuses !
Ces âmes ressentent tout ce que les cœurs des autres contien-
nent de violence et de méchancetés !

Et puis Mes petits… tous ces péchés de la chair qui avilissent, Je vous demande le changement !

Regardez-Moi à la Colonne !

Regardez votre Sauveur supplicié… apaisez Mes Douleurs en optant pour la Pureté du corps et de l'âme.

La brutalité du monde est sur Mon Corps… sa sauvagerie y laisse des trâces brûlantes…

Priez pour le monde qui se révolte un peu partout…

Priez pour qu'il redécouvre la douceur de la PAIX que Je lui propose à chaque instant.

Approchez-vous de Moi… vos Prières apaisent la Souffrance de Mes Blessures…

Priez sans vous lasser le Dieu du ciel, qui n'est que bonté et Miséricorde !

J'ai supporté l'infamie Romaine du temps d'alors, aujourd'hui ;

Je ne veux plus de désordre, de condamnations injustes, de tortures !

Je ne veux plus que l'homme inflige le mal à son semblable !

J'ai tout porté en ces Mystères Douloureux… J'ai agi !

Le PERE a pardonné les péchés de sensualité, les péchés de la chair, alors Mes petits,

Respectez ces corps que le PERE a Créés !

Redonnez leur la beauté qu'ils avaient à la naissance, quand ils sortaient du sein maternel !

Un enfant nouveau-né est pur de corps, pensez à cela.

Je connais la bonne volonté de chacun. Je suis là pour vous

aider à marcher vers la Lumière Eternelle !

Suivez Mon Chemin… n'ayez pas peur…

Je suis la douceur-même… et la Miséricorde infinie…

Tout péché est pardonné quand il M'est remis par le Prêtre, avec un sincère repentir !

Venez à Moi…. Le Sang qui coulait de Mes Blessures vous purifiait alors !

Je vous aimais, Je vous sauvais, et Je vous aime aujourd'hui du même AMOUR !

« Soyez bénis ».

Le couronnement d'épines : Pardon des mauvaises pensées

« Mon Visage, dit Le Seigneur… attend votre baiser…

« Mon Visage, dit Le Seigneur… est toute blessure…

« Mon Visage, dit Le Seigneur Bien-Aimé… s'offre à vous en ce Mytère…

« Je suis défiguré…

« Je suis un Sauveur, votre Sauveur, l'Unique Sauveur du monde !… et Mon Visage vous implore…

Je suis au bord du gouffre infâme, qui Me laisse apercevoir les âmes qui se délectent du mal ; et qui se vautrent en sa compagnie. Je vois le noir de l'enfer qui attire par tous les moyens Mes enfants !… et Mon Visage reçoit de plein fouet, les griffes des péchés innombrables !

Celles-ci se fixent sur Mon Front, et le Sang de votre Sauveur coule…

Oui Mes enfants… les épines de l'églantier Me couronnent…

Les péchés de l'esprit sont tellement avilissants pour vos âmes… que J'offre avec Amour Mon Visage pour vous purifier…

Mes yeux sont fatigués, et lourds de larmes qui s'en échappent… oui Mes yeux se ferment…

J'entrevois ainsi en Mon Cœur, la route qui s'ouvre pour vous.

Le PERE en cet instant purifie l'homme de ses intentions mauvaises, de ses désirs de violence
et de ses combats intimes…

Donnez-Moi Mes enfants votre main… Je vais la poser sur Mon Visage… et vous et Moi, allons communier en cette Prière de Sanctification de l'esprit.

Les rires que J'entendais, les moqueries et les insultes qui blessaient Mon Cœur… les crachats qui Me salissaient…
J'endurais l'offense pour votre salut Mes petits.

L'humilité, l'abaissement… il Me fallait m'y conformer voyez-vous !
Surtout ne pas Me rebeller, ne pas répondre aux blasphèmes….surtout !
Accepter ce déferlement des forces du mal sur Ma Divinité, pour Sauver les âmes !

En ce Mystère chers enfants… Je désire que vous compreniez le Message.

Toute souffrance est polluante pour l'âme… si celle-ci ne sait pas l'accepter en silence et la partager avec La Mienne…
Les mots qui blessent vos esprits… vous les supporterez, quand dans l'abaissement vous saurez les offrir en union avec Les Blessures de votre Jésus en ce Mystère.

Humblement, vous devrez vous anéantir en Ma Compagnie.
Les attaques que les âmes s'infligent sur terre ne seront que fugaces, si votre désir de calme et de Paix est véritable.
Le mal recule devant une âme humble… vous serez tout près de Moi… car vous aurez désiré l'AMOUR en Ma Paix !

Je reçus des soldats des gifles ! oui… Je reçus de la main de l'homme les soufflets qui M'ont échauffé la Peau…
Mon Visage était déjà tellement fatigué de tant d'outrages !...
Mes Blessures M'occasionnaient de vives Douleurs !
Ma Face était abîmée… outragée… et Mes Larmes tombaient…
On mit sur Mes Epaules une couverture rugueuse. Elle devint écarlate sur Mes Blessures ouvertes qui saignaient abondamment !
Elle Me piquait la Peau comme le ferait des milliers de piques…
Je fus bousculé, poussé d'un côté et de l'autre… Je crus tomber !
Puis on plaça en Main un roseau, pour tourner en dérision Ma Royauté !

Pauvres âmes d'alors… Je les sauvais aussi ces âmes-là !

Aujourd'hui l'état du monde Me presse de vous dire :

REVENEZ A DIEU, DE TOUT VOTRE COEUR, DE TOUTE VOTRE AME, DE TOUT VOTRE ESPRIT !

Sans cette offrande sincère, vous ne pouvez entreprendre le changement !
Sans votre Dieu, rien n'est possible.
Si vous acceptez de vivre selon La LOI D'AMOUR ;
vous agirez pour la LUMIERE, et le monde se transformera !

Croyez-vous Mes petits que Je sois venu vous Sauver pour que vous n'agissiez pas ensuite en union avec Moi ?

Vous avez reçu de votre Créateur la Grâce du renouveau par Mon Sacrifice.
Unissez-vous à Moi en tout !
Pensez à Ma Vie !
Pensez à ces moments que Je donnais pour les âmes !
Pensez Mes enfants que Je vous Aimais en supportant ces Mystères Douloureux... et que Je vous Aime aujourd'hui du même Puissant Amour !

« IL N'Y A PAS DE PLUS GRAND AMOUR QUE DE DONNER SA VIE POUR SES AMIS ».

« FAITES AINSI !... ».

Offrez votre vie pour la beauté des âmes... Continuez aujour-d'hui le Grand-Oeuvre de votre DIEU !

Donnez votre vie pour le soutien de vos frères… Agissez en Amour, pour l'Amour
LUI-MÊME…

OUI, rien n'est plus grand en ce monde que d'Aimer l'autre, au lieu de S'aimer soi- même égoistement.
Des pluies de roses aux parfums suaves descendront sur les âmes… quand celles-ci offriront à DIEU leurs personnes…
La terre embaumera !
La Paix s'installera, et les cris des petits enfants monteront en liesse vers le PERE.

Toutes les souffrances de l'esprit, tous les acharnements à faire le mal… toutes les indifférences devant L'Amour de votre Seigneur… toutes ces blessures de l'âme enfin…
Tout sera brûlé, quand les âmes se repentiront de faire souffrir leurs semblables !

Faites aujourd'hui l'effort que Je souhaite de vous tous !

« AIMEZ-VOUS LES UNS LES AUTRES COMME JE VOUS AI AIMES ».

Sachez Pardonner ! ET L'ON VOUS PARDONNERA AUX CIEUX !

Posez le premier pas sur la route qui mène à la Sagesse, et Celle-ci vous sera donnée pour agir en VERITE.

Ne pensez pas à vos propres blessures… près de vous Mes enfants, une âme est plus affligée, vous ne la voyez pas ; car vous êtes trop centrés sur vous-même…

Oubliez-vous ! et vous verrez que votre frère a besoin de vous !

Sachez ouvrir votre cœur ! votre frère attend votre AMOUR !

Je vous offre aujourd'hui Mon Visage… Regardez-Le… Ses Blessures étaient pour chaque homme en particulier.

Laissez-vous prendre par Mon AMOUR !
ET MON BAISER DE PAIX DESCENDRA SUR LE MONDE !

Soyez des flambeaux ! Soyez l'Espoir du monde ! en offrant à celui-ci tous vos actes d'AMOUR…

Mes enfants…
Je suis à la recherche de toutes Mes brebis… Voulez-vous M'aider et Me les ramener ?

Voulez-vous Aimer vos frères avec votre Sauveur ?

Allez Mes enfants ! En ce monde beaucoup d'âmes pleurent…

Allez leur donner MON AMOUR ET MA PAIX !

« Je vous bénis tous ».

J'entends des pas dans la nuit…

J'entends des cris…

J'entends des plaintes et des gémissements…

J'entends des sanglots… des appels « au secours »…

J'entends la sourde plainte…

J'entends le râle de mourants…

J'entends mes frères de ce monde qui appellent, qui attendent du secours !
J'entends les cris de misère du peuple de DIEU, qui d'un bout du monde à l'autre parcoure des routes qui mènent à leur Calvaire !

Mes frères et sœurs de ce monde souffrent, et j'en appelle à votre Amour pour eux…
Ces peuples… à qui l'on inflige tant de cruautés, à qui l'on enlève toute dignité, à qui l'on retire le toit et le pain, et parfois même leurs enfants…
Ces peuples sont sur LA VIA DOLOROSA… près du Bien-Aimé.
Les hommes portent la Croix du Maître en joignant leurs lassitudes et leurs souffrances à Celles de Jésus.
Les femmes s'écroulent avec la Mère… ces femmes endeuillées baisent les Mains de Marie… ces femmes dont les maternités fauchées ont enlevé tout désir de vivre.
Ces femmes de notre temps… aux peines innombrables…

mêlent leurs larmes à Celles de la Vierge Mère...
Toutes « MATER DOLOROSA », toutes consûmées, toutes dépossédées de la chair de leur chair.

Notre Mère Marie... voit Son Unique Enfant, si jeune, si beau, si pur... marcher à travers les ruelles chaudes et poussièreuses de la ville ingrate.
Le Seigneur, Le Roi des rois, Le Prince de l'Amour... ouvre la route du Salut, et les peuples marchent derrière Lui.

Mes amis, mes frères en Lui...
Voyons l'Espoir que Le REDEMPTEUR nous offre sur la VIA DOLOROSA !

Rien n'est jamais perdu... Jésus porte la Croix.
Elle est lourde, Elle est lourde du poids de toutes les nôtres !
Terre glissante qui englue et salit Les Divins Pieds de notre Maître...
Terre au dur silence... Terre glacée qui craque de tous ses désordres !

En JERUSALEM, la glaise pétrit le nouveau monde, car oui mes amis, la terre que foule Le REDEMPTEUR du monde reçoit l'Empreinte du Salut.
L'Espoir est en Véronique... qui nous parle en notre cœur de notre jeunesse actuelle !
Cette enfant eut le courage d'aller à Lui, elle devait certainement craindre les soldats, mais son Amour pur et sincère pour son RABOUNI, lui donna les ailes d'un Ange.

Elle s'approcha de son Maître, de notre Maître; et tous les peuples unis à son baiser apportèrent un peu de fraicheur au Visage du Fils de l'Homme.

Je m'adresse alors en cette minute, à la jeunesse du monde; cette jeunesse qui est le fleuron des familles unies devant DIEU !

Oui mes amis de cœur, vous les jeunes de notre temps; écoutez et voyez combien la Pureté et Sincérité d'intention est nécessaire pour soulager et faire avancer les choses en vos vies.

N'attendez pas que l'on vous commande d'agir, suivez votre Maître, emboitez Son Pas en compagnie de la petite, mettez votre Amour, votre ardeur, sur cette route de grâces !

Oui, jeunes de ce temps !

Vos pères ont besoin de vous et de votre fraîcheur !

Vos pères fatigués doivent retrouver l'Espoir par vous, vous qui êtes si frais, si spontanés, et si naturellement purs de cœur et d'esprit.

Jeunes, entraînez vers l'Amour notre monde qui vieillit, qui n'a plus de courage !

Oui, vous les jeunes, vous êtes l'espoir de l'humanité, car celle-ci a besoin de Paix, de joie, de sourires, d'AMOUR !

Tout cela, je sais moi votre amie que vous pouvez le donner ! Agissez alors, en rejoignant la cohorte des petites âmes qui suivent Notre Bien-Aimé sur la VIA DOLOROSA ! et sur la route... jetez votre Amour dans les Bras et le Cœur de Marie Immaculé... Elle aussi a besoin de votre cœur en ce Mystère. M'avez-vous entendue ? je m'unie à vous moi aussi...

Les soldats ont confié à Simon du village de Cyrène, la tâche de soulager le Condamné !
et là, je m'adresse aux plus anciens :
Ne pensez-vous pas mes amis, que nous pourrions tous soulager Jésus ? et porter un peu de Sa Croix ?
Cela effraie bien sûr… car chacun se demande ce que la Croix réserve… et à ce titre la Croix fait peur je le comprends bien. Mais si Jéus L'a acceptée… pourquoi pas nous ?

Demandons alors à Notre Seigneur ce qui Lui ferait plaisir que nous fassions en nos vies.

« Bien-Aimé, nous sommes ici près de Toi. Nous sommes à JERUSALEM ! il fait chaud…
le soleil Te brutalise… et nous ressentons sa brûlure.
Jésus, nous voulons T'aider… Demande-nous… nous T'aimons tellement… ».

« Pauvres petits ».

Vous ne savez ce que vous demandez ! mais Je vais répondre.

Oui, Ma Croix est pesante, Elle est également brutale ! J'en reçois des coups car Elle est secouée sur ce chemin de peine…
Ma Croix est rugueuse et Me blesse l'épaule ! et oui Mes petits… l'on M'a donné un Bois non équarri, l'on M'a donné un Bois qui blesse…
Vous Me demandez la Souffrance de Ma Croix !
Vous désirez La partager avec Moi !…. alors écoutez-Moi !

La Croix que Je porte est le monde que J'emporte au GOL-GOTHA !

La Croix que Je porte est le poids des âmes !

Ces âmes attirées par l'enfer, et qui ne se sauvent que parce que Je les soulève vers Moi !

Mes enfants, le péché est lourd ! et tous les péchés Me font Agoniser… Me font pleurer…

Je suis Le SAUVEUR ! Le REDEMPTEUR des âmes !…. et Je porte les blessures de celles-ci sur Mon Corps Douloureux.

Mes petits… Savez-vous ce que vous demandez ?

La Croix est le soulagement des âmes ; car la Croix est Purification !

Elle porte toute la haine des cœurs voués au mal !

La Croix porte tous les péchés et les vices auquels se vouent les âmes affaiblies…

Je suis descendu du ciel pour soulager la misère des âmes et les ramener au PERE par Mon Sacrifice.

Mes petits ; Ecoutez-Moi !

Vous ne pouvez porter la totalité de la misère du monde, Je l'ai fait pour vous !

JE VOUS LE DIS, EN VERITE….

Ce que vous pouvez faire… c'est accepter où que vous soyez en ce monde… les Croix qui vous sont proposées personnellement.

Vos propres Croix sont votre Bien ! sachez discerner leur approche pour les Aimer, les accepter, et Me les offrir en union avec La Mienne !

Mes petits…
Appuyez sur Ma Croix vos épaules meurtries par la vie…
Faites reposer votre tête sur votre Seigneur… sur Son Cœur.
Je vous soulagerai de toutes les peines ; car vous Me les aurez présentées… Ensemble ; nous porterons les temps douloureux de votre vie.

Vous pouvez Mes petits, partager vos Croix en union avec Celle de votre DIEU….
mais la Croix du monde est fixée aux Epaules de votre REDEMPTEUR !
Chaque souffrance est une Parcelle de Celle-ci, chaque blessure est en partage avec les Miennes.
En chaque vie humaine, il y a un terrain d'offrande ; ce sont les petites Croix offertes à Mon Amour, supportez Mes petits, avec patience et courage Celles-ci…
Je vous vois tous, et Je sais que vous faites l'impossible pour souffrir, vous taire, et offrir…
L'Amour voyez-vous est à ce prix ; car Aimer c'est tout donner, et bien sûr, de donner au milieu des épreuves.
Mon âme Disciple doit Me regarder sur ce Chemin, elle doit apprendre à marcher près de Moi… en abandonnant tout d'elle-même !
C'est alors ; qu'unie à Moi, pénétrée de Mon Amour ; elle continuera sa vie, toute tendue d'espoir, de reconnaissance et d'Amour, vers Son Maître qui l'aime et lui donne Sa Vie, pour qu'elle vive !

Aimez Mes petits avec Moi… cette route de Lumière qui vous ouvre les Portes de Ma Cité.

Venez près de Moi, Me souffler votre Amour… et vous entendrez le Mien vous répondre.

Posez vos regards sur le Visage de Ma Mère éplorée et brisée par le chagrin ;

là, tout près d'Elle… apprenez comment il vous faut saisir ce Mystère ; et comment en une douce Prière, vous pouvez M'offrir votre Amour…

Mes petits…
JE VOUS DEMANDE SIMPLEMENT D'AIMER !
et de partager Mon immense Amour entre vous !

Venez… Avançons tous ensemble !

« Je vous bénis ».

Mort de Jésus : Le Salut des âmes

JERUSALEM !… JE SOUFFRE EN TES MURS !...

JERUSALEM !… CITE SAINTE !…. JE PLEURE EN TES MURS !...

JERUSALEM !…. TU CRUCIFIES TON SOUVERAIN MAÎTRE !...

et moi… je tombe à genoux…

C'est le temps de l'absoute… le râle de mon DIEU…

PERE ETERNEL... PERE BENI... Toi qui a tout façonné, Toi qui a donné vie à l'homme !
Pardonne-lui en ce Mystère... par Jésus sur le Calvaire !

J'ai le cœur oppressé... le ciel est lourd.... chargé de pluie...
il fait sombre... et le vent agite la nature...
Je suis, en compagnie de mon Sauveur ; une petite âme triste
à mourir...
Que puis-je faire pour Lui, sinon que regarder... en cœur à
Cœur...

Le Calvaire... endroit de peine, de supplice.

On a pris mon Jésus... on Lui a pris la Croix... et on L'a
posée à terre...
On a arraché Sa Tunique, et on L'a jetée à un pas de là....
Dénudé mon Bien-Aimé !... O, Soldat impur qui outrage.
Ainsi défait, dépouillé de Son Vêtement ;
Mon Jésus s'étend sur le Bois...

Mon âme est saisie d'effroi, et je crie à l'intérieur de mon
cœur déchiré !...

On apporte une boite, d'où l'on tire de longs clous.
Un genoux appliqué sur une Epaule... on ouvre la Main de
Mon Bien-Aimé... et avec un maillet de bois on frappe, on
frappe fort !
La Blessure s'ouvre et le Sang coule...
Les soldats font de même avec l'autre Main.
Puis, l'un de ces hommes rassemble les Pieds Sacrés l'un sur
l'autre, et pique à travers Ceux-ci encore un long clou !.... qui

se fiche sur la plaquette déposée pour eux sur la Croix !

Il a gémi Jésus, et moi je pleure…

Quelle abominable souffrance !

On relève la Croix, et on L'a place dans le trou préparé à cet effet.

Le Corps du Crucifié est secoué… et Son Visage se crispe de Douleur…

On fixe la Couronne d'épines sur mon « ROI DU CIEL »… et le Sang s'écoule toujours de toutes ces Blessures cruelles !

Une échelle est amenée, et un soldat monte et fixe en haut de la Croix, l'écriteau :

« JESUS, LE ROI DES FUIFS ».

Jésus ! mon Roi ! Le Roi de tous les hommes et de l'univers est ainsi exposé, en Sa Royauté outragée… aux regards de Ses Juges et du peuple.

Le péché, issu du malin, crie sa victoire… mais Le Divin Sauveur va lui répondre en offrant Sa Vie.

Oui, Le Seigneur sauve en cette minute les pauvres âmes !

A Ses Pieds, agenouillée…. Notre-Dame des Douleurs….

O, mes amis, Elle est écroulée la pauvre Mère…

Pourrait-il en être autrement ? Quand une Mère voit Son Fils ainsi… Elle ne peut que S'affaisser sur la terre…

Aussi la Vierge Marie est-Elle secouée par les sanglots…

Les Saintes Femmes Lui tiennent les Epaules, et Marie se relevant joint les Mains… et regarde Son Enfant…

Puis, Elle entoure la Croix de Ses Bras et embrasse Ses Pieds.

Marie Madeleine n'en peut plus de chagrin... Elle est à terre, Ses cheveux trempés de larmes et du Sang des Pieds du Seigneur Jésus ; qu'Elle essuie de temps à autre.

Le Seigneur est en CROIX... entre deux suppliciés... qui souffre aussi, chacun à leur manière.
L'un d'eux ira au ciel en même temps que Jésus, nous le savons...

Le Corps de Jésus descend un peu à la fois, puis Se redresse par la force de Ses pauvres Pieds blessés.

Jésus étouffe... c'est le Supplice de la Croix....

Son Visage devient blème...
Tout Son Sang s'écoule... la Croix en est revêtue...
Sa pauvre Tête se penche en avant, Se relève et regarde la terre...
Il confie JEAN, Son jeune Apôtre ; à Sa Mère....et confie également Marie à Jean, qui s'occupera d'Elle.

MARIE DEVIENT NOTRE MERE !

Jésus a soif.
On Lui propose d'humecter Ses Lèvres au moyen d'une éponge trempée dans de l'eau vinaigrée. Il la repousse ; elle brûle...

J'entends Son Cri !

« PERE... POURQUOI M'AS-TU ABANDONNE ? ».

Faiblesse de Son humanité tellement normale…
L'heure passe, longue d'attente… de douleur pour chacun des fidèles !

Le ciel devient très noir, lugubre, il pleut maintenant !
Le peuple s'éparpille, voulant se mettre à l'abri.
L'eau dégouline partout… les silhouettes deviennent fantômes détrempés sous un ciel qui assombrit tout.

Notre-Seigneur arrive au terme de Ses Souffrances terribles…

Il dit dans un Souffle :

« PERE… JE REMETS MON ESPRIT ENTRE TES MAINS… ».
et :
« TOUT EST ACCOMPLIT ».

Son Corps s'affaisse… Sa Tête tombe en avant !

Jésus, le MESSIE de L'ECRITURE… vient de mourir sur notre terre !
Nous sommes sauvés ! réconciliés avec le Créateur, DIEU ETERNEL ET PERE DE TOUTES CHOSES !

Je suis, une âme tellement pauvre que j'ai honte de mon péché qui a conduit mon
Bien-Aimé au Calvaire, mais je sais également qu'Il voulait, qu'Il a accepté Son Sacrifice !
aussi je Lui dis :

Seigneur Jésus… MERCI ! Je m'abandonne à Tes Saintes Volontés en me vie.

Conduis-moi où Tu le décidera, je T'aime et je veux tout te donner !

Mes chères âmes ;
Dites cela en même temps que moi si vous le voulez ! et puis, ouvrons nos cœurs à La Parole que Jésus veut y déposer...

« Je suis auprès de vous Mes enfants ».

Mort en ce Mystère à la vie humaine… Je vis en vos âmes, en êtes-vous conscients Mes enfants ?

Je suis l'Eternelle Vie !

Aussi, Je désire vous dire ce que J'attends du monde aujourd'hui, et de chacun de vous.

J'observe le ciel pur, qui parfois se couvre de sombre nuages, alors que Mon Sacrifice avait donné la Lumière aux âmes !

Dun bout du monde à l'autre, Je ne vois que désordres !

Que se passe-t-il dans le cœur de l'homme en ce temps ?

Regardez Mes enfants l'état de la terre ! elle est en révolte continuellement !

Mon Esprit en activité vous empêche encore aujourd'hui de sombrer !

Partout et en tous lieux, et même en Mon Église le mal s'infiltre.

Pourquoi ne trouve-t-il pas de résistance en Mes fidèles Disciples ?

Vous devez faire barrage aux Puissances qui détruisent ! Vous devez faire cesser toutes calomnies !

VOUS DEVEZ OBSERVER LES COMMANDEMENTS DIVINS, ET CEUX DE MON EGLISE !... qui a besoin du soutien de véritables fidèles enfants de DIEU et Mon EVAN-GILE.

J'ai été Crucifié par l'homme infidèle, que Je Sauvais de la Géhenne !

Aujourd'hui, personne ne sait plus ce que veut dire Aimer !
Je suis Mort d'AMOUR !
Essayez vous aussi d'Aimer tous vos frères ! sans aucune distinction de races, de couleur de peau, de religions !
Tous égaux sous Mon Regard !

Le Berger aime toutes Ses brebis ; et il y en a de couleurs bien différentes...
Ce qui compte voyez-vous Mes enfants ;
C'est le Cœur ! le Don de soi ! le Respect de l'autre ! et le partage des ressources que chacun a le droit d'attendre sur la terre !

Aimez avec Moi !
Le pauvre... le malheureux... le solitaire... le prisonnier... le défiguré par la vie...
Il est facile d'Aimer ceux qui vous plaisent !

MOI JESUS, JE VOUS DEMANDE :

D'Aimer et d'embrasser votre lépreux !
De donner un toit à celui qui n'en a pas, et qui meure du froid de la nuit et de votre cœur !

JE VOUS DEMANDE :

De panser les peines de tout être humain qui se présentera à vous de Ma part !

JE VOUS DEMANDE :

De vous fatiguer, pour faire connaitre la VERITE aux peuples !

JE VOUS DEMANDE MES ENFANTS ;

De ne plus perdre votre vie en barvardages inutiles, mais de vous rassembler, de mettre en commun vos Dons et vos possibilités ; pour construire un monde meilleur.

J'AI DONNE MA VIE POUR TOUS LES HOMMES !

Reprenez-vous, car en ce temps vous commettez bon nombres d'erreurs et de bêtises....
Ne laissez pas le PERE punir le monde qui est devenu « SODOME »...
Vous devez retrouver le chemin de la blancheur et de la FOI EN DIEU !
Ecoutez l'Esprit d'AMOUR qui parle en vous, et conduisez-vous en enfants de Lumière !

Laissez les ténèbres à leur place !

MOI, JESUS, JE SUIS LE MAITRE DE TOUT !.... et Je Me charge de rétablir la Paix en ce monde avec vous.

Vous êtes Mes enfants bien-aimés ; les Bénis de Mon PERE !
Sauvés par le Fils de L'Homme, vous n'êtes plus errants en ce monde !
Je vous garde, Je vous protège.
Venez à Moi de tout votre cœur ! avec Mon Église.

Recevez d'Elle, le PAIN DE LA VIE ETERNELLE, et MON PARDON.

Fortifiez votre FOI auprès des Prêtres ; soyez-leur fidèles ; ils ont besoin de votre soutien.
Respectez-les aussi.
Priez Mon Esprit Saint qui vous donnera des Forces Vives !
Ayez votre regard de l'âme sur Ma Croix qui vous a sauvés, Elle est Glorieuse !

Tracez Son Signe sur vous-même… vous M'appartenez… ainsi vous M'honorez.
Soyez bénis Mes enfants.
Les temps sont durs, mais Mon Regard est posé sur le monde !

Pas une âme ne sera perdue, mais il faut pour cela que le monde réapprenne à AIMER !

Je vous envoie vers lui !

« JE SUIS AVEC VOUS JUSQU'A LA FIN DU MONDE, vous le savez !

COURREZ AIMER, IL EST TEMPS.

« Je vous bénis ».

La Résurrection : Foi et Conversion

Plus de noir, plus de peur, plus de désespoir !
C'est maintenant le temps de Gloire, de Vie, et d'Espérance !

Il n'y a plus de mort, de tombeau ! il y a maintenant La LUMIERE !
Plus de folie ni de Sang répandu ! il y a maintenant La RESURRECTION qui s'accomplit !

Le PERE Glorifie le FILS !

La pierre roulée en ce matin de Pâques, les linges pliés, où est passée la Dépouille ?
se demandent Marie-Madeleine et les Saintes Femmes qui ont accouru ?
Elles ont vu ! et Elles ont cru !
Elles ont entendu les Anges dirent :

« POURQUOI CHERCHER ICI CELUI QUI EST VIVANT ? ».

Ce fut pour ces Femmes plus que de l'étonnement, de la stupéfaction, mais le Maître l'avait annoncé… alors Elles crurent en Ses Paroles.
Elles coururent l'annoncer à PIERRE et aux autres.
PIERRE vit et cru lui aussi… oui, le Maître l'avait annoncé… et PIERRE croyait le Maître !

C'était en ce jardin l'affolement parmi les soldats, et ceux qui avaient jugé et condamné ne surent que dire ?
Où était Jésus ?
Oui, c'est alors que tout commençait pour la Parole de Vie qui allait s'étendre aux quatre coins du monde…

Croyez, vous aussi mes amis au Fils de L'Homme Ressuscité!
Croyez que Le Seigneur dit et qu'Il accomplit!

« DANS TROIS JOURS, JE RESSUSCITERAI »...avait
dit Le Maître.
C'est le bonheur inneffable que ressent toute âme Croyante!
Le Seigneur aujourd'hui, est Présent au milieu de nous; Il est
VIVANT!
Il a brisé la mort! Il a renversé la porte qui Le retenait au
Tombeau... Il est de nouveau parmi nous!
Réjouissons-nous âmes du CHRIST! La Divine Lumière
réchauffe nos âmes, et nous habite...

Alors faisons-Lui, en Elles! des Demeures belles et pures.
Offrons au Maître et Seigneur, des âmes reconnaissantes qui
agiront pour le Bien.

Un être sans FOI, qui ne veut pas de Conversion... comme je
le plains!...en sa pauvreté et sa triste froideur.
Où trouve-t-il de la chaleur cet être qui ne se tourne pas vers DIEU?

Comme sa vie doit être pénible!
Sil savait « Le don de dieu et Celui qui veut lui donner à
boire, «... il se jetterait à Ses Pieds! repentant.

O, Homme de peu de FOI en ce monde; écoute-moi...
Ne perds pas ton temps en renâclant sur la route... mets tes
pas derrière ceux de Jésus qui t'a sauvé! laisse-toi faire, laisse-toi Aimer... ouvre ton cœur à la Vraie Vie!
Ecoute mon ami ces Paroles qui sont aussi pour toi:

« JE SUIS LE CHEMIN, LA VERITE, ET LA VIE ! »
« CELUI QUI ME SUIT NE MARCHE PAS DANS LES
TENEBRES ! ».

Le Seigneur t'adresse ces Paroles, à toi qui ne veut pas Le
connaitre.
Oui mon ami en DIEU ; Le Bon Jésus t'aide sur le chemin de
ta vie… et tu ne Le vois pas ;
parce que tu n'ouvres pas ton cœur !
Le Bon Jésus veut te parler de Son Amour pour toi, et tu
n'ouvres pas ton cœur !
Le Bon Jésus protège ta vie, Il l'a sauvée ; et toi tu ne veux
rien savoir !

O, Mon ami, mon frère ! Jésus est vraiment Lui aussi ton ami,
ton frère ! c'est Lui qui l'a dit !
Alors entends-moi, et laisse-toi Aimer par Jésus, car toi tu es
déjà dans Son Cœur !
Il t'a Sauvé ! Il t'a Ressuscité !
Seigneur Jésus ; Parle-nous, Parle au monde je t'en prie ! car
il n'écoute plus !
Toi seul a les Paroles qui font revivre !

        « OUI, JE SUIS RESSUSCITE ».

Croyez et vous verrez Le Fils de L'Homme revenir sur les
nuées du ciel ! en Gloire et en Majesté !
Demandez chaque jour ce Don de la FOI que La TRINITE
SAINTE vous donne, quand vous La Priez de le faire !
Criez à La Sainte Trinité votre Amour !

Montrez que vous êtes Ses enfants !
Montrez à DIEU TRINE que vous L'Adorez !
Sortis de Lui, vous êtes à Lui et vous retournez à Lui, Demandez La FOI et La CONVERSION !
Ces Dons sont Vie, L'être créé doit croire en son Créateur !
Croit-il être le Maître de l'univers ce petit homme tiré de la poussière ?
Croit-il avoir créé tous les êtres vivants qui peuplent les airs, la terre et le ciel ?

L'homme ne s'amende pas ! Trop d'orgueil Mes enfants !
Croit-il cet homme qu'il ne doit pas se convertir ? Il faut chaque jour demander cette Grâce.
Vous ne devez pas vous laisser envahir par le doute, cela vient du malin.

Vous devez entamer une sincère Conversion du corps et de l'âme, en priant votre DIEU de vous y aider.

La vie est difficile, et l'homme la complique plus qu'il ne faudrait.
La créature doit s'abandonner et faire Confiance à DIEU !

DIEU est invisible ; pourquoi chercher à Le voir ?
DIEU est Esprit ! Esprit d'Amour !
Vous sentirez la chaleur de Son Approche quand vous ferez effort sur vous-même ; en recherchant La CONVERSION à travers votre FOI en LUI.

Dieu S'approche à pas de loup... Il est discret... Dieu est murmure Mes enfants.

Pour L'entendre; croyez-vous que le bruit dans lequel certains de vous se plaisent soit le bon moyen?

Comme ELIE... entrez en votre grotte, en votre silence intérieur...
Quand vous aurez chassé les tempêtes qui brutalisent le silence de vos âmes; quand vous serez enfin calmes...
DIEU passera... en un murmure très doux ! et vous deviendrez fous d'Amour pour Lui !
Vous aurez ressenti ce qu'Il est en VERITE !

Il est la Vie Elle-même, L'Amour Lui-même !.... et tout cela en Trois Personnes Distinctes.
Dieu Trine passera en l'âme qui l'aura recherché, en l'âme qui Lui aura dit sa FOI ! en l'âme qui aura pleuré son péché, qui aura entamé sa Conversion.

Dieu Se propose, avec Le Fils, avec L'Esprit;
à tout homme qui recherche Le Royaume, et qui vit d'Amour.

Mes enfants;
Venez à nous... nous vous Aimons tellement !

« Le PERE, L'ESPRIT, et MOI, votre SEIGNEUR ».

Soyez de fidèles enfants...

« Je vous bénis ».

J'aime ! J'aime le ciel et ses habitants ! J'aime aussi la terre et ses habitants !

Aussi je voudrais rassembler tous mes amis de ce monde, et les amener à Jésus en ce Mystère pour qu'Il les enlève avec Lui !

Quel beau rêve… mais ce n'est pas possible.

Nous devons mériter le Paradis, en essayant de nous élever chaque jour vers Lui.

Que nous sommes pesants… nous avons une chair lourde, mais nous avons un Esprit !

une Ame !

Grâce à Celle-ci, nous aurons la possibilité de monter vers Dieu, de nous élever !

Avant cela, nous allons devoir beaucoup travailler sur nous-même, car pour devenir légers ; il va nous falloir nous Purifier, nous Convertir chaque jour !

Nous devons aller vers le PRÊTRE pour soulager notre âme, pour Lui remettre nos péchés.

Pardonnés ; nous commencerons alors à nous alléger, et c'est ainsi que chaque jour… à travers l'examen de nos Consciences ;

nous monterons un peu à la fois vers La Demeure Eternelle !

Notre âme est emprisonnée… Elle souffre de ne pouvoir s'envoler !

Je parle des âmes qui aiment Dieu bien sûr. C'est cruel d'attendre sur terre… mais un jour viendra… quand nous aurons rempli toutes nos tâches… où nous partirons nous aussi, nous nous élèverons !

Créés chair et Esprit ; nous devons nous soumettre à La Volonté Divine, et attendre notre jour…
En attendant, vivons Chrétiennement, soyons fidèles à Dieu, obéissons à Ses Commandements !

Vivons très unis ! c'est la Communion des Saints, Communion qui unit le ciel et la terre !

« Seigneur, Toi qui T'élève, Parle à Tes enfants d'aujourd'hui… je T'en prie ».

« J'ai Le Cœur en éveil ».

J'observe la terre et les âmes.
Je veux déverser sur le monde, le Flot d'Amour contenu en Mon Cœur !
Je suis l'Amour !
Je suis La Vie qui S'offre au monde continuellement.

Venez Me consommer en Le PAIN CONSACRE !
Venez absorber en votre être, en votre âme, un peu de Ma Divinité.
Je me donne tout entier en ce Pain d'Amour
Je suis La Nourriture de l'âme en ce SACREMENT.

Pour que l'âme s'allège… elle doit tout d'abord se mortifier ; ensuite, elle viendra Me recevoir..
et Je Me donnerai à elle.
JE Me fondrai en son âme, Je serai sa Force Vive !
Je l'élèverai vers des sommets connus seulement de Mon Amour…

L'HOSTIE qui pénètre en vous, transforme votre état intérieur; vous devenez partie intime du Cœur Divin.
Vous êtes alors profondément unis à MOI… et Je vous élève de ce monde…

Mes enfants;
J'ai dit en M'élevant que Je ne vous laisserais pas orphelins; c'est VRAI!
Le PARACLET allait descendre.

Aujourd'hui,
Le PARACLET investit la terre et ses habitants, et Il désire vous élever vers DIEU!

MOI JESUS. LE SAUVEUR DES AMES…
Je Me donne en Nourriture pour les y préparer.

Chaque Personne Divine a une Fonction qui Lui est Propre; mais Toutes les TROIS, sont La même Puissance qui mène à L'Unique Vie!

DIEU TRINITAIRE est Créateur de l'homme!
DIEU TRINITAIRE est la Vie des âmes!

Mes enfants… Je vous rappelle que vous n'êtes pas de ce monde; vous n'êtes ici que pour un temps où il vous faut apprendre!
Au fond de vous-même, vous savez ce que vous devez découvrir: Le véritable Secret!

Ce Secret…. c'est de devenir Tanscendants, de devenir Purs,
de devenir des Anges ! de devenir des Saints !
pour que Dieu vous prenne avec Lui !

Le SECRET DE L'ETERNITE,
C'EST DE DEVENIR « AMOUR ».

Sur la terre, tournez-vous vers MOI !
Regardez le ciel étoilé ! oui, vous êtes de là-haut !
Ce nouveau monde se découvrira à vous, quand au terme de
votre vie bien remplie ;
vous vous élèverez dans La Gloire du PERE

Le ROYAUME EST SAINT! DEVENEZ DES SAINTS !
Efforçez-vous sur la terre à ne faire que du Bien !
Votre Fruit demeurera… et Le LIVRE de votre vie sera bien
rempli.

Au dernier jour… Le PERE vous dira :
    « VIENS MON ENFANT, JE T'AIME »
    « ET TOI, AS-TU AIME ? ».

Avez-vous entendu Mes enfants ?

Oui, il n'y a que cela !

« AIMER ! AIMER ! AIMER ! SANS VOUS LASSER ! ».

Et le FEU S'étendra partout en votre monde !
Il le soulèvera vers Le PERE !

Travaillez pour l'AMOUR Mes enfants !

« Je vous bénis ».

Le Paraclet : La Charité et le Zèle
« L'Esprit-Saint ».

C'est la Brûlure intime qui investit toutes les âmes…

Mes chers amis, mes chers amis de ce monde… entendez-moi vous supplier !

Quand le soleil ardent transfigure la nature…
Quand la pluie se répand en gouttes de lumière…
Quand les herbes folles dansent et ondulent…
Quand la corolle des roses s'empourpre d'émotion…
Quand les visages s'éclairent et resplendissent…

Quand la Prière se fait Douce..
Quand l'âme s'en trouve transportée…

« L'Esprit d'Amour est Présent »
« Il Se manifeste en tout ».

Je vous supplie alors, vous qui avez su admirer et observer !
Mettez-vous prestement à genoux… pour que Le Souffle de L'Esprit Se pose sur vous… et prenne possession de toutes vos facultés intérieures et extérieures.

Le Souffle qui Purifie attend le bon vouloir des âmes…
Leur participation à Son Amour Infini qui fait brûler tous les cœurs !

Il sollicite ceux-ci ; les plus fragiles, comme les plus endurcis.
Il sollicite toutes les créatures de DIEU !

Mes amis ;
Soyez des âmes offertes à La Puissance Eternelle ; en étant soumises à Ses Saintes Volontés.
De vrais Saints ! en mouvement sur la terre des hommes !
Une Communion de fidèles ! des fidèles aux mains ouvertes qui appelleront le Sceau Brûlant
de L'Esprit-Saint !

Le Chant de l'Eternité se fait entendre à qui veut L'entendre !
Le Murmure du Vent Se fait connaître à celui qui veut apprendre ; à celui qui désire L'Instruction du Royaume :

Les Commandements du PERE ETERNEL à qui aucun être humain ne doit se dérober !

La Divine Sagesse, Sa Loi d'Amour… tout nous est transmit par L'Esprit.

Le Paraclet réchauffe ! Le Paraclet brûle les âmes ! Le Paraclet est la Brûlure du PERE !

C'est le Mystère qui renouvelle toutes les créatures désorientées et affaiblies, car en Celui-ci ;
c'est Dieu trine qui Se manifeste !

Il est un Royaume, encore inconnu de nous les humains… où tout n'est qu'AMOUR.

Si nous invoquons L'Esprit-Paraclet :
Il viendra ! Il descendra ! Il fondra comme l'aigle sur la colombe ! mais sans nous faire de mal…
Il viendra nous donner L'Instruction de La Demeure Céleste où règne DIEU en
MAITRE ABSOLU !
Il viendra nous apporter Ses Divines Paroles…

Alors mes très chers amis ;
Ne craignons pas de nous approcher de cette Chaleur qui nous est proposée…
Sous Sa Caresse Paternelle, nous deviendrons semblables à de petites langues de Feu !
et nous partirons La propager sur tous les chemins du monde !
Ce sera un merveilleux courant de Lumière ! et Le PERE aura tellement plaisir de nous voir y répondre.

La Marche en avant de L'Evangile demande des Apôtres forts et entreprenants !
Le monde actuel est brutalisé par les péchés innombrables !
Il bafoue la LOI DIVINE.

Faisons nôtre le Bon Plaisir de DIEU ; soyons les Apôtres de ce temps !
« Seigneur… Feu Paraclet… Amour qui Se transmet… Parlenous, Instruis-nous, ».

« Hardiment ».

Oui, Je vous dis : Hardiment ! marchez hardiment !
Ne vous retounez pas, quand votre vie est en route ! Regardez devant vous, n'ayez peur de rien.
Avec Moi, vous ne ressentirez aucune secousse ! Je vous porterai.
Avec Moi, vous aurez la fougue des Apôtres du Maître, car vous M'aurez offert votre oui consentant aux Volontés Divines !

AMEN ! AMEN ! AMEN ! aux cieux et sur la terre !

AMEN ! AMEN ! AMEN ! du Cœur Céleste aux cœurs de Ses enfants !

AMEN ! AMEN ! AMEN ! Dieu Trine vous fait partager Ses Désirs pour le monde !

Mes doux enfants de ce temps…
La vie est courte sur terre, mais se doit d'être bien remplie ! il y a tellement de choses à faire pour que les hommes se transforment et Aiment de nouveau !

Hier… des Apôtres instruits par Le Fils de L'Homme… que J'investissais !
Aujourd'hui… des Apôtres instruits par L'Evangile du Fils de L'Homme, que JE VEUX INVESTIR !
Pas de temps différents pour Le PERE… ces espaces sont concentrés en Sa Main Puissante !
Ils ne sont qu'une seule unité de temps !

Ce qui fut alors, a la même Puissance aujourd'hui !
Les Paroles du Maître du temps sont les mêmes !

Puissance de Mon FEU hier ; Puissance de Mon FEU aujour-
d'hui !
Chers enfants, Le PARACLET EST IDENTIQUE !

Je vous interpelle !
Je vous rappelle à l'ordre en vos consciences…
Je vous sollicite à bouger vos corps et à brûler d'Amour !

JE VEUX DES ETRES NOUVEAUX POUR CES TEMPS
FATIGUES !

Je veux que vous vous engagiez derrière Les Apôtres du
Seigneur Jésus, à continuer la tâche des enfants de DIEU LE
PERE !

« Je vous demande alors ».
De vous laver la Conscience de tous les péchés qui
L'alourdissent… vous verrez comme vous deviendrez plus
légers pour agir, vous marcherez mieux !

« Je vous demande alors ».
De recourir aux Sacrements… vous sentirez ainsi combien
Je vous pénètre en ces instants de Grâce.

« Je vous demande alors chers enfants ».
De marcher hardiment derrière L'Église du Fils, qui détient
tous les Pouvoirs sur la terre !

Obéissez-Lui sans élever la voix… chaque Consacré est La Parole du FILS pour vous tous !

Respectez-Les ; aidez-Les ; défendez-Les quand il en est besoin.

Vous avez besoin d'eux, mais eux aussi ont besoin de vous.

Vous êtes tous L'Église du Fils Bien-Aimé !

Portez La Semence de Vie aux Nations affamées du PAIN de VIE !

Portez La Parole du PERE aux peuples égarés !

Boutez hors de vos vies, le mal qui cherche à vous séparer de DIEU TRINITAIRE !

MOI, L'ESPRIT D'AMOUR qui descend de Son cœur…

Je vais par vous, si vous êtes consentants… Me couler sur la terre entière.

Je vais, par vos cœurs Aimants, faire pencher le plateau de La Balance vers Le Bien total !

Plus un être sur terre ne doit se sentir abandonné… DIEU EST SON SECOURS !

Plus un seul Pays sur terre ne doit refuser l'Approche Divine. DIEU EST SON SEUL SECOURS !

La Paix descendra du Royaume ! Il est temps de vous préparer à L'accueillir, en faisant en vous-même grandir le Rameau de l'olivier…

Nourrissez la Colombe Messagère de l'Amour, vous les Apôtre de ce temps ;

en Lui offrant vos mains réconciliées avec Dieu, des mains pures !

Je suis Présent sur terre... Je suis descendu fortifier les âmes.
Je suis la Troisième Personne de la Très Sainte Trinité, qui
n'agit qu'en union avec les deux Autres !
Méditez maintenant ceci enfants de la terre :

« LE PERE EST... « LE FILS » EST... « LE PARACLET »
EST... »
Tous Les Trois Indivisibles ! mais chacun a Sa Fonction qui
Lui est propre.

Nous sommes :
DIEU PERE... DIEU FILS... DIEU ESPRIT...
Nous sommes Le Mystère Divin que vous rencontrerez,
quand vous Nous rejoindrez !

En attendant sa délivrance, l'âme doit réagir. Elle doit conti-
nuer son Ascension Purificatrice, en gravissant les Degrés
Séraphiques un à un...
Notre Face à face Eternel sera l'instant initial de La
Rencontre ; d'un DIEU CREATEUR avec l'âme qui revient à
La Source.

Bien-Aimés...
Faites de vos vies une Sainte Oraison, et appelez-Moi, MOI
L'ESPRIT PARACLET !
Je serai près de vous... à La Porte de votre âme...

Propagez l'Amour contenu dans Le Saint Evangile ! Il est Le
Secours des âmes... La Manne offerte à l'homme par Le
Donateur de toutes vies ! et Priez ! vous serez alors plus heu-
reux !

plus épanouis !
car en La Prière, vous vous tournez vers votre PERE CREA-
TEUR !

Ne perdez pas un seul jour qui vous rapproche de LUI !
Soyez revêtus de Lumière et de Paix !

L'amour vous bénit

L'Assomption de Marie : La Grâce d'une Sainte morte

La Terre ! Le Feu ! Le Vent ! L'Eau ! Le début ! La Création
Divine !

Sur notre terre… est descendu le Feu…
Sur notre terre… est descendu le Feu annoncé par le Vent…
Sur notre terre… est descendu le Feu annoncé par le Vent…
pour nous Baptiser en Son Eau Vive !
Oui mes amis très chers ; tout a un sens ! tout a une significa-
tion en ce monde.
Chaque parole, chaque souffle, chaque eau qui lave et désal-
tère… tout est Grâces infinies…
Essayons de bien comprendre, et de nous imprégner de
Celles-ci… ouvrons nos âmes…

Notre Mère à tous, la Mère du Rédempteur, la Mère Comblée
de Grâces, La Mère de tous les vivants !
Marie est Mère de la terre !
Marie est la Mère du Dieu Vivant !
Marie est l'Epouse du Vent !
Marie est la Barque qui vogue sur l'eau, pour ramener au Bon
Berger les âmes qui se noient !

Tout a un accomplissement en ce monde… car tout est régi par la Loi Divine qui a voulu notre belle Création !

Dans les nuées bleues, la Vierge-Mère resplendit, Elle illumine ! Elle rayonne !
Elle est l'Etoile du matin et le Berceau de la nuit.
Marie a le Cœur plein de douceur… Elle est la Priante Universelle qui recouvre notre humanité de Son Manteau Protecteur…

La Sainte Mère rassemble en ce temps les brebis de Son Fils, qui ne veut en perdre aucune !
Notre terre doit écouter les Avertissements Maternels de la Co-Rédemptrice.
Il faut répondre à la Vierge Marie, tellement Bonne et Rassurante ; en Lui offrant jusqu'au plus petit de nos actes.

Quand notre Mère parle ; Elle le fait au Nom du Fils de Ses entrailles !
Elle veut Le communiquer aux âmes !

Elle sourit aux bonnes actions des hommes… mais Elle pleure quand ceux-ci outragent le Dieu infiniment Parfait, infiniment Bon !

Alors, en ce Mystère si doux… de la Dormition et de l'Elevation de notre Mère à tous ; je vous invite à réfléchir sur l'état de vos vies et de vos âmes…
Vous et moi, sommes parfois tellement désorientés et si facilement détournés du Bien.
Nous ne pouvons nous en sortir qu'avec le Secours de Marie notre Mère !
la Bien-Heureuse Mère ! qui a les Paroles Sages et Sûres.

Le Fils Bien-Aimé ne les a-t-Il pas écoutées ? ne S'en est-Il pas Nourri ?

Marie fut l'Educatrice de l'Enfant-Dieu.

Elle fut également Celle qui Le berça tendrement sur Son Cœur...

Marie fut encore une épaule forte près de Lui en maintes situations.

Elle offrit en même temps que Jésus Son Cœur Maternel, au fer de la lance.

Marie prit sur Ses genoux Son Fils, quand mouillés tous deux, ils se sont retrouvés blottis l'Un contre l'Autre... en la minute dramatique de la Descente de Croix....

Marie Le quitta au Tombeau... et Se retira dans Sa solitude pour Prier.

Elle fut si Heureuse quand Elle Le vit Ressuscité !

Cette Mère Admirable L'accompagna jusqu'au bout... et aujourd'hui Elle est présente et toujours disponible pour nous !

Nous devons méditer sur la Vie de la Pleine de Grâces... et La suivre en tous points !

Marie de l'Annonciation... si jeune... si consentante... offerte...

Marie de Bethléem, acclamée par les Anges en fête, quand Elle donna le Sauveur au monde !

Marie de Nazareth, qui veilla sur le Petit Roi...

Marie de la Fuite en Egypte, qui eut peur, mais qui avait confiance...

Marie de Cana… dévouée… obéissante… effacée…

Marie de toutes Béatitudes… Grâce de Paix… Grâce de Pardon… Grâce de Réconciliation

Grâce pour les âmes…

Marie devant les outrages… les cris… accompagnant Son Enfant sur le Douloureux Chemin du Calvaire…

Marie de la Croix… Piéta Douloureusement Crucifiée… Marie écroulée…

Marie de l'Elévation… dont Jésus emportait le Sourire !

Marie enveloppée par les Langues de Feu, l'Epouse de l'Esprit Saint, la Mère Protectrice et

Secourable de l'Église du Fils de l'Homme !

Marie qui S'endort dans la Paix… et que les Anges emportent au ciel !

Marie Pure… non Corrompue… Marie toujours Vierge… Marie tant Aimée de Dieu !

En d'autres cieux, notre Mère emportée au Royaume a rejoint Jésus.

Elle y est la Reine des Anges et de toutes les âmes qui louent devant le Trône, et devant l'Agneau !

Un jour mes amis, nous pourrons La contempler nous aussi, mais… laissons le temps de chacun s'accomplir ; avec Sagesse et Patience…

Prosternons-nous devant Son Image en notre Prière ; à genoux, disons à notre Mère combien notre Amour pour Elle est fidèle :

« Je Te Salue Marie ma douce Mère… Toi la Pleine de Grâces »

« Donne-nous la joie d'Aimer Dieu comme Toi Tu L'aimes ; nous nous mettons en Sa Présence »

« Tu es la Bénie qui répand de la part de Dieu, les Grâces sur le monde »

« Notre Seigneur Jésus, Ton Enfant est Béni ! »

« O, Marie, notre Sainte Marie, Mère de l'Amour Rédempteur »

« Prie pour Tes enfants ; donne-leur Ta Main pour les conduire au PERE »

« Protège-les en cette vie ; et Accompagne leurs départs vers l'Eternité ».

« Sois Louée, Acclamée, Toi la toute Bénie, Toi notre Mère, AMEN ».

« J'aime Mes enfants ».
quand ils sont ainsi près de Ma Mère très Sainte.

Je suis l'Enfant de la toute de Grâces….Son Cœur et le Mien sont très unis.

Ce que fait et dit Ma très douce Mère est en union totale avec Mes Volontés !

Ses Désirs sont Mes Désirs !

Le Regard de Ma Mère est le courant qui vous transmet Mon Amour, et J'exauce par Elle les Prières des créatures.

Ne blessez jamais Ma Mère, Moi le Fils, J'en serai très affligé !...mais prenez-La en Exemple !

Marie est dans le calme du soir… dans la berceuse qui endort les petits.

Marie est le soutien de toutes les faiblesses humaines… allez sans crainte à Elle.

Marie est le bras des petits, et la Tendresse de toutes les peines.

Marie est le courage de ceux qui le perde, et le Bras secourable des abandonnés…

Marie sèche toutes les larmes, avec le Voile de Sa Pureté et la Transparence de Son Ame…

Mes enfants… sans Marie près de vous qui vous protège ; le PERE aurai sur vous un Regard plus sévère et plus exigeant !

Marie vous garde et vous avertit !

Ele vient à vous pour vous faire comprendre, que sans votre Dieu…

vous allez à la dispersion… à la déroute…

Mes enfants…

Je vous ai donné Ma Sainte Mère comme soutien en votre monde !

J'étais Son unique Enfant ! n'oubliez pas qu'Elle M'a donné aux âmes !

Vénérez l'Epouse de l'Esprit Saint !

Rendez hommage à votre Reine !

MOI JESUS ! JE VOUS DEMANDE EN CE JOUR !

De la délicatesse envers Celle qui a dit « OUI » de tout Son Cœur ! pour que les hommes soient réconciliés avec leur PERE, CREATEUR DE TOUTES CHOSES !

Priez en Sa Compagnie le Saint Rosaire qu'Elle aime tant ! vous Me ferez également plaisir.

Marie est le Pur Joyau offert à l'humanité ; en cette génération Elle vous parle !

Sachez entendre et voir les Signes des temps ! Que ceux qui ont des oreilles entendent !

Je vous bénis ; allez à Ma Sainte Mère qui vous a reçu de MOI, de Mon AMOUR !

Aimez Marie, la Reine du ciel et de la terre, et Priez beaucoup en Sa Compagnie !

« Je vous Aime…. enfants de Marie ».

Le Couronnement de Marie : Persévérance finale

De tous les cieux de France, de toutes les contrées, les villes, les bourgades, aux plus humbles villages !
les cloches sonnent à toutes volées !
Les champs ne sont plus en jachère !…. ils resplendissent de moissons nouvelles !
Les fruits abondent sur les arbres et dans les cœurs !
Les rivières regorgent de poissons… poissons d'écailles et Poissons gagnés au Sauveur !
Le blé donne le pain… et les poissons de la montagne Sainte se répandent des corbeilles !
Oui mes amis, les poissons offerts en nourriture par le Sauveur Lui-Même sont notre Vraie Nourriture !
Le Pain Béni est également distribué aux hommes d'aujourd'hui.

LE PAIN ET LES POISSONS… Nourriture des affamés !
sont les Symboles de la vie du Disciple.

Le nectar qu'est la vigne nous appelle tous à boire la COUPE DU SALUT !

Et c'est pourquoi j'entends de toutes Églises de France !
la musique en liesse qui s'échappe des clochers !
Car oui ! c'est la Victoire que nous fêtons en ce Mystère !
La Victoire de la vie sur la mort ! de l'Amour du PERE sur le mal !

Tous sauvés, nous devons maintenant réagir !
C'est alors que je viens à vous les mains tendues ; je veux vous amener à Jésus par l'Amour de mon cœur.
Mes amis, que serai-je sans vous moi qui vous parle en ce Rosaire ?
Sans Jésus, je ne peux rien faire en ce monde ! mais sans la Communion de nos cœurs je suis faible aussi !

Sur la terre, nous devons réunir tous les cœurs !
Nous devons nous offrir les uns aux autres notre Amour...
oui, nous devons mettre en commun Celui-ci.
Nous avons une grande Puissance quand nous travaillons pour le Bien tous ensemble !
Alors, réagissons !
Sauvés par le Christ ! nous avons maintenant le choix...
Allons-nous aller en ce monde pour rassembler tous ensemble ? ou bien irons-nous seuls, sans partager les Dons ? ce qui serait fade et sans valeur ?
Que serait un peuple qui marcherait désuni ? qu'un peuple sans Force et sans Avenir !
Notre Pays de France lève Ses bannières, car notre Pays est un peuple de croyants !

Un peuple, qui a un destin Evangélique !

La France est un Pays de Prophètes ! de Saints ! et de Rois très Chrétiens !

Aujourd'hui, Ses habitants s'imprègnent des Messages du temps… laissés par leurs aïeux.

Serons-nous mes amis aussi courageux et aussi entreprenants que ceux-ci ?

Admirons ce Passé qui a fait que notre FOI demeure, et imprégnons-nous de ce secret intime ; qui n'est autre que la volonté d'offrir ce que nous sommes à notre DIEU !

O ! N'ayons pas peur !

Quoi de plus simple en somme, que de parler de notre PERE et de notre destinée, aux hommes de notre temps !

Nous laisserons les bannières dans les Églises de France… et nous brandirons le Flambeau de l'Amour !

En nos mains, nous presserons la Croix de nos Chapelets, et nous sentirons le Vent de l'Esprit nous pousser sur la route !

Des Messagers en marche ! voilà ce que le ciel attend de Ses enfants aujourd'hui.

Il ne doit plus exister de batailles rangées où les hommes perdaient la vie ! mais il doit y avoir des hommes et des femmes debout ! avec un souffle neuf en leurs poitrines !

LE VENT DE L'AMOUR SOUFFLE ET IMPREGNE CE TEMPS !

Il nous invite au travail du laboureur, qui ayant semé peut être fier de sa récolte !

Oui, nous allons labourer tous ensemble ! nous allons planter les nouvelles Semences de la véritable Vie dans tous les cœurs ! et nous verrons les multitudes changer, car nous aurons travaillé avec AMOUR !

Mes amis… le Maître alors pourra descendre !

Il pourra admirer la Moisson ; car se sera la Moisson pour l'ETERNEL ! et le Maître de la Vie Moisonnera !

Oublions âmes de Dieu pour un temps, les vies difficiles en ce monde… les cruautés… et les âmes qui trahissent DIEU !….
entrons en la Vérité qui Se propose…

Nous verrons alors comment procéder en notre monde !

Le Cœur du PERE est immense… autour de Sa Divine Personne, les lys se courbent…

et le Parfum de la Sainteté embaume Son Trône.

Dieu, Notre PERE…. est grande Puissance et haute Divinité !

Il est l'Unique DIEU de l'univers !

Il est partout, dans le monde visible et invisible !

Il est PUR ESPRIT… et IL EST AMOUR…

Sans LUI, tout devient noir et disparait… Il faut que les hommes réapprennent à chercher leur DIEU ! pour avoir le cœur réchauffé d'AMOUR….

Un homme qui se retire de la DIVINE PRESENCE….est un homme qui se perd….

Un homme qui ne vit qu'avec la chair….deviendra très vite périssable ! et tombera dans une solitude profonde….

L'homme ne peut vivre qu'en Communion avec Son Créateur…

Mes frères… nous irons un jour en notre terre d'origine, où nous attendent les Anges et les Saints.

Oui la terre est belle ! mais elle nous est accordée pour nous éduquer le cœur.

Notre passage en celle-ci est l'éducation de notre âme :

Nous sommes sur terre pour apprendre, pour gravir les étapes de notre Purification.

Certains irons vite ! d'autres plus lentement… mais tout se propose aux âmes avec équité et justice égale.

Un PERE ne peut Aimer tous Ses enfants que du même Amour !

Pour Dieu, nous sommes tous une seule âme qu'Il tient en Ses Mains Divines.

Aussi ; je regarde mes frères encore une fois ma terre natale ; mon doux Pays de France.

Terre des élus !

Terre des Sanctuaires !

Terre Consacrée à Dieu !

Terre Ointe par le sang de tous ses Martyrs au cours des âges !

Terre de FOI et d'ESPERANCE !

Terre de Liberté vers qui les peuples accourent !

Terre de Prêtres et de fidèles !

Si vous entendez ma voix chers enfants du PERE qui vivez en ce monde....

Je vous offre l'Amour de mon Pays de France pour le vôtre. Recevez de Lui ce Message :

Il faut que la Paix s'installe et que les hommes redeviennent des frères !

De mon Pays mes frères et moi nous vous aiderons, et vous pourrez vous appuyer sur notre Amour si le courage vous manque.

Comme je voudrais que vous entendiez le son des cloches de France qui sonnent pour le monde !

Il est un au-delà de Paix, de Joie, d'Amour... qui nous attire sans cesse à Lui... alors laissez-vous faire mes frères de ce monde !

Montrons à notre Dieu que nous sommes prêts à répondre à Son AMOUR !

Voulez-vous que le Seigneur Jésus soit heureux ?

Alors acceptons la vie du Disciple, du Disciple SERVITEUR DE SES FRERES !

« Oui.... voilà LE MESSAGE ».

Etre Serviteur ; c'est laver les pieds abimés des plus miséreux en ce monde...

Mes enfants, c'est cela que Je vous demande.

Etre Disciple ; c'est Servir les plus démunis, ceux qui manquent de tout...

Laver ; oui laver les pieds, mais aussi les visages qui souffrent...

Offrir votre vie, pour l'Amour de l'autre !

Donner sans compter votre manteau, pour réchauffer votre frère…

Partager le pain du corps qui fait tant défaut à bon nombre de peuples !

Savoir se soumettre à ce que l'autre demande… c'est cela Aimer voyez-vous…

Ouvrir la bouche pour nourrir les âmes tièdes de Ma Parole qui est Feu !

Donner la vie… en étant heureux de participer au grand-Oeuvre, et la respecter, la protéger.

Etre SERVITEUR de ses frères en ce monde… c'est s'oublier soi-même pour que l'autre vive !

Etre SERVITEUR ; c'est être aussi une âme de justice et de Paix véritable…

Tout est connu du PERE, tout sera compté et retenu… pensez toujours à l'état de vos âmes.

Respectez et protéger les innocents… vous qui devez leur ressembler pour accéder à Mon Royaume.
Etre SERVITEUR ; c'est également être bienveillant d'un Pays à l'autre, sans vous agresser…
en respectant vos différentes façons de vivre ; et en laissant à chaque être humain son entière liberté de vivre sa vie sur la terre des hommes.

Comme Je voudrais que Mon Message soit entendu et accepté en ce monde ; car J'ai besoin de vous ! de votre adhésion à Mon Plan d'AMOUR !

Je ne fais rien sans le OUI de la créature créée libre !

Je veux vous aider à devenir des Saints ! et Je M'attache à vos pas chers enfants de

ce monde... quémandant de vous un geste d'Amour.

Le MESSAGE DU CIEL est si simple pour une âme en éveil !

Il vous faut vous mettre à l'abri des orages, en confiant vos âmes à la claivoyance de Mon Église.

N'agissez pas seuls, vous vous égareriez !

Servez le Chef de Mon Église qui rassemble pour Moi en ce temps Mes enfants dispersés.

Ne parlez pas inutilement... les minutes sont précieuses... mais venez à MOI tous les jours !

Offrez-Moi ce que vous êtes, n'ayez pas peur !

Je suis un DIEU de MISERICORDE !...

Je recherche Mes âmes parce que Je les Aime... Mes Bras ne repoussent pas... Je suis le Pardon Divin...

J'ouvre Mes Bras sur le monde, et J'attends qu'il se précipite sur Mon Divin Cœur !

Ne soyez pas troublés Mes enfants... oui l'époque est dure, inhumaine, mais Je protège le monde où Jai connu une vie humaine près de vous.

J'y suis venu pour combattre le mal ! et Je vous ai offert Ma Vie pour Sauver la vôtre !

ALORS JE VOUS DEMANDE ENCORE CECI :

AIMEZ-VOUS, SEUL L'AMOUR COMPTE ! et La Charité est le Parfum de Ma Demeure.
Elle en est la Porte !
Ma Main se pose sur chacun de vous en votre Prière et vous bénit.

La Très Sainte Trinité vous attend ! compte sur vous en ce monde pour La faire connaître et Aimer !
Quand les hommes se convertiront... la terre redeviendra « UN EDEN ».

Je ne vous quitte pas... jusqu'à la fin du monde JE SUIS AVEC VOUS ! car Je vous Aime...

Allez Mes enfants Aimer vos frères ! et venez tous à MOI...

« LA VERITABLE VIE ».

Litanies de L'Amour

L'Amour est :
Divine Perfection... *demandons ce Don au PERE...*
Mouvance de Dieu...
Souffle de Dieu...
Chant Céleste...
Cœur de Dieu...
Intimité en Dieu...
Cœur de Jésus...
Cœur de Marie...
Esprit qui se donne...
Recherche du PERE...
Recherche de Ses fils...
Recherche d'unité...
Recherche de Paix...
Recherche de Vie...
Anéantissement...
Soumission au Cœur de Dieu...
Souffle des Anges...
Joie Parfaite...
Pureté des Ames...

Vie donnée… demandons ce Don au Père

Partage avec le monde…

Cœurs unis et Purs…

Mains tendues …

Bras ouverts…

Corps en marche pour Aimer…

Flamme d'Amour…

Ecoute du Cœur de Jésus…

Souffrir en Aimant…

Souffrir en offrant…

Réconciliation…

Conversion…

Aimer totalement avec le Cœur du Christ, comme Celui-ci Aime…

Aimer avec Sainte Marie, comme Elle….

« Amen ».

Table des matières

ACHEVÉ D'IMPRIMER EN FÉVRIER 2001 SUR LES PRESSES DES ÉDITIONS TÉQUI